发 展 探 源

如何构建农业现代化政策体系

宋洪远　谭智心　张　振　著

中国农业出版社
北　京

图书在版编目（CIP）数据

发展探源：如何构建农业现代化政策体系/宋洪远，
谭智心，张振著．—北京：中国农业出版社，2019.9
ISBN 978-7-109-25667-5

Ⅰ.①发… Ⅱ.①宋… ②谭… ③张… Ⅲ.①农业现
代化-经济体系-研究-中国 Ⅳ.①F320.1

中国版本图书馆 CIP 数据核字（2019）第 131048 号

发展探源：如何构建农业现代化政策体系
FAZHAN TANYUAN
RUHE GOUJIAN NONGYE XIANDAIHUA ZHENGCE TIXI

中国农业出版社出版
地址：北京市朝阳区麦子店街 18 号楼
邮编：100125
责任编辑：姚　红
版式设计：韩小丽　责任校对：周丽芳
印刷：中农印务有限公司
版次：2019 年 9 月第 1 版
印次：2019 年 9 月北京第 1 次印刷
发行：新华书店北京发行所
开本：700mm×1000mm　1/16
印张：19
字数：350 千字
定价：58.00 元

前言

PREFACE

　　党的十九大报告对建设现代化经济体系作出了全面部署，并提出了实施乡村振兴战略，加快推进农业农村现代化的主要任务。中国是一个农业大国，农业是国民经济的基础产业，农业现代化是全面建设现代化国家的战略支撑。农业现代化经济体系作为我国现代化经济体系的重要组成部分，不仅是开启全面建设社会主义现代化国家新征程的重要基础，也是有效缓解我国社会主要矛盾补齐发展短板的客观要求。农业现代化经济体系构建的成功与否，关系到我国经济能否顺利从高速增长转为高质量发展，关系到全面建成小康社会在城市和乡村能否同步达成，关系到我国工业化、信息化、城镇化、农业现代化能否同步实现。

　　当前，我国农业现代化发展正处在转变发展方式、优化产业结构、转换增长动力的攻关期，建设农业现代化经济体系是跨越关口的迫切要求和农业农村发展的长远目标。构建农业现代化经济体系，关键是要坚持农业市场化的改革方向，使市场在资源配置中起决定性作用，更好地发挥政府的作用；核心是要坚持农业国际化的发展方向，扩大农业高水平对外开放，推动农业高质量发展。

　　深化农业市场化改革，对于完善社会主义市场经济体制、促进现代农业转型升级具有重要意义，是破除农业现代化体制机制障碍、提高农业生产力发展水平、培育农业农村发展新动能、构建具有市场竞争力的农业产业体系的迫切需要。坚定不移地走有中国特色农业市场化道路，要发挥市场在资源配置中的决定性作用，深入推进农业供给侧结构性改革，妥善处理政府与市场的关系、国内与国际的关系、稳定和放活的关系，因地制宜、分品施策，通过培育市场主体、发育产品市场、完善要素市场、发展中介组织、健全法制环境等措施，在农业产品市场、要素市场、服务市场领域全面深化农业市场化改革。

扩大农业高水平对外开放，坚持农业国际化的发展方向，是拓展农业现代化发展空间、构建开放型经济新体制、落实"一带一路"倡议的重要途径和必然要求。要紧密围绕实施乡村振兴战略、服务"一带一路"倡议和外交大局，坚持改革开放，坚持引进来和走出去相结合，坚持统筹国内发展和参与全球治理相结合，强化投资贸易协同，建立健全支持农业国际化的公共服务和政策支持体系。要立足国内农业现代化发展现实和长远需要，多措并举促进农业对外合作；要优化调控体制机制，完善农产品贸易政策；要营造良好引资环境，提升农业利用外资质量和效益；要加强顶层设计，增强农业国际合作和竞争新优势。

本书从确定选题到思路提出，从报告撰写到最终定稿，编写组成员进行了多次的交流和讨论，数易其稿，不断进行修改和完善。本书的框架结构、主要内容、逻辑思路、编写体例等由宋洪远提出，并负责组织协调和最终统稿。谭智心除了承担部分章节的撰写工作，还承担了书稿的汇总、编辑以及编写组的联系工作。本书的写作分工是：第一章、第二章由宋洪远、谭智心执笔，第三章、第四章由谭智心执笔，第五章、第六章由张振执笔，第七章、第八章由宋洪远、张振执笔。

本书从新中国成立后对国家现代化与农业现代化的探索与实践出发，立足于史料的搜集整理与经验总结，结合当前我国农业农村发展形势与国际经济发展格局，从推动农业市场化与国际化、完善政府宏观调控的角度，探讨提出了构建我国农业现代化经济体系的思路与对策。作者的初衷旨在提出问题，希望本书能够起到抛砖引玉的作用，引发社会同仁的进一步思考，大家一同为中国农业现代化经济体系的构建与科学谋划乡村振兴之路，提供自己的智慧与见解。由于学识有限，书中难免有疏漏和不足之处，真诚地期望读者朋友批评指正。

　　值此本书出版之际，衷心感谢中国农业出版社领导的大力支持和本书编辑的辛勤劳动！

宋洪远

2019 年 3 月 10 日

目录
CONTENTS

01

第一章

农业现代化的探索和实践

中华人民共和国成立以后，党和国家领导人对农业现代化及其发展道路进行了不懈的探索和实践。特别是党的十八大以来，以习近平同志为核心的党中央结合我国国情农情和时代特征，系统全面地阐述了推进中国特色农业现代化的方向和要求。党的十九大进一步提出实施乡村振兴战略，将"加快推进农业农村现代化"作为总目标，提出了实现农业现代化的时间表和路线图。

第一节　国家现代化与农业现代化

"现代化"是 18 世纪工业革命以来的一种世界现象，是现代文明的一种前沿变化和国际竞争，它包括现代文明的形成、发展、转型和国际互动，文明要素的创新、选择、传播和退出，以及追赶、达到和保持世界先进水平的国际竞争和国际分化。

从社会思潮的角度看，现代化理论是在第二次世界大战后的全球工业化高潮阶段形成的关于社会变迁的新理论架构，这一社会思潮从本质上说，是一种美国社会思潮，这反映了美国在战后已处于世界的中心地位，带有强烈的帝国主义意识形态色彩。现代化理论产生的另一个国际背景是，战后东西方尖锐对峙，社会主义世界体系和资本主义世界体系之间形成了长期"冷战"的局面，亚洲、非洲和拉丁美洲广大地区民族解放运动蓬勃兴起，整个世界都在重建，美国为了争取第三世界一些国家，提出对落后国家进行经济援助的计划。为了把这些国家纳入以美国为首的世界体系，自然必须加强对接受美援国家发展道路和模式的研究。有关现代化的研究正是从这里起步的。

中国关于现代化的研究已有50多年历史。20世纪60年代，中国学术界对现代化理论采取了批判和拒绝的态度。80年代，中国的经济学界、政治学界、社会学界、历史学界广泛采用了现代化的概念，进行了各种相关学科的讨论，看法不尽一致。大致可以将现代化的涵义概括为，是一个国家或地区从传统的农业社会向现代工业社会转变的历史过程，延伸开来，也可以说是从传统工业社会向高科技、电子化、数字化工业社会转变的过程。这种转变的核心，是生产力（包括生产工具和掌握生产工具的人）在高新科技能力指导下的不断提升。从这个角度说，现代化实质上是工业化，是经济落后国家实现工业化以及不断提升工业化水平的过程。广义地说，现代化指人类社会从工业革命以来所经历的急剧变革，导致传统的农业社会向现代工业社会的转变，这种转变是一个世界历史过程。从中国历史看，从1840年到1949年，中国现代化是屡遭挫折和屡次失去发展机遇的，现代工业只是星星点点地分布在若干城市，工业产值只占国民经济总产值的百分之几，中国仍然是一个传统的农业大国。中国真正走上现代化的发展道路，并且改变中国传统农业大国的地位，是在 1949 年中华人民共和国成立之后。

农业现代化是现代化的一个重要方面，是世界现代化的重要组成部分。从世界范围看，第一次农业现代化阶段是从传统农业向初级现代农业转型，时间是从 1763—1970 年，主要特点包括农业的市场化、工业化、机械化和化学化等。第二次农业现代化阶段是从初级现代农业向高级现代农业转型，时间上从 1970 年至今，主要特点包括农业的知识化、信息化、生态化、多样化和国际化等。从过去 300 年农业现代化的演进历程看，农业现代化是一个全球化的过程，所有农业国家都参与到农业现代化过程中，并且具有长期性和不平衡性。政府、科技、教育在农业现代化过程中具有不可替代的作用。

关于农业现代化的概念，不同国家学者观点各异。美国学者舒尔茨（Schultz，1964）认为，农业现代化就是利用现代生产要素改造传统农业，提高农业劳动生产率，农业现代化就是从传统型农业向现代型农业的转变。联合国粮农组织（FAO，2000）认为，农业现代化是一个渐进过程，它是工业化、育种技术、运输和通信技术进步的结果，并伴随着农场规模的扩大，以及国际农业系统的两极分化等，现代农业革命包括机械化、生物技术、化学农业、灌溉、种质资源保护和专业化等。荷兰学者卡拉尔（Karel，2010）认为，农业现代化是一个过程，包括农业系统的现代化和农场的工业化等，农业系统现代化过程具有理性化、专业化和规模化的特点。中国学者张冬平和黄祖辉（2002）认为，农业现代化是用现代工业装备农业，用现代科学技术改造农业，用现代管理方法管理农业，用现代社会化服务体系服务农业，用现代科学文化知识提高农民素质。何秀荣（2011）认为，农业现代化具有双重内容，一是将基本上以农民世代使用的各种生产要素为基础的传统农业，改造为利用现代科学技术和物质装备的农业；二是将利用现代科学技术和物质装备的农业，进一步改造为达到世界先进水平的现代农业。

从政府部门发展战略看，早在 20 世纪 60 年代，中国政府就提出了"四个现代化"的发展目标，其中就包括农业现代化。关于农业现代化的政策研究现已成为农业现代化研究的一个重要领域，研究内容包括农业现代化的概念、目标、路径、政策选择等。当前，我国正处于从传统农业向现代农业转型的关键时期，系统研究农业现代化的路径及政策选择具有重大意义。

第二节　中国农业现代化五个阶段的探索与实践

中华人民共和国成立以来，围绕中国农业现代化的发展理念、目标、方向、路径等问题，党和政府进行了不懈努力与实践探索。

一、新中国成立后的探索与实践

新中国成立时，我国是一个典型的农业国。1949 年，我国农业人口占全国总人口的 82.6%，农业产值占工农业总产值的 70%。在农业内部结构上，种植业占 82.5%，林牧副渔业仅占 17.5%。在种植业中，按产值计算，粮食作物又占绝大部分比重，经济作物分量较少。全国人均占有粮食 209 千克，棉花 0.8 千克，油料 4.8 千克，生猪 0.11 头。

针对当时的国情和农情，毛泽东同志在不同场合、不同论著中论及未来新中国的建设时，都屡屡提及到农业现代化发展的目标问题。1949 年 3 月，在中共七届二中全会上他强调，"占国民经济总产值百分之九十的分散的个体的农业经济和手工业经济，是可能和必须谨慎地、逐步地而又积极地引导它们向着现代化和集体化的方向发展的，任其自流的观点是错误的。"同年 6 月，在《论人民民主专政》中又提到："没有农业社会化，就没有全部的巩固的社会主义。农业社会化的步骤，必须和以

国有企业为主体的强大的工业的发展相适应"。1954 年 6 月，毛泽东同志
在中央人民政府委员会第三十次会议上指出："我们的总目标，是为建设
一个伟大的社会主义国家而奋斗。我们是一个六亿人口的大国，要实现
社会主义工业化，要实现农业的社会主义化、机械化，要建成一个伟大
的社会主义国家。"这"大概经过五十年即十个五年计划，就差不多了"。
1957 年 10 月，毛泽东同志又指出，"过去我们经常讲把我国建成一个工
业国，其实也包括了农业现代化"。可见，当时认为现代化的目标就是把
农业国转变为工业国，而这一"工业国"目标则包含了"工业化"和
"农业现代化""社会化""集体化"等方面的内容。

【专栏 1-1】　水利是农业的命脉

　　我国是一个人口大国，人民的温饱关系着国家的兴衰，农业的兴
衰又关系着人民的温饱，而水利是农业的命脉。历史上旱灾给我国人
民带来过很多灾难。据统计，我国自公元前 206 年至 1949 年的 2 155
年间发生过较大的旱灾 1 056 次，平均两年一次。

　　水利事业从古至今都被给予高度的重视。早在原始社会后期，就
有了大禹治水。在夏商周时期，农田水利又有了较大的发展。春秋时
楚相孙叔敖修建芍陂；战国时秦国蜀守李冰修建都江堰；水工郑国修
建郑国渠。三国两晋南北朝时，曹魏兴复了芍陂、茹陂等许多渠堰堤
塘。隋唐时开通大运河有利于农田灌溉，唐朝设专官管理水利事业，
各地修建了不少水利工程，仅江南兴建和修复的水利工程就大大超过
了六朝的总和。五代十国时，兴修水利工程，如安丰塘（南唐）、捍
海塘（吴越）。宋朝王安石变法中，颁布农田水利法。元朝开凿会通
河（山东东平到临清）、通惠河（通州到大都）。明朝徐光启的《农政
全书》，综合介绍了我国传统农学的成就，还介绍了欧洲先进的水利技

术和工具。第二次国内革命战争时期，共产党在革命根据地，开展互助合作，兴修水利，开垦荒地。土地改革以后，引导农民开展互助合作运动，大规模地兴修水利，发展生产。

中国共产党成立 90 年的历史，也是党领导人民兴水利、除水害、促发展、惠民生的历史。早在 1934 年，毛泽东同志就提出"水利是农业的命脉"。新中国成立后，国家把水利建设视为农业之命脉，坚持自力更生、艰苦奋斗，投入巨大的人力、财力、物力，进行大规模水利建设，在提升抗灾能力的同时，有效保障了粮食生产安全。中国历史上最频繁、最广泛的水利建设，就发生在中华人民共和国成立以后的 30 年内，这个时期也是中国几千年水利史上最辉煌的时期，初步奠定了我国水利事业发展的基础。改革开放以后，国家明确水利是"国民经济和社会持续稳定发展的重要基础和保障"，水利体制机制发生重大变革，大江大河治理明显加快，水利法治建设迈出重要步伐，水利改革发展进入了新的时期。进入 21 世纪以来，党中央、国务院把水资源同粮食、石油一起作为国家的重要战略资源，从支撑经济社会可持续发展的战略高度把水利放在更为突出的位置。

2011 年 1 月 29 日，中共中央、国务院发布了《关于加快水利改革发展的决定》，这是 21 世纪以来中央关注"三农"的第八个 1 号文件。《决定》确立了我国水利改革发展的指导思想、目标任务和基本原则，提出要实行最严格的水资源管理制度。水利投入大幅度增加，水利基础设施建设大规模展开，水利改革不断向纵深推进，水利事业全面快速发展，进入了传统水利向现代水利、可持续发展水利转变的新阶段。

1949 年 12 月，全国第一次农业生产会议在北京召开，周恩来同志首次提出了农业现代化建设的目标，他提出"必须把城市工业组织起来发挥领导作用，才能使农业现代化、机械化"。1953 年 12 月，他在学习过渡时期总路线和宣传提纲时则认为，"必须按照社会主义的原则来逐步改造我国的农业，使我国农业由规模狭小的落后的个体农业进到规模巨大的先进的集体农业，在农业中采用拖拉机和其他农业机器，采用化学肥料和科学耕作法，采用机器来进行灌溉和发展水利事业，扩大耕地面积，并在人口稀少、土地辽阔的地区进行移民垦荒"。1954 年 9 月，周恩来同志在全国人大一届一次会议上作《政府工作报告》时，把农业现代化作为四个现代化内容之一提了出来。他指出："如果我们不建设起强大的现代化的工业、现代化的农业、现代化的交通运输业和现代化的国防，我们就不能摆脱落后和贫困，我们的革命就不能达到目的"。1963 年 1 月，周恩来同志在上海科技工作会议讲话中完整阐述了"四个现代化"思想，即"我们要实现农业现代化、工业现代化、国防现代化和科学技术现代化，把我们祖国建设成为一个社会主义强国"。

关于农业现代化的内容，1961 年 3 月，周恩来同志在中央工作会议上明确提出了农业现代化的基本内涵，就是"要有步骤地实现农业机械化、水利化、化肥化、电气化"。同年 8 月 9 日，他在接见索马里总理时对农业"四化"进行了阐释："机械化，包括耕种、收获、排灌、运输和加工。美国差不多在近 40 年才在这方面实现了机械化。所以这需要的时间很长；化肥化，现在主要靠人畜类肥、绿肥和河泥，但这些都不够；水利化，我们有一亿三千万公顷耕地。其中只有一半是有灌溉的，另一半是靠天收；电气化，水利化、机械化都必须靠电力。现在我们农村许多地方都还没有电力。为了使农业现代化，我们必须实行'四化'"。这一提法是新中国成立后中央领导对农业现代化目标任务的第一次较为完整的表述。

【专栏1-2】 农业的根本出路在于机械化

新中国的农业机械化事业，是从20世纪50年代初期白手起家的，党和政府把实现农业机械化作为建设社会主义现代化农业的一个重要战略任务，投入了大量的人财物力，走出了一条具有中国特色的农业机械化道路。从兴办国营机械化农场到全中国所有农村人民公社成立拖拉机站开始，经过六七十年代的快速发展，不断探索，不断发展，我国已经初步建立了农机管理、学校、鉴定、维修、推广、供油等管理服务网络，形成了比较完善的农业机械化支持保障体系。但在20世纪80年代初期农村推广家庭联产承包责任制后，一些人产生了农村不太需要机械化的错误观念，使得我国农业机械化的发展在这段时期陷入低谷。进入21世纪以后，随着农业市场化的推进，适应农业适度规模经营发展的要求，我国农业机械化又进入到一个快速发展的时期。

早在1937年8月，毛泽东在《矛盾论》中就指出"在社会主义社会中工人阶级和农民阶级的矛盾，用农业集体化和农业机械化的方法去解决"。1958年3月，中共中央成都会议提出了《关于农业机械化问题的意见》，其中指出"会议完全同意毛主席关于农具改革运动的指示，……经过这个运动逐步过渡到半机械化和机械化"。此外还提出了"三个为主"的方针，即农业机器应以小型为主，农业机械的制造一般应以地方为主，实现农业机械化主要靠农业合作社自己的力量。1959年4月29日，毛泽东在《党内通讯》中提出了"农业的根本出路在于机械化"的论断，并指出"每省每地每县都要设一个农具研究所"，还要求"四年以内小解决，七年以内中解决，十年以内大解决"，从而强调了机械化对农业发展具有根本性质的重大意义。在

1959年7月的庐山会议上，毛泽东提议成立农业机械部，并说找不到部长由他来兼任。

在中国这样一个一直以农业为基础的国家，农业的发展奠定了国民经济发展的基础，实现农业现代化是极其必然的，也是必要的，在农业发展过程中，作为劳动工具的革新与创造具有决定性意义。近年来，我国经济发达地区的实践证明，农业机械化是科技兴农的重要手段，只有通过机械化手段，才能提高农业土地产出率、资源利用率、劳动生产率，增强农业防灾抗灾能力，确保农产品质量安全，农村经济的发展和农民的致富都离不开农业机械化。

"文化大革命"期间，周恩来同志仍然很坚定的坚持农业现代化的发展目标任务，他提出，"农业机械化要抓紧、抓狠，一直抓下去。只有加速实现农业机械化，才能大力发展农业生产，提高劳动生产率。搞农业机械化应该实事求是，而不是主观主义；应因地制宜，而不是千篇一律；要及时而不是拖沓，慎重而不是轻率。做一切工作都应该是这样。不要片面追求数字。"除此之外，周恩来同志还对关系农业生产的水利、电力、化肥等问题也很重视。他提倡一方面农民要多增加耕畜，养猪积肥；另一方面要大力发展化肥工业，同时要逐步实现农村电气化。周恩来同志还特别关心水利建设问题，他认为在"农业方面，要水利与农业生产并重"。他多次强调兴修水利对减轻自然灾害，保障农业生产的重要作用，他还具体指出了搞好水利建设的基本内容是："修塘、筑坝、开渠，扩大灌溉面积；治河，防洪，闸山沟，修水库，做好水土保持。"这一阶段是对我国农业现代化认识的深化阶段，党和国家领导人从我国人多地少，农业技术水平落后的基本国情出发，充分认识到农业"四化"建设对实现农业现代化的重要意义。

二、20世纪80年代的探索与实践

1978年12月，中共十一届三中全会在北京召开，这是新中国成立以来党和国家历史上的一次伟大转折。三中全会讨论了农业问题，统一了全党对我国农业问题的认识，认为农业这个国民经济的基础就整体来说还十分薄弱，只有大力恢复和加快发展农业生产，才能提高全国人民的生活水平。会议文件不仅拓展了农业现代化的内涵，而且提出了发展农业生产力的二十五项政策和措施，并对实现农业现代化进行了总体部署，提出要"走出一条适合我国情况的农业现代化的道路"。

邓小平同志在深刻总结历史经验的基础上，强调要以农业为基础发展国民经济。他指出："马克思讲过，农业是基础。世界上有很多国家的经验也证明了这一点，所以，毛主席提出以农业为基础，工业为主导，首先抓农业。我们研究了世界上一些发达国家的经验，为什么它们的工业能够发展主要是它们的农业有基础。"1978年11月，邓小平强调了"在实现四个现代化的过程中，我们将以农业为基础"的重要思想。他认为，农业的发展是整个国民经济的关键。农业的发展，是和农村与农民问题紧密联系在一起的。有了农业的发展，才有农村经济的发展，也才有农民的好日子。只有占人口80％的农村实现了现代化，全国的现代化才能最终实现。1987年10月，邓小平在会见外宾时指出："我们现在真正要做的就是通过改革加快发展生产力，坚持社会主义道路，用我们的实践来证明社会主义的优越性。要用两代人、三代人，甚至四代人来实现这个目标。"为此，邓小平进一步强调，我们必须把农业作为实现现代化的战略重点，真正从思想上重视发展农业。

针对改革开放前期我国农业技术落后的现状，邓小平指出："农业的发展一靠政策，二靠科学"。这一科学论断，指出了我国农业发展所必须遵循的基本规律，既是对我国农业发展历史教训的深刻反思，也是对历史经验的科学总结，是建设我国农业现代化的基本指导方针。邓小平的这一思想，继承了马克思主义的科技发展思想，打破了我们过去多年来就农业论农业的习惯性思维，站在科技革命、科学技术是第一生产力的高度，科学地揭示了现代农业发展的客观规律和趋势，对推动农业上新台阶具有重要的指导作用。我国农业发展的历程也充分证明：技术进步越来越成为打破资源条件对增长束缚的有力手段，成为中国农业进一步增长的主要推动力，我国农业的发展必须走"科教兴农"的道路。只有依靠科学技术，不断提高农业中的科技含量，才能尽早结束过分依靠增加土地和劳动力投入来实现农业总量增长的局面，实现农业增长方式的根本转变，推动农业现代化进程。

【专栏1-3】《中共中央关于加快农业发展若干问题的决定》节选

（中国共产党第十一届中央委员会
第三次全体会议 1978 年 12 月 22 日原则通过
第四次全体会议 1979 年 9 月 28 日通过）

全面实现农业现代化，彻底改变农村面貌，这是我国历史上一场空前的大革命。为了实现这样的目标，必须从我国人口多、耕地少、底子薄、科学文化水平低，但幅员广阔、自然资源比较丰富、有众多的劳动力等特点出发，认真总结我国自己的经验，虚心学习外国的先进经验，尽可能避免技术先进国家曾经出现的弊病，走出一条适合我国情况的农业现代化的道路。我们在抓紧落实上述二十五项政策和措施的同时，必须继续调查研究，精心地做好分阶段逐步实现农业现代化的规划，已经看准了的问题，要果断地作出部署，组织好各方面的力量，扎扎实实地做好工作，保证其胜利完成。

（一）实现农业现代化，迫切需要用现代科学技术知识来武装我们的农村工作干部和农业技术人员，需要有大批掌握现代农业科学技术的专门家，需要有一支庞大的农业科学技术队伍，需要有数量充足、质量合格的农业院校来培养农业科技人才和经营管理人才。同时，要极大地提高广大农民首先是青年农民的科学技术文化水平。这些任务要用几年、十几年的时间来完成，我们必须从现在开始就抓得很紧很紧，一刻也不能放松。必须彻底纠正那种认为农业现代化可以不要高度现代化的科学研究和教育事业，农业科研机构和农业高等院校可有可无，农业发展工作可以不要专门家积极参与的错误观点，迅速恢复和加强他们所必须具有的研究条件和教学条件。要组织全国科学技术力量研究解决农业现代化中的科学技术问题。中央要办好中国农业科学院和北京农业大学等几个重点的高级农业科学研究院和高等农业院校，各省、市、自治区要根据农业区域规划办好一批农业科研机构、农业学院和中等农业技术学校，逐步形成门类齐全、布局合理的农业科学技术研究体系。同时，要切实地加强技术推广工作。县、公社、生产大队、生产队四级农业科学实验网就是农业技术推广网，县以下主要要抓好试验、示范、推广和技术培训工作。各地要尽快制定规划，着手轮训县、社、队干部，培养当前农村急需的农机手、农业技术员和财会人员，在今后几年内就做到所有干部基本上轮训一遍，各社、队都有足够数量的合格的农机手、农业技术员和财会人员。下乡、回乡知识青年都有一定的文化水平，又有了一些实践经验，要鼓励他们立志务农，分别不同程度、不同情况，吸收他们到农业院校或中等农业技术学校或各类训练班学习，努力把他们培养成建设现代化大农业的骨干力量。

（二）实现农业现代化，要积极地有计划地开展农业机械化的工作。农业机械化必须服从生产的需要，从实际情况出发。要引进、制造和推广适合我国特点的先进农业机械，切实搞好配套和维修服务，充分发挥农业机械的效能，大幅度地提高劳动生产率。根据资源条件努力兴办农村小水电站、小火电站。大力推广沼气。各地都要根据当地的条件，确定推广的步骤和具体要求，纳入农业基本建设规划，安排和供应必要的资金和材料，组织技术训练。要积极利用风力和太阳能。采取一切切实可行的措施，扩大农用能源。要因地制宜地开展农田水利和草原灌溉，分别南方北方、山地平原、水田旱田的不同情况，能引则引，能蓄则蓄，能提则提，逐步发展喷灌，实现农业水利化，做到灌排自如，高产稳产。要加快发展农用化工产品，使我国农业逐步拥有数量充足、质量优良、品种丰富、价廉物美的化学肥料、农药、塑料薄膜和除草剂等产品，以适应农业高速度发展的需要。农业部、林业部、农垦部、农机部、水利部、电力工业部、化工部，要根据农业现代化的要求，密切协同，在一九八〇年内，分别作出实现农业现代化的全面的长期规划，以及切实可行的年度实施计划，认真加以贯彻执行。

（三）实现农业现代化，整个农业必须有一个合理的布局，逐步实行区域化、专业化生产，不断提高农业生产的社会化水平。不这样做，农业就不可能实行大规模的全面的机械化，不可能大规模地全面地采用一系列的先进科学技术。同时要使农林牧平衡发展，不同地区要根据各自的自然条件，宜农则农，宜林则林，宜牧则牧，或者以一业为主，搞好多种经营。国务院有关部门和各地区要组织力量，在三年内完成全国范围的土壤、气象等自然条件、自然资源以及人口、交通运输、工业、商业、科学、教育等社会条件的普查，在此基础上会同当地有丰富经验的农民和农村干部，共同研究制定出在不同范围内、不同程度上逐步实现区域化专业生产的规划，作好农、林、牧、渔、工、副、内外贸、交通运输、科学教育、财政金融等方面互相配合的规划。我们还要在认真搞好规划的基础上，扎扎实实地搞好试点，边实践边总结，有秩序、有步骤地前进。

（四）国家的农业投资必须重点用于建设一批商业粮、经济作物、畜牧业、渔业和林业基地。这些基地，可以是现有国营农业企业的扩大，可以是垦荒举办新的国营农场和集体农场，也可以在人民公社联合的基础上兴办，它们都要逐步运用先进的机器设备，采取科学的生产方法和管理方法，成为提高劳动生产率和商品率都很高的现代化大农业企业。有的基地除了经营农业外，还要经营农副产品加工业和商业，逐步发展成为农工商一体化的联合企业。农业、林业及其他科技研究单位要同基地密切联系，互相协作，促进生产技术的提高。有了一批这样的基地，国家所需要的商品粮食、棉花、油料、糖料、果品、畜产品、水产品和林产品等，就有了更可靠的保证。发展商品农产品基地是建设社会主义现代化大农业的一项重大战略措施，我们一定要集中必要的国家投资，用很大的精力来把它们办好。

（五）农业的现代化，一时一刻离不开现代工业和交通运输业的武装。在两三年内，我们必须根据我国农业的特点和现代化的要求，根据各地的不同条件和生产需要，统筹安排，按照专业化协作的原则，组织好全国农用工业的合理布局。要使得各种农业机械，各种农用化工产品，都能经济合理地进行大批量生产，不断地提高质量，降低成本。农机部、化工部等有关部门应当根据实际需要，分别设立若干专业公司，加强经营管理，讲究经济实效，切实把农用工业搞上去。农业机械部要按照经济区域，面向农村基层，建立和健全农业机械化服务公司，把农业机械和各种农用化工产品的供应、维修、租赁、回收、技术传授、使用服务，逐步地统一经营起来，做到方便及时，减少社队开支。在交通运输方面，要努力建设联结城市、县镇和农村的公路，在一九八五年基本上做到县县、社社通汽车，同时加强牧区、林区、渔区的交通建设。

（六）必须根据经济合理的原则，努力建设现代化的农畜产品加工工业，以适应和促进农业的现代化。农畜产品的加工工业，一定要建立在集中产地，就地利用产品资源，尽可能做到综合利用，并且同当地交通运输条件相适应，合理布局，方便城乡销售和供应，这样才能充分发挥经济效果。农业部、农垦部、轻工业部、纺织工业部、商业部和供销合作总社要会同国务院其他有关部门，经过同各省、市、自治区认真商量，尽快制定出这方面的建设规划。

（七）有计划地发展小城镇建设和加强城市对农村的支援。这是加快实现农业现代化，实现四个现代化，逐步缩小城乡差别、工农差别的必由之路。我国农村现在有八亿人口，有三亿劳动力，随着农业现代化的进展，必将有大量农业劳动力可以逐步节省下来，这些劳动力不可能也不必要都进入现有的大、中城市，工业和其他各项建设事业也不可能和不必要都放在这些城市。我们一定要十分注意加强小城镇的建设，逐步用现代工业交通业、现代商业服务业、现代教育科学文化卫生事业把它们武装起来，作为改变全国农村面貌的前进基地。全国现有两千多个县的县城，县以下经济比较发达的集镇或公社所在地，首先要加强规划，根据经济发展的需要和可能，逐步加强建设。还可以运用现有大城市的力量，在它们的周围农村中，逐步建设一些卫星城镇，加强对农业的支援。北京、上海、天津、沈阳、武汉和其他一切有力量这样做的城市，要在当地党委的统一领导下，负责带好几个县的农业现代化。

（八）实现农业现代化，要贯彻执行集中力量打歼灭战的方针，一片一片地搞，一块一块地吃。这就是说，要波浪式前进，不要撒胡椒面似地全面铺开。农业机械要集中使用，配套成龙；用于农业的财力、物力要重点投放，这样才能充分发挥效力。条件具备的地区，可以先搞、多搞。先搞的地方，生产显著上升，农民的收入很快增加，这是一件好事而不是坏事，它在全国将会产生极大的示范作用和推动作用。在开头几年，如果先集中把占全国人口百分之五的地区搞好，那就会有四千多万人先增加收入，这在世界上就是一个相当大的国家，在国内就大大扩充了国内市场，就是一个了不起的成就。这对八亿农民是个很大的鼓舞。

三、20 世纪 90 年代的探索与实践

1991 年 11 月，中国共产党第十三届中央委员会第八次全体会议在北京召开，会议审议并通过了《中共中央关于进一步加强农业和农村工作的决定》。全会充分肯定了十一届三中全会以来党在农村的各项基本政策，高度评价了 20 世纪 80 年代我国农村改革和建设所取得的巨大成就。全会指出，农业是经济发展、社会安定、国家自立的基础。没有农村的稳定和全面进步，就不可能有整个社会的稳定和全面进步；没有农民的小康，就不可能有全国人民的小康；没有农业的现代化，就不可能有整个国民经济的现代化。发展乡镇企业，是繁荣农村经济、增加农民收入、促进农业现代化的必由之路，要积极扶持，正确引导，使其健康发展。全会认为，必须进一步加强农业基础建设。这是推进农业现代化、增强农业发展后劲的重要物质技术前提。要逐步增加中央、地方、集体和农民对农业的投入，加快大江大河大湖的综合治理和农田水利基本建设。实行投资倾斜和其他保护性政策，提高农用工业的技术水平和生产能力。

抓紧实施科技、教育兴农的战略，逐步把农业发展转移到依靠科技进步和提高劳动者素质的轨道上来。同时，加快农村交通、电力和人畜饮水工程等基础设施的建设。

1998年10月，在党的十五届三中全会召开前夕，江泽民到江苏、上海和浙江，深入农村就农业和农村工作进行调查研究。他强调指出，改革开放20年来，我们坚持以邓小平理论和党的基本路线为指导，农业和农村工作取得了巨大的成就。沿海发达地区要高度重视农业和农村工作，继续深化农村改革，加快发展农业生产力，建设发达农业，争取率先基本实现农业现代化。江泽民指出，农业是国民经济的基础，把农业放在国民经济发展的首位，是一条长期的全局性的方针。坚持这条方针，不仅关系保持农业和农村经济的持续稳定增长，而且关系落实党的十五大提出的各项战略部署，成功实现我国跨世纪发展的宏伟目标。沿海经济发展较快的地区，二三产业比较发达，农业的比重相对小一些，但农业的基础地位没有变，也不能变。越是二三产业发展快，越需要牢固的农业基础提供有力的支持。他强调，沿海发达地区自然条件好，经济实力强，科技力量雄厚，有精耕细作的传统，同国际市场的联系又比较紧密，加快农业发展，建设发达农业，是有基础、有条件的，完全可以率先基本实现农业现代化。江泽民还对实现农业现代化的路径做了进一步指示，他指出，沿海地区的农业要在现有基础上再提高一步，上新台阶，必须在科学技术上取得新的突破。我国实现农业现代化，必须大幅度提高农业的科技含量，提高科技对农业增长的贡献率，把农业发展真正转到依靠科技进步和提高劳动者素质上来。当今世界，科技进步日新月异，知识经济在一些发达国家正在出现，经济、科技竞争日益激烈。发达国家大量采用生物工程、信息等高新技术来提高农业发展水平。我们必须急起直追，瞄准世界农业高新技术发展的前沿，大力推进农业科研，在一些重大领域集中力量进行攻关，力争取得突破性的进展。

在随后召开的中国共产党第十五届三中全会上，通过了《中共中央关于农业和农村工作若干重大问题的决定》。《决定》分析了国内外形势，研究了农业和农村工作，并对实现农业现代化要加快发展农业科技提出了具体要求："由传统农业向现代农业转变，由粗放经营向集约经营转变，必然要求农业科技有一个大的发展，进行一次新的农业科技革命。我国是农业大国，要把农业科技作为整个科技工作的一个重点，努力赶上世界先进水平。推进农业科技革命，要在广泛运用农业机械、化肥、农膜等工业技术成果的基础上，依靠生物工程、信息技术等高新技术，使我国农业科技和生产力实现质的飞跃，逐步建立起农业科技创新体系。坚持基础研究同应用研究相结合，高新技术同常规技术相结合，自主研究同技术引进相结合，科学研究同成果推广相结合，制定全面规划，争取在动植物品种选育、农业资源高效利用、现代集约化种养技术、农业生物灾害防治、农产品储运加工技术等方面取得突破。要改革农业科技体制，调整分工和布局，突出重点，鼓励创新，联合攻关。要面向农业，面向农村，面向农民，通过试验示范，大力推广先进实用技术，突出抓好'种子工程'和旱作节水农业技术，不断提高科技对农业增长的贡献率。加强县乡村农业技术推广体系建设，扶持农村专业技术协会等民办专业服务组织。鼓励科研、教学单位开发推广农业技术，发展高技术农业企业。"会议明确了到 2010 年建设社会主义新农村的目标任务，提出了实现农业和农村发展目标的方针政策，为我国农业和农村走向现代化指明了方向。

【专栏1-4】 《中共中央关于推进农村改革发展若干重大问题的决定》节选

（中国共产党第十五届中央委员会第三次全体会议 1998 年 10 月 14 日通过）

十五大提出党在社会主义初级阶段的基本纲领和下世纪第一个十

年的奋斗目标，为我国农业和农村走向现代化指明了方向。从现在起到二〇一〇年，建设有中国特色社会主义新农村的目标是：

——在经济上，坚持以公有制为主体、多种所有制经济共同发展，不断解放和发展农村生产力。基本建立以家庭承包经营为基础，以农业社会化服务体系、农产品市场体系和国家对农业的支持保护体系为支撑，适应发展社会主义市场经济要求的农村经济体制；农业科技、装备水平和综合生产能力有显著提高，农产品更好地满足国民经济发展和人口增长、生活改善的需求；农村产业结构进一步优化，城镇化水平有较大提高；农民收入不断增加，农村全面实现小康，并逐步向更高的水平前进。

——在政治上，坚持中国共产党的领导，加强农村社会主义民主政治建设，进一步扩大基层民主，保证农民依法直接行使民主权利。全面推进村民自治，完善乡镇人民代表大会制度；乡镇机构精干，以党支部为核心的村级组织健全，干群关系密切；加强法治，保持农村良好的社会秩序和治安环境。

——在文化上，坚持全面推进农村社会主义精神文明建设，培养有理想、有道德、有文化、有纪律的新型农民。加强思想道德教育，倡导健康文明的社会风尚；发展教育事业，普及九年制义务教育，扫除青壮年文盲，普及科学技术知识；发展农村卫生、体育事业，使农民享有初级卫生保健；建设农村文化设施，丰富农民的精神文化生活。

实现我国农业和农村跨世纪发展目标，必须坚持以下十条方针：

（一）始终把农业放在国民经济发展的首位。农业是国民经济的基础。大力发展农业不仅是保障人民生活的要求，也是发展工业和第三产业的需要。调整国民收入分配格局，加大对农业的投入。加强农业立法和执法，支持和保护农业。

（二）长期稳定农村基本政策。以公有制为主体、多种所有制经济共同发展的基本经济制度，以家庭承包经营为基础、统分结合的经营制度，以劳动所得为主和按生产要素分配相结合的分配制度，必须长期坚持。在这个基础上，按照建立社会主义市场经济体制的要求，深化农村改革。

（三）不放松粮食生产，积极发展多种经营。必须稳定发展粮食生产，同时又要调整农村产业结构，实行农林牧副渔并举，并且把发展多种经营同支持和促进粮食生产结合起来，确保农产品有效供给和农民收入持续增长。

（四）实施科教兴农。农业的根本出路在科技、在教育。实行农科教结合，加强农业科学技术的研究和推广，注重人才培养，把农业和农村经济增长转到依靠科技进步和提高劳动者素质的轨道上来。

（五）实现农业可持续发展。必须加强以水利为重点的基础设施建设和林业建设，严格保护耕地、森林植被和水资源，防治水土流失、土地荒漠化和环境污染，改善生产条件，保护生态环境。

（六）大力发展乡镇企业，多渠道转移农业富余劳动力。立足农村，向生产的深度和广度进军，发展二、三产业，建设小城镇。开拓农村广阔的就业门路，同时适应城镇和发达地区的客观需要，引导农村劳动力合理有序流动。

（七）切实减轻农民负担。这是保护农村生产力，保持农村稳定的大事。坚持多予少取，让农民得到更多的实惠。农村各项建设都要尊重群众意愿，量力而行。

（八）实行计划生育基本国策。控制人口过快增长的重点和难点在农村。大力提倡少生优育，使农村人口同经济、社会发展相适应。

（九）推进农村基层民主政治建设。经济体制改革要与政治体制改革相配合。坚持和改善农村基层党组织的领导，加强乡镇政权和村民自治组织建设，依法保障农民当家作主的权利。

（十）物质文明建设和精神文明建设两手抓。两个文明都搞好，农村经济、社会协调发展，才是有中国特色社会主义的新农村。

四、21世纪头10年的探索与实践

2002年11月，党的十六大提出了建设现代农业的要求。2005年10月，为贯彻党的十六大精神，党的十六届五中全会强调，要统筹城乡经济社会发展，推进现代农业建设，全面深化农村改革，大力发展农村公共事业，千方百计增加农民收入。2006年12月，《中共中央国务院关于积极发展现代农业扎实推进社会主义新农村建设的若干意见》（中发〔2007〕1号），按照深入贯彻落实科学发展观、实现全面建成小康社会奋斗目标的新要求，首次明确回答了什么是现代农业、为什么建设现代农业、怎样建设现代农业的重大问题。文件分别从加大对"三农"的投入力度，建立促进现代农业建设的投入保障机制；加快农业基础建设，提高现代农业的设施装备水平；推进农业科技创新，强化建设现代农业的科技支撑；开发农业多种功能，健全发展现代农业的产业体系；健全农村市场体系，发展适应现代农业要求的物流产业；培养新型农民，造就建设现代农业的人才队伍；深化农村综合改革，创新推动现代农业发展的体制机制；加强党对农村工作的领导，确保现代农业建设取得实效等八个方面，对积极发展现代农业进行了部署和安排。

【**专栏1－5**】《中共中央国务院关于积极发展现代农业

扎实推进社会主义新农村建设的若干意见》

(中发〔2007〕1号) 节选

发展现代农业是社会主义新农村建设的首要任务，是以科学发展观统领农村工作的必然要求。推进现代农业建设，顺应我国经济发展的客观趋势，符合当今世界农业发展的一般规律，是促进农民增加收入的基本途径，是提高农业综合生产能力的重要举措，是建设社会主义新农村的产业基础。要用现代物质条件装备农业，用现代科学技术改造农业，用现代产业体系提升农业，用现代经营形式推进农业，用现代发展理念引领农业，用培养新型农民发展农业，提高农业水利化、机械化和信息化水平，提高土地产出率、资源利用率和农业劳动生产率，提高农业素质、效益和竞争力。建设现代农业的过程，就是改造传统农业、不断发展农村生产力的过程，就是转变农业增长方式、促进农业又好又快发展的过程。必须把建设现代农业作为贯穿新农村建设和现代化全过程的一项长期艰巨任务，切实抓紧抓好。

2007年10月，党的十七大报告明确提出，坚持把发展现代农业、繁荣农村经济作为首要任务，要加强农业基础地位，走中国特色农业现代化道路，建立以工促农、以城带乡长效机制，形成城乡经济社会发展一体化新格局。

2008年10月，党的十七届三中全会提出，深入贯彻落实科学发展观，坚定不移地继续推进社会主义新农村建设，坚定不移地走中国特色农业现代化道路，坚定不移地加快形成城乡经济社会发展一体化新格局，坚持工业反哺农业、城市支持农村和"多予少取放活"方针，始终把实现好、维护好、发展好广大农民根本利益作为农村一切工作的出发点和落脚点，充分调动广大农民的积极性、主动性、创造性，大力推进改革创新，加强农业基础地位，提高农业综合生产能力，加快发展农村公共事业，促进农民全面发展、农村全面进步，推动农村经济社会又好又快发展。

2009年1月，胡锦涛同志在中共中央政治局第十一次集体学习时强调，要坚定不移走中国特色农业现代化道路，全力保持农业农村经济持续稳定发展。他强调，必须从全面建设小康社会、发展中国特色社会主义的战略高度，全面贯彻党的十七届三中全会精神，坚持把解决好农业、农村、农民问题作为全党工作重中之重，坚定不移走中国特色农业现代化道路，加快推进社会主义新农村建设，更加扎实地做好农业、农村、农民工作。

五、新时代中国特色道路的探索与实践

党的十八大以来，习近平总书记多次在调研和讲话中谈到农业现代化的方向和路径问题。2013年11月，习近平总书记在山东农科院召开座谈会时指出，农业出路在现代化，农业现代化关键在科技进步。我们必须比以往任何时候都更加重视和依靠农业科技进步，走内涵式发展道路。2014年年底，习近平总书记在中央经济工作会议上强调，要坚定不移转变农业发展方式，走产出高效、产品安全、资源节约、环境友好的现代农业发展道路。2015年3月，习近平参加十二届全国人大三次会议吉林代表团审议时指出，中国现阶段不是要不要农业的问题，而是在新形势下怎样迎难克艰、继续抓好的问题。新型工业化、信息化、城镇化、农业现代化中，农业现代化不能拖后腿。我们必须始终保持战略清醒。他还指出，要加快推进现代农业建设，在一些地区率先实现农业现代化，突出抓好加快建设现代农业产业体系、现代农业生产体系、现代农业经

营体系三个重点，加快推进农业结构调整，加强农业基础设施和技术装备建设，加快培育新型农业经营主体。

关于如何实现农业现代化的问题，早在 1999 年习近平任福建省长时，就集思广益，亲自主编了《现代农业理论与实践》一书，旗帜鲜明地提出"要走组织化的农村市场化发展路子"，并且指出"新型的合作化道路将会越走越广阔。"2003 年习近平在担任中共浙江省委书记时指出，我国农业人口多、耕地资源少、水资源紧缺、工业化城镇化水平不高的国情，决定了发展现代农业既不能照搬美国、加拿大等大规模经营、大机械作业的模式，也不能采取日本、韩国等依靠高补贴来维持小规模农户高收入和农产品高价格的做法，而必须探索一条具有中国特色的现代农业发展之路。在实践中，浙江省在全面分析自身资源禀赋、经济社会发展水平和农业发展新形势的基础上，作出了走高效生态的新型农业现代化道路的战略决策，把高效生态农业作为浙江现代农业的目标模式，把发展高效生态农业作为浙江发展现代农业的具体实践形式。

2013 年，中共中央国务院发布中央 1 号文件《关于加快发展现代农业进一步增强农村发展活力的若干意见》，明确了发展现代农业的总体要求，按照保供增收惠民生、改革创新添活力的工作目标，加大农村改革力度、政策扶持力度、科技驱动力度，围绕现代农业建设，充分发挥农村基本经营制度的优越性，着力构建集约化、专业化、组织化、社会化相结合的新型农业经营体系，进一步解放和发展农村社会生产力，巩固和发展农业农村大好形势。

2014 年，中共中央国务院发布中央 1 号文件《关于全面深化农村改革加快推进农业现代化的若干意见》，系统全面地阐述了推进中国特色农业现代化，要始终把改革作为根本动力，坚持家庭经营为基础与多种经营形式共同发展，传统精耕细作与现代物质技术装备相辅相成，实现高产高效与资源生态永续利用协调兼顾，加强政府支持保护与发挥市场配置资源决定性作用功能互补。要以解决好地怎么种为导向加快构建新型农业经营体系，以解决好地少水缺的资源环境约束为导向深入推进农业发展方式转变，以满足吃得好吃得安全为导向大力发展优质安全农产品，努力走出一条生产技术先进、经营规模适度、市场竞争力强、生态环境可持续的中国特色新型农业现代化道路。

2015 年，中共中央国务院发布中央 1 号文件《关于加大改革创新力度 加快农业现代化建设的若干意见》，围绕建设现代农业，提出了加快转变农业发展方式的具体要求，必须尽快从主要追求产量和依赖资源消耗的粗放经营转到数量质量效益并重、注重提高竞争力、注重农业科技创新、注重可持续的集约发展上来，走产出高效、产品安全、资源节约、环境友好的现代农业发展道路。

2016 年，中共中央国务院发布中央 1 号文件《关于落实发展新理念 加快农业现代化 实现全面小康目标的若干意见》，从全面建成小康社会的角度，提出要把坚持农民主体地位、增进农民福祉作为农村一切工作的出发点和落脚点，用发展新理念破解"三农"新难题，厚植农业农村发展优势，加大创新驱动力度，推进农业供给侧结构性改革，加快转变农业发展方式，保持农业稳定发展和农民持续增收，走产出高效、产品安全、资源节约、环境友好的农业现代化道路，推动新型城镇化与新农村建设双轮驱动、互促共进，让广大农民平等参与现代化进程、共同分享现代化成果。

在连续四年的中央 1 号文件都强调加快推进农业现代化的基础上，制定了《全国农业现代化规划（2016—2020 年）》。2017 年党的十九大提出，实施乡村振兴战略，要"加快推进农业农村现代化"。2018 年中央 1 号文件又明确提出，到 2035 年乡村振兴取得决定性进展，农业农村现代化基本实现。

【专栏 1-6】 全国农业现代化规划（2016—2020年）

2016年10月8日，国务院审议通过了《全国农业现代化规划（2016—2020年）》（以下简称《规划》）。明确了"十三五"农业现代化的时间表、路线图，成为指导未来五年中国农业发展的纲领性文件。

《规划》由农业部、国家发展改革委牵头，会同有关部门编制。主要包括"十三五"农业现代化发展形势、战略要求、指导思想、基本原则、发展目标、发展任务，还包括要实施的重大工程、重大政策和保障性措施。

《规划》要求，"十三五"农业现代化要以提高质量效益和竞争力为中心，以推进供给侧结构性改革为主线，以多种形式的适度规模经营为引领，加快转变农业发展方式，构建现代农业产业体系、生产体系和经营体系，保障农产品有效供给、农民持续增收和农业可持续发展，走一条产出高效、产品安全、资源节约、环境友好的农业现代化发展道路。

《规划》明确了"十三五"农业现代化的目标，提出要通过五年的努力，全国农业现代化取得明显进展，国家粮食安全得到有效保障，农产品供给体系质量和效率有明显提升，农业国际竞争力要进一步增强，农民的生活达到全面小康水平，美丽宜居乡村建设迈上新台阶，东部沿海发达地区、大城市郊区、国有垦区和国家现代农业示范区等四个区域要率先基本实现农业现代化。

《规划》全面贯彻新发展理念，提出五个方面的重点任务：一是创新强农，着力推进农业转型升级。重点推进体制机制和科技创新，稳定完善农村基本经营制度，引导农户依法自愿有序流转土地经营权，发展多种形式的适度规模经营；强化技术装备的支撑，提高机械化、信息化水平；加快农业结构调整，增强粮食等重要农产品安全保障能力。二是协调惠农，着力促进农业均衡发展。重点加强产业融合，提出要推动农村一二三产业融合发展，重点是发展农产品加工业以及电子商务、休闲农业等新业态，促进农民增收；优化区域结构，建立与资源环境承载力相匹配的农业生产力布局；培育新型主体和职业农民，推动经营主体协调发展。三是绿色兴农，着力提升农业可持续发展水平。着眼于资源节约、环境友好、质量安全，组织实施绿色兴农重大工程，明确提出要严格化肥、农药、饲料添加剂等制度性管理，推动农业废弃物资源化利用无害化处理，综合防治农业面源污染，强化农产品质量安全监管。四是开放助农，着力扩大农业对外合作。统筹用好国内国际两个市场、两种资源，优化农业对外合作布局，提升农业合作水平，促进农产品贸易健康发展。五是共享富农，着力增进民生福祉。重点是推进产业精准脱贫，助力贫困地区脱贫攻坚；强调要加大强农惠农富农力度，健全财政投入稳定增长机制，拓宽社会资本市场化投入渠道，优化农业补贴政策，创新信贷、保险等支农措施；促进农业现代化与新型城镇化相辅相成，为农业现代化创造更为有利的条件。

从新中国成立到党的十九大，农业现代化的内涵与外延不断丰富。从毛泽东的工业国建设目标下的农业现代化、邓小平的生产力视角下的农业现代化、江泽民的区域发展视角下的农业现代化、胡锦涛的统筹城乡视角下的农业现代化，到习近平新时代中国特色新型农业现代化道路以及乡村振兴战略目标下的农业农村现代化，农业现代化的理念和要求越来越清晰、目标和任务越来越明确、政策和措施越来越具体，已经基本形成了中国特色农业现代化道路。

第三节　农业农村现代化的进展与成效

党的十六大以来，党中央、国务院不断加大强农惠农富农政策力度，带领广大农民群众凝心聚力、奋发进取，农业农村现代化建设取得了巨大成绩。

一、生产能力迈上新台阶

一是粮食生产稳定增长。2000 年，我国粮食产量为 4.6 亿吨。2013 年我国粮食产量首次迈上 6 亿吨的新台阶，之后每年的产量都保持在 6 亿吨以上（图 1-1），到 2018 年达到 6.6 亿吨，比 2000 年增长 43.5%，为国民经济稳步发展打下了坚实的基础。

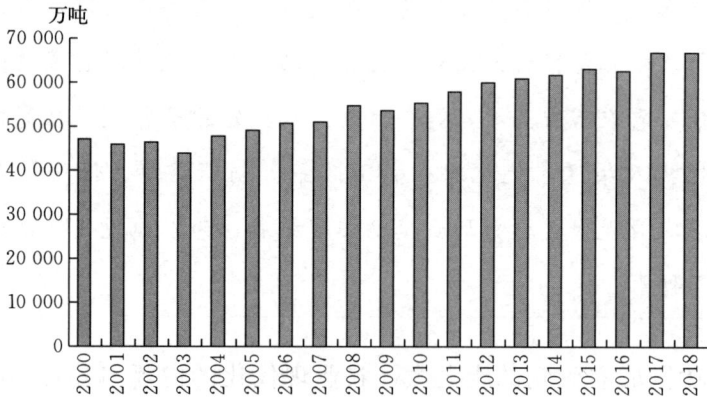

图 1-1　2000—2018 年粮食产量

二是畜产品生产总体呈现稳中向好态势。2018 年，全国肉类总产量 8 517 万吨，比 2000 年增长 40.0%；禽蛋产量 3 128 万吨，比 2000 年增长 39.5%；牛奶产量 3 075 万吨，比 2000 年增长 234.6%。

三是渔业经济保持良好发展势头。2018 年，水产品总产量 6 469 万吨，比 2000 年增长 50.8%。绿色发展进展加快，产业结构进一步优化，提质增效成效显著。

四是农产品质量安全水平稳步提升。截至 2017 年，全国蔬菜、畜禽产品和水产品监测合格率分别为 97％、99.5％和 96.3％，同比分别上升 0.2、0.1 和 0.4 个百分点，主要农产品质量安全例行监测抽检总体合格率为 97.8％，同比上升 0.3 个百分点。

【专栏 1-7】　粮食生产功能区和重要农产品生产保护区建设

2017 年 3 月 31 日，国务院发布《关于建立粮食生产功能区和重要农产品生产保护区的指导意见》（国发〔2017〕24 号），对建立粮食生产功能区和重要农产品生产保护区（简称"两区"）作出全面部署。《意见》明确提出，要力争用 3 年时间完成 10.58 亿亩"两区"地块的划定任务，力争用 5 年时间基本完成"两区"建设任务。推进"两区"建设，包括"划、建、管、护"四个方面。

划：划定粮食生产功能区 9 亿亩、重要农产品生产保护区 2.38 亿亩①（与粮食生产功能区重叠 8 000 万亩），其中水稻生产功能区 3.4 亿亩，小麦生产功能区 3.2 亿亩，玉米生产功能区 4.5 亿亩，大豆生产保护区 1 亿亩，棉花生产保护区 3 500 万亩，油菜籽生产保护区 7 000 万亩，糖料蔗生产保护区 1 500 万亩，天然橡胶生产保护区 1 800 万亩。

建：以"两区"为载体，按照集中连片、旱涝保收、稳产高产、生态友好的要求，大规模推进高标准农田建设。加大新型主体培育，发展多种形式的适度规模经营，构建覆盖全程、综合配套、便捷高效的农业社会化服务体系，提升推广服务能力，整体提升"两区"综合生产能力。

---

① 15 亩＝1 公顷。

> 管：严格按照基本农田保护条例等相关法律法规，管控"两区"用途。充分应用现代信息技术，做到"两区"地块全部建档立册、上图入库，形成粮棉油糖等重要农产品种植结构全国"一张图"，实施精准化、动态化管理。
>
> 护：通过加大对"两区"的政策支持，增加基础建设投入，完善财政政策，创新金融支持政策，形成有力度、有约束的政策体系，激励和引导地方政府和农民重农抓粮，确保"两区"持续稳定发展。

二、技术装备达到新水平

21世纪以来，农业物质技术装备稳步提升，现代设施装备、先进科学技术支撑农业发展的格局初步形成。2017年，农田有效灌溉面积占比、农业科技进步贡献率、主要农作物耕种收综合机械化率分别达到52%、57.5%和65.2%，良种覆盖率超过96%。农机装备总量迈上新台阶，2018年农机总动力接近10亿千瓦，实现历史性突破。农机装备结构持续优化，粮食生产环节高性能机具占比持续提高，大功率、高效率、多功能机具保有量快速增加，主机与农具配套比进一步优化。

【专栏1-8】 特色鲜明的农业科技园区

农业科技园区，能够融合聚集科教、资本等资源，孵化、培育农业高新技术企业，是农业科技创新、技术应用和产业发展的样板，对于推动农业供给侧改革提供示范作用。我国自2001年正式启动国家农业科技园区试点建设，截至2017年年底，科技部已经批准了7批国家农业科技园区，并于2018年3月启动了第八批国家农业科技园区的申报工作。

国家农业科技园区的发展经历了试点建设、全面推进、创新发展三个阶段。2001—2005 年，按照中共中央办公厅和国务院办公厅的要求，科技部会同农业部、水利部、国家林业局、中国科学院及中国农业银行等部门成立了国家农业科技园区部际协调指导小组，组建国家农业科技园区联合办公室，制定发布《农业科技园区指南和管理办法（试行）》，分别于 2001 年和 2003 年启动第一、第二批共 36 个国家农业科技园区试点建设工作，其中东部地区 12 个，中部地区 11 个，西部地区 13 个。获批园区按照"政府指导、企业运作、中介参与、农民收益"的原则，逐渐形成政府主办、企业主办、科研单位和政府、企业合办等多种园区建设与管理模式。2006—2011 年，国家农业科技园区（试点）建设工作取得了重大成效，尤其在农业技术组装集成、科技成果转化、现代农业生产及新型产业培育等方面取得显著成效。2008 年，科技部根据《国家农业科技园区综合评价指标体系》和《国家农业科技园区评价验收规范》，对第一批、第二批的 36 个国家农业科技园区试点进行了验收，并正式授牌；2010 年和 2011 年启动第三批、第四批 35 个国家农业科技园区的建设工作，转向全面推进阶段。2012 年至今，依据国家农业科技园区"十二五"发展规划，科技部明确提出实施"一城两区百园工程"（简称 121 工程），启动建设北京国家现代农业科技城、杨凌国家现代农业高新技术示范区、黄河三角洲国家现代农业科技示范区以及一百个左右国家农业科技园区。目前，北京农科城现代高端农业、现代服务业等建设已初具规模；第五批 46 个国家农业科技园区已经审批，获批园区总数达 117 个；组建了国家农业科技园区协同创新战略联盟，将国家农业科技园区建设工作推向一个新的发展阶段。

在已经批准建设的国家级园区中，基本覆盖了全国所有省、自治区、直辖市、计划单列市及新疆生产建设兵团，初步形成了特色鲜明、模式典型、科技示范效果显著的园区发展格局。按照建设和运营主体差异，园区形成了政府主导型（占 87.0%）、企业主导型（占 9.7%）、科研单位主导型（占 3.3%）三种模式。近年来，园区基于自身发展模式和区域特色等，为适应创新驱动发展需要，在功能定位、规划布局上出现了一系列新变化，政府主导型园区向农业高新技术产业培育和产城产镇产村融合的杨凌模式发展，其他两类园区分别向科技服务和成果应用方向发展。

三、规模经营呈现新局面

21 世纪以来，以土地制度、经营制度、产权制度、支持保护制度为重点的农村改革深入推进，家庭经营、合作经营、集体经营、企业经营共同发展，多种形式的适度规模经营比重明显上升。

（一）土地适度规模经营全面开展

目前，江苏、甘肃等 18 个省区市下发了完善"三权分置"办法的实施意见。各地也创造出各具特色的实践做法。四川崇州引导农民以土地经营权入股成立土地股份合作社，发展农业共营制模式。上海松江在农民自愿前提下，以增加补助的方式引导农民将承包地委托村集体组织流转，并在村集体经济组织主导下择优确定家庭农场主经营。2017 年，家庭承包经营耕地流转面积 34 133.33 千公顷，占家庭承包经营耕地总面积的比重达到 37%，多种形式的农地适度规模经营面积占比达到 40%（表 1-1）。

表 1-1　土地适度规模经营情况

单位：亿亩，%

年份	2010	2011	2012	2013	2014	2017
承包耕地面积	12.73	12.77	13.1	13.27	13.29	13.84
流转面积	1.87	2.28	2.78	3.41	4.03	5.12
流转率	14.67	17.85	21.25	25.70	30.32	36.99

（二）服务集中型规模经营发展势头良好

服务集中型规模经营是在不流转土地的前提下，通过土地的集中连片，农户将农业生产的全部或部分作业环节委托给社会化服务组织，社会化服务组织则通过农业生产环节的规模化作业部分或全部实现农业规模经营，是规模经营方式的重大创新。截至 2017 年年底，全国以综合托管系数计算的农业生产托管面积为 13 333.33 多千公顷，从事农业生产托管的服务组织数量达到 20 多万个，服务农户近 4 000 万户。农业生产托管在带动小农户发展现代农业，发展壮大集体经济，促进粮食生产节本增效，推进农业绿色发展等方面发挥了显著作用，有效促进了粮食生产，带动了农户就业增收，推动了现代农业发展，取得了良好的经济、社会和生态效益。

（三）规模化、集约化养殖快速发展

截至 2017 年年底，全国畜禽养殖规模化率达到 58%，规模养殖逐步成为肉蛋奶生产供应主体。规模化发展促进畜禽生产效率提升，产业集中度进一步提升。奶牛平均单产达到 6.8 吨，平均每头母猪年提供猪肉量同比提高 4%。产业化龙头企业不断壮大，乳品企业 20 强市场占有率超过 55%，35 家百万吨级饲料企业的产量占比达到 62%。现代畜禽种业基础进一步夯实，其中国产高产蛋鸡市场占有率提高到 40%。

（四）家庭农场创新发展局面初步形成

自 2013 年中央明确发展家庭农场的政策措施以来，中央及各地对家庭农场的重视程度和扶持力度逐年加大，短短四年多时间，家庭农场已经发展成为建设现代农业的有生力量，成为新型农业经营主体的重要组成部分。截至 2017 年年底，在县级以上农业部门纳入名录管理的家庭农场达到 54.9 万户，约是 2014 年（13.9 万户）的 4 倍，其中种植业家庭农场平均经营规模为 11.67 公顷左右。

（五）农民合作社成为现代农业发展重要载体

截至 2017 年 12 月底，全国依法登记的农民合作社达到 201.7 万家，同比增长 12.4%（表 1-2）；实有入社农户超过 1 亿户，约占全国农户总数的 48.1%。农民合作形式由"同类"产品或服务的专业合作向资源要素股份合作拓展，业务由生产经营向资金融通、保险互助等内容延伸，领域由单纯从事农业生产向一二三产业融合发展，层级由农户间合作向社际联合迈进。农民合作社经营产业涵盖粮棉油、肉蛋奶、果蔬茶等主要产品生产，并扩展到农机、植保、民间工艺、农村电商、休闲农业、观光旅游等新产业新业态。超过一半的合作社提供产加销一体服务，服务总值 11 044 亿元。

表 1-2　新型农业经营主体发展数量

单位：万家

年　份	2010	2011	2012	2013	2014	2015	2016	2017
家庭农场	—	—	—	—	13.9	35.5	44.5	54.9
农民合作社	37.91	52.17	68.9	98.24	128.9	153.1	179.4	201.7
龙头企业	9.2	11	11.8	12.34	12.55	12.9	13.03	—

（六）农业产业化经营成效显著

各类农业产业化组织坚持以市场为导向，主动转型升级发展，延长产业链、完善供应链、提升价值链，规模不断扩大、实力稳步增强、质量明显提升，已成为我国农产品生产加工流通、保障重要农产品供给的骨干力量，成为推进乡村经济多元化发展、实施乡村振兴战略的重要主体。到2017年年底，经县级以上农业产业化主管部门认定的龙头企业达8.7万家，其中省级以上重点龙头企业1.7万家、国家重点龙头企业1242家，年销售收入超过1亿元的省级以上重点龙头企业突破8000家，超过100亿元的达到70家，示范引领我国农业综合竞争力稳步提升。龙头企业主动适应城乡居民消费结构的升级和消费方式的变化，积极践行产业融合发展理念，发展生鲜电商、产业链金融、智慧农业等新业态，打造创意农业、观光农业、康养农业等新模式，深入开发农业多种功能，进一步拓展产业发展空间，实现全环节升级、全链条升值。在省级以上重点龙头企业中，近三成的龙头企业科技研发投入占年销售收入的比重超过1%，超过四成的龙头企业通过互联网渠道开展农产品销售，超过六分之一的龙头企业涉足乡村旅游休闲产业，新理念、新技术、新模式的广泛引入，为乡村产业振兴注入了新动能。

四、产业格局呈现新变化

21世纪以来，农产品加工业总体上呈现出增速稳步回升、质量效益持续改善，供给结构继续优化，出口贸易恢复增长，发展态势持续稳中向好，对促进农业农村经济持续稳定发展，增加农民收入起到了重要作用。截至2017年，农产品加工业与农业总产值比达到2.2∶1，规模以上农产品加工业增加值增速为6.5%（扣除价格因素），规模以上农产品加工业实现利润总额1.3万亿元。

供给结构继续优化，食用类农产品加工业各子行业主营业务收入增速呈现高、中、低不同档位。其中，蛋品加工、中药制造和精制茶加工继续较快增长，增速均超过 10%，表明新兴和传统特色农产品加工业继续追赶式发展。饲料加工、植物油加工、乳品加工、粮食加工与制造、肉类加工、水产品加工、果蔬加工等保持中高速增长，态势稳定。烟草制造业增长最为缓慢，符合控烟预期。制糖业和粮食原料酒制造业因产成品出厂价格明显上浮等原因，主营业务收入也较快增长。

电子商务等新型业态蓬勃兴起。党的十八大以来，农业部会同商务部出台了《关于深化农商协作大力发展农产品电子商务的通知》，以农产品电商出村工程为重点，探索农产品电商上行模式，推动农产品电商上行。在总结 10 省份试点经验基础上，进一步明确试点要求，继续支持 10 个省份重点在电商模式、标准体系、质量安全追溯等方面加强试点探索，积极协调推动相关部门和地方政府大力加强分拣包装、仓储加工、冷链物流等基础设施建设。截至 2017 年年底，全国共建成运营超过 13.1 万个益农信息社，累计培训村级信息员 47.8 万人次，为农民和新型农业经营主体提供公益服务 1 660 万人次，开展便民服务 2.25 亿人次，实现电子商务交易额 152.6 亿元。

【专栏 1-9】 中国农产品电商体系

我国农产品电子商务体系包括网上农产品期货交易、网上农产品衍生品交易、大宗农产品电子交易、农产品网络零售交易、实体企业 O2O 交易、农产品网上交易会等，即所谓农产品电商的"金字塔"结构体系。

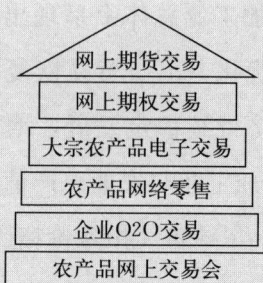

图 1-2 农产品电商的"金字塔"模式

（一）网络期货交易

改革开放以来，中国期货交易所与其他国家不一样，均采取电子撮合交易方式。郑州商品交易所 1990 年现货起步发展期货交易，现有粮食品种强麦、普麦、菜籽油、早籼稻、油菜籽、油菜粕、粳稻、晚籼、鲜苹果品种。大连商品交易所有玉米、玉米淀粉、黄豆一号、黄豆二号、豆粕、豆油、棕榈油、细木工板、中密度纤维板、鸡蛋品种。上海期货交易所现有天然橡胶期货品种。近年来，中国期货市场先后上了鸡蛋（2013 年）、鲜苹果（2017 年）两个生鲜农产品，特别是鲜苹果期货在全球都具有较大的影响。

（二）网络期权交易

大连、郑州两个期货市场农产品，分别有期权交易品种豆粕、白糖，均采取网上撮合交易方式。

（三）大宗商品电子交易

大宗商品电子交易市场在整顿中得到发展，2017 年我国各类大宗商品电子交易市场达到 1 969 家，其中农产品电子交易市场 585 家，占 29.7％，包括农产品类市场 417 家、林产品类市场（含木材、纸浆等）59 家、畜牧禽类市场（含肉类、禽蛋、草业等）45 家、酒类产品市场 39 家、渔产品类市场 25 家。如生猪交易所、海洋商品交易中心、重庆咖啡交易中心、美菜、一亩田、沁坤等。实物交收额超过 10 万亿元。

（四）农产品批发市场网上交易

2017 年，全国农产品批发市场在转型、升级、外迁中发展，市场交易量、交易额，大约占 70％左右，在农产品流通中发挥着主渠道作用。

2017 年，全国有 4 469 个功能比较完备的大型农产品批发市场，其中 13 个国家级产地批发市场，30 多个田头市场。2017 年商务部、农业部等部门高度重视公益性农产品批发市场建设，商务部确定了 49 家公益性农产品示范市场、21 家公益性农产品示范（零售）市场。

（五）各类农产品网络零售（表 1-3）

表 1-3　粮食及其他农产品各种网络零售模式创新

模　式	主 要 内 容
B2C	农产品网站对消费者
C2B	集合竞价定购模式（订单）
B2B2C	农产品供应链模式
C2C	农民对消费者
B2F/F2C	生产者（农民）对家庭
ABC	代理商—商家—消费者
娱乐竞拍	农产品秒杀
P2P	点对点、渠道对渠道、人对人、贸易伙伴对贸易伙伴
B2S	分享式、体验式电商（俗称众筹）
O2O	线上与线下相融合
C2F	农业订单农业
B2M	农产品企业根据客户需求建立网站
M2C	农产品加工企业对消费者
BMC	企业＋中介平台（网络）＋终端客户的模式
SoLoMo	农产品社区化模式
CSA	社区支持农业
P2C	生活服务平台
SNS-EC	农产品社交电商
跨境	跨境电商、海代、海淘、海批（批发）

（六）农产品网下智能体验店和智能菜市场

1. 生鲜智能店

2017 年各类智能店纷纷开店。盒马生鲜开出第 25 家门店，超级物种

26 家（至 2018 年 2 月为 36 家）、永辉生鲜 200 家。此外还有京东 7FRESH、苏宁小店、苏宁苏鲜生、每日优选体验店、京东到家体验店、美团生鲜体验店［"掌鱼（章鱼）生鲜"］、国美生鲜店、便利蜂店等。

2. 生鲜无人店

2017 年无人店纷纷开店。阿里无人超市、京东 X 无人超市、苏宁 Bui、EAT BOX 怡食盒子、天虹商场 WellGo、缤纷盒子店、F5 未来便利店、小麦铺、Take go、24 爱购、小 E 微店、Amazon go、缤果盒子、淘咖啡、Moby、百鲜 Go 无人微超、智能微超神奇屋、每日优选便利购、供销总社的 CO-OP MART（供销快闪店）、本来生活无人超市等。

3. 智慧农贸（菜）市场

许多智能菜市场采取互联网、移动网、物联网、大数据、云计算、区块链、各类人工智能的方式，对传统农贸市场进行改造，成效显著。智能菜市场是指运用科技手段，采集交易数据，通过"一云多端"智慧系统，实现农贸市场管理、服务和监管的信息网络化、工作规范化、管理现代化的网络平台。主要特点是使用能刷卡的智能电子秤进行交易结算，拥有先进的农残检测设备，拥有信息发布手段，能滚动发布检测信息、价格信息、供销信息等数据。

五、农民收入实现新跨越

21 世纪以来，农村居民收入快速增长。2015 年农民人均可支配收入突破万元大关，2018 年增加到 14 617 元，年均增速为 10.9%。2018 年农村居民人均消费支出 12 124 元，名义增长 10.7%。城乡居民收入差距从 2012 年 3.10∶1 缩小到 2.67∶1（图 1 - 3）。

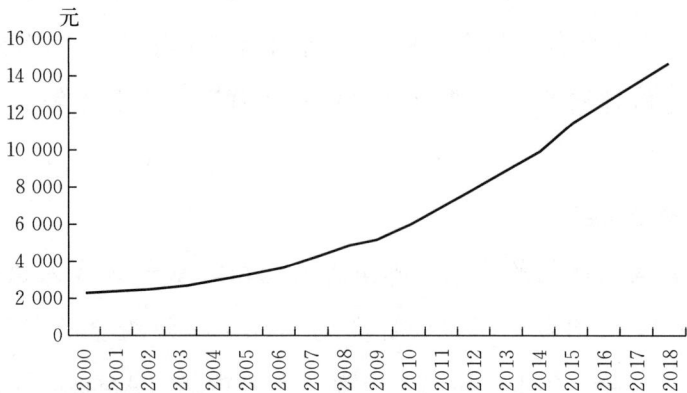

图 1 - 3　2000—2018 年农民收入

六、脱贫攻坚实现新突破

改革开放之初的中国是世界上最贫困的国家之一，当时中国的人均GDP 仅为 423.2 元。按照世界银行每天 1.90 美元的贫困线，1981 年中国农村地区处于极度贫困状态的人口高达 95.6%。

改革开放以来，党中央、国务院从中国国情出发，把农民的生存权、发展权放在首位，致力于减贫脱贫，努力保障和改善民生，发展各项社会事业，使发展成果更多更公平惠及全体人民，保障人民平等参与、平等发展的权利。从中国农村特殊实际出发，我国的扶贫事业先后经历了以体制改革为主的体制扶贫（1978—1985 年），以区域经济发展为主的开发式扶贫（1985—1993 年），以扶持贫困人口为主的攻坚扶贫（1994—2000 年），以经济建设为中心的建设扶贫（2001—2010 年），以及当前的精准扶贫（2011—2020 年）等各个阶段。

党的十八大以来，以习近平同志为核心的党中央将扶贫攻坚上升到新的战略高度，打响了以"精准扶贫"为指导思想的脱贫攻坚战。据国家统计局全国农村贫困监测调查，按现行国家农村贫困标准测算，2018年年末，全国农村贫困人口 1 660 万人，比上年末减少 1 386 万人；贫困发生率 1.7%，比上年下降 1.4 个百分点。

分三大区域看，2018 年东、中、西部地区农村贫困人口全面减少。东部地区农村贫困人口 147 万人，比上年减少 153 万人；中部地区农村贫困人口 597 万人，比上年减少 515 万人；西部地区农村贫困人口 916 万人，比上年减少 718 万人。分省看，2018 年各省农村贫困发生率普遍下降至 6% 以下。其中，农村贫困发生率降至 3% 及以下的省份有 23 个，包括北京、天津、河北、内蒙古、辽宁、吉林、黑龙江、上海、江苏、浙江、安徽、福建、江西、山东、河南、湖北、湖南、广东、海南、重庆、四川、青海、宁夏。

2018 年，贫困地区农村居民人均可支配收入 10 371 元，比上年增加 994 元，名义增长 10.6%，扣除价格因素，实际增长 8.3%，实际增速高于全国农村增速 1.7 个百分点，圆满完成增长幅度高于全国增速的年度目标任务。

深度贫困地区农村居民人均可支配收入增速高于贫困地区增速 0.1 个百分点。深度贫困地区农村居民人均可支配收入 9 668 元，比上年增加 935 元，名义增长 10.7%，比贫困地区增速高 0.1 个百分点。其中，"三区三州"农村居民人均可支配收入 9 796 元，比上年增加 938 元，增长 10.6%，增速与贫困地区增速持平。

七、典型探索取得新进展

国家现代农业示范区，是我国从传统农业向现代农业转变进程中产生并逐渐成长的，是党中央国务院推进中国特色农业现代化建设的重大举措。党的十八大以来，国家现代农业示范区立足建设、管理、服务三大职责，着力趟路子、立标杆、作示范，引领带动现代农业加快发展。

> ### 【专栏1－10】 国家现代农业示范区建设
>
> 根据党中央国务院的决策部署，2009年11月，农业部启动国家现代农业示范区创建工作。经过申报评审确定，先后于2010年、2012年、2015年分三批共认定283个国家现代农业示范区。对批准确定的现代农业示范区，国家和省安排的现代农业发展资金适当向示范区倾斜，支持现代农业示范区建设。
>
> 农业部对国家现代农业示范区实行"目标考核、动态管理、能进能退"的考核管理机制，对建设成效显著、示范引领作用明显的国家现代农业示范区加大支持力度，对违反国家土地利用政策、损害农民利益、发生重大生产安全和农产品质量安全事故的示范区，撤销其"国家现代农业示范区"命名。
>
> 从总体情况看，国家现代农业示范区呈现较快提升态势，在物质装备水平、经营管理水平、农业产出水平等方面均取得了明显成效。从地区分布看，东北平原、华北平原、长江中下游平原等地区地势平坦、耕地资源丰富，示范区较多；草原、丘陵、山区、渔区等地方特色鲜明，示范区发展态势良好。从产业布局看，13个粮食主产省份的示范区总数达到173个，约占全国总数的60%，这些示范区以粮食、肉类等为主导产业；以蔬菜、水果、花卉等特色产业为主导的示范区占到40%。从建设进展看，到2016年，有120个示范区进入基本实现农业现代化阶段。
>
> 2017年，农业部实施国家现代农业示范区十大主题示范行动，以"稳粮增收转方式、提质增效可持续"为主线，以构建农业产业、生产、经营三大体系为重点，按照细化内容、分工负责、突出典型、打造亮点的原则，推进粮食绿色高产高效创建等十大主题示范。在283

个国家现代农业示范区，每个主题打造一批发展先进、创新活跃、富有活力的典型样板，探索可复制可推广的经验和模式，示范引领中国特色农业现代化建设。

根据监测数据，到 2017 年，已有江苏东台市、上海市、北京市等 120 个示范区率先基本实现农业现代化，成为引领农业现代化建设的"领头羊"；示范区农作物耕种收综合机械化率达 79.4％，比上年提高 2.1％，比全国平均水平高 13％；示范区农民人均可支配收入达到 14 925 元，比全国平均水平高 20.7％。

现代农业产业园，是优化农业产业结构、促进三产深度融合的重要载体，是农业科技成果转化的孵化器，是生态型安全食品的生产基地，是现代农业信息、技术、品种的博览园，是提高农村经济效益和农民收入的必然选择。依托园区这一载体，推动农业生产要素向园区集中、优势产业向园区集聚，推进农业产业化、多功能化经营，是农业现代化的必由之路，是加快新农村建设、促进农民增收的重要手段，也是落实科学发展观，促进经济发展方式转变的根本途径。

【专栏 1-11】 国家现代农业产业园建设

2017 年中央 1 号文件提出建设现代农业产业园，文件明确：要以规模化种养基地为基础，依托农业产业化龙头企业带动，聚焦现代生产要素，建设"生产＋加工＋科技"的现代农业产业园，发挥技术集成、产业融合、创业平台、核心辐射等功能作用。文件提出：要科学制定园区规划，统筹布局生产、加工、物流、研发、示范、服务等功能板块；鼓励地方统筹使用高标准农田建设、农业综合开发、现代农业产业发展等相关项目资金，集中建设产业园基础设施和配套服务体系；吸引龙头企业和科研机构建设运营产业园，发展设施农业、精准农业、精深加工、现代营销，带动新型农业经营主体和农户专业化、标准化、集约化生产，推动农业全环节升级、全产业链条增值；鼓励农户和返乡下乡人员通过订单农业、股份合作、入园创业就业等多种方式，参与建设、分享收益。

为贯彻落实中央1号文件的部署和要求，2017年3月，农业部、财政部下发了《关于开展国家现代农业产业园创建工作的通知》（农计发〔2017〕40号）。2018年5月，农业农村部、财政部下发了《关于开展2018年国家现代农业产业园创建工作的通知》，通知明确了现代农业产业园建设的重大意义和总体要求、创建条件及建设任务、工作要求和支持政策等主要内容。明确了创建国家现代农业产业园建设的五项重点任务：一是做大做强主导产业，建设乡村产业兴旺引领区。二是促进生产要素集聚，建设现代技术与装备集成区。三是推进产加销、贸工农一体化发展，建设一二三产融合发展区。四是推进适度规模经营，建设新型经营主体创业创新孵化区。五是提升农业质量效益和竞争力，建设高质量发展示范区。通过创建活动，建成一批产业特色鲜明、要素高度聚集、设施装备先进、生产方式绿色、一二三产融合、辐射带动有力的国家现代农业产业园，形成乡村发展新动力、农民增收新机制、乡村产业融合发展新格局，带动各地加强产业园建设，构建各具特色的乡村产业体系，推动乡村产业振兴。

根据通知要求，农业农村部和财政部启动实施了国家现代农业产业园创建工作，经过申报评审确定，先后2次批准了41个国家级现代农业产业园。根据产业园的规划面积、园内农业人口数量、地方财政支持情况等因素，中央财政通过以奖代补方式对批准创建的国家现代农业产业园给予适当支持。2017年，中央财政投入50亿元进行专项扶持。

2016年中央1号文件提出，创建农业可持续发展试验示范区。按照中央1号文件部署和要求，2016年8月，农业部联合国家发展改革委、科技部、财政部、国土资源部、环境保护部、水利部、国家林业局，印发《国家农业可持续发展试验示范区建设方案》（农计发〔2016〕88号）。方案明确以农业产业、资源环境、农村社会可持续为目标，以高效利用资源、治理环境问题、保护修复生态为重点，在不同类型自然生态区整体设计各产业间协调发展方案，创新一批农业可持续发展集成技术，形成一批适宜不同类型特点的农业可持续发展模式，构建一批良性运行的农业可持续发展机制，为全面推进农业可持续发展提供试验示范。

【专栏1-12】　国家农业可持续发展试验示范区

　　按照农业部、国家发改委、财政部等8部门联合印发的《国家农业可持续发展试验示范区建设方案》（农计发〔2016〕88号）要求，2017年，在各地积极申报的基础上，农业部、国家发展改革委、财政部等8部门组织遴选，产生了浙江省、江苏省徐州市、河北省围场县等第一批40个国家农业可持续发展试验示范区（农业绿色发展先行区）。第一批试验示范区，以绿水青山就是金山银山理念为指引，以资源环境承载力为基准，把绿色贯穿于农业发展全过程，全面开展农业绿色发展先行先试。在试点目标上，通过3年左右的努力，因地制宜总结一批农业绿色发展模式和技术集成，提炼推广一批农业绿色发展制度，努力形成农业绿色生产方式和绿色生活方式。在试点任务上，坚持节约资源和保护环境的基本国策，综合考虑各地资源环境承载力、生态类型和农业发展基础条件，围绕优化农业主体功能与空间布局、保护与节约利用农业资源、保护与治理产地环境、养护修复农业生态系统和推行绿色生活方式等五个方面，开展先行先试，解决突出问题，创新体制机制。

第四节　发展现代农业推进农业现代化的经验与启示

新中国成立以来我国发展农业现代化的历程表明，农业现代化不仅是国民经济发展的必然要求，也是工业化、城镇化进程中必须同步发展的重要环节。从我国农业现代化发展取得的成效出发，系统总结近年来农业现代化建设和发展的宝贵经验，对今后更好开展农业现代化建设具有重要的指导意义。

一、农业现代化建设的基本经验

一是始终坚持把发展农业放在各项经济工作的首要位置。马克思曾指出，"农业劳动是其他一切劳动得以独立存在的自然基础和前提。"随着工业化、城镇化的推进，农业创造的产值在国内生产总值中的比重逐步下降，这是经济发展的必然规律，但这并不能改变农业始终应是国民经济基础的事实。经验表明，因忽视农业而导致农业衰退进而拖累整个国民经济的教训，使我们付出了沉重的代价。农业是安天下的产业，必须加强农业的基础地位，把解决好十几亿人口的吃饭问题作为治国安邦的头等大事。

二是始终坚持结合国情因地制宜走中国特色农业现代化道路。实现农业现代化，是一个涉及自然资源、经济发展、人口素质和社会制度等广泛领域的综合作用过程，必须从我国国情出发，从农业区域广阔、各地农业资源禀赋差异巨大、人多地少、农业资源紧缺、农业基础薄弱，生产力落后的实际出发，不能盲目照搬西方发达国家实现农业现代化的经验，要因地制宜，多元选择，坚定不移地走中国特色农业现代化道路。

三是始终重视科技和现代综合要素在农业现代化中的作用。纵观农业发展历史，技术变革和科技进步始终是农业农村发展的主要动力源泉。从传统农业、近代农业到现代农业的演变过程，同时也是一部农业走向产业化发展道路的历史。每一个阶段无不以技术变革为动力、以技术进步为标志。农业机械、良种、化肥、农药、灌溉等技术的突破和广泛应用，又带动了农业生产。很明显的一个事实是，我国粮食产量连年增产，增产的60%都是依靠科技和现代要素的投入来支撑的，而不是土地、传统的农业技术支撑的。可以说，发展现代农业的核心是科学化，特征是商品化，方向是集约化。无论是科学化，还是商品化、集约化，都离不开科技进步。建设具有中国特色的社会主义现代农业，必须紧密依靠科技进步这条必由之路。

四是始终坚持使农业生产力与生产关系的发展相适应。马克思主义关于生产关系一定要适应生产力发展水平的原理表明，我们必须以生产力与生产关系相适应，来推进农业现代化，不能超越生产力的发展阶段，寻求生产关系的盲目变革，或者是来求公、求大、求变，这是发展问题上的"空想论"，做不好则会事与愿违。

五是始终重视发挥市场在资源配置中的决定性作用。农业作为一个产业，应该按照产业的特性来发展，即以市场为导向，以资源优势为基础。与传统农业以自给为主的取向和相对封闭的环境相比，现代农业生产在很大程度上是为了满足市场的需要，农民的大部分经济活动被纳入市场交易，农产品的商品率很高。市场取向是现代农民采用新技术、拓展农业新功能的动力源泉。

六是始终坚持将农业现代化发展与时代发展特征和需要相结合。农业现代化是不断变化着的一个动态的范畴，在不同的发展时期和不同的发展阶段表现出不同的内涵，因此必须从合乎实际的逻辑出发，适时推进农业现代化建设。在推进和实施过程中，必须坚持分地区、分阶段，差别前进，多种模式，分类指导的原则。

七是始终坚持充分保护农民的物质利益和保障农民的民主权益。保护农民的权益，充分发挥农民的积极性、创造性和主体作用，是实现农业现代化的根本保证。什么时候在保障农民物质利益、维护农民民主权利方面做得好，什么时候农民的积极性就高；什么时候农民主体作用和首创精神发挥得好，什么时候农村发展活力就强，农业就发展得好。

八是始终重视土地制度创新并将其作为发展现代农业的前提和基础。农业生产中，采取何种土地制度，直接对农业劳动生产率有重大影响。因此，改革和完善农村土地制度，解除制度因素对农业的束缚也就成为发展现代农业的前提条件。我国需要尽快完善土地要素的市场化体制，保障农民的土地权益，在农村劳动力大量转移的同时促进土地的合理流动和适度的规模经营，提高农业劳动生产率。

二、推进农业现代化的几点启示

农业现代化是国家现代化的基础和支撑，对于"三农"发展既是新机遇，也是新挑战。农业现代化的内容是随着经济社会发展逐渐丰富的。当前，农业现代化不仅包括农业生产过程的机械化、水利化和电气化、信息化等，而且拓展到生产条件、生产技术、生产标准、生产组织和管理制度等方面。农业现代化的过程是完善农业产业体系、基础设施体系、经营管理体系、质量保障体系和资源保护体系的过程，也是推进制度创新和技术创新、突破技术制约、化解自然风险、减轻资源压力和消除环境污染的过程。从新中国成立以来我国农业现代化的发展历程和经验总结中，可以得出一些对未来发展有借鉴意义的启示。

一是要从国情出发探索适宜的农业现代化道路。农业现代化没有固定的模式。一个国家究竟采取什么方式走向农业现代化，是由其客观的资源条件和历史背景决定的，不可能完全照搬或模仿别国的模式。一般来说，人多地少的国家是以劳动集约作为农业现代化的起步方式，首先在节约土地资源和充分利用劳动力方面找出路，侧重于采用生物技术、精耕细作，进行集约经营以提高单产。我国建设现代农业也必须从国情出发，服从国家战略，走中国特色的农业现代化道路。

二是要坚持不懈的走农业市场化道路。市场的需求是农民生产的动力和基础，要把市场放在首位，发展农业产业化经营。农民和农产品加工企业要提高自身产品的竞争实力，提高农产品的科技含量，树立质量第一的意识。企业和农户的所有经营方式和行为都要从市场出发，重视社会消费需求的变化，注重市场调研，重视市场营销。

三是要坚定不移坚持农业国际化战略。要积极开拓国内和国际两个市场。不仅要着眼于国内，而且要放眼国际，在国际大市场上找出路，特别是要抓住经济全球化的有利时机，大力实施农业产业化工程，以龙头企业、农民专业合作社等新型农业经营主体为载体，带动千家万户，发挥品牌效应，积极抢占国际市场。

四是要坚持健全和完善农业宏观调控政策体系。新中国发展农业现代化的历程和经验表明，农业宏观调控政策是社会主义现代农业发展过程中必不可少的重要手段，要坚持以政府为主体，着眼于经济运行的全局，运用经济、法律和必要的行政手段，对农业资源的配置从宏观层次上进行调节和控制，以促进农业经济总量均衡，结构优化，要素合理流动，保证农业的持续、稳定、协调发展。

五是要加大人力资本投入提高劳动者素质。现代农业的生产经营和管理，需要具备农学、机械学、管理学、信息学等多方面的知识和技能，也被称为知识密集和技术密集型产业。因此，高素质的农业劳动者是建设现代农业必不可少的条件。教育是人力资本投资的最重要形式，各发达国家对农业教育都十分重视，有着完善的农业教育体系。近年来我国也加大了对新型职业农民和新型农业经营主体的培育力度，但我国农村劳动力资源丰富但素质较低的现状仍然存在，在实现农业现代化的道路上必须要补齐农业劳动者素质的短板。

六是要保护生态环境促进农业可持续发展。发展现代农业过程中，很多发达国家都走过弯路。例如大量使用化肥、农药等引起的土壤退化、环境污染以及水土流失等问题。我国目前虽然高度重视生产环境建设与保护，采取了退耕还林等重大措施，但从总体上看，我国的环保水平还较低，全民的环保意识尚未形成，毁林开荒、过度开发使植被遭到了严重破坏，水土流失严重，荒漠化、沙漠化日趋扩大。为此，必须饮水思源，把环境保护摆到突出位置，坚决制止以牺牲环境为代价的生产开发模式，进一步加强生态建设，努力改善生态环境和农业生产条件，大力发展生态农业、绿色农业，力争在短时间内，使我国生态环境恶化的势头得到有效遏制，促进农业可持续发展。

02

第二章

推动农业高质量发展

党的十九大报告提出了中国发展的新的历史方位——中国特色社会主义进入了新时代。站在新的历史起点，找准农业现代化在国民经济和社会发展中的战略定位，认清应对新时代加快推进现代农业发展面临的问题和挑战，明确农业现代化的发展思路和基本原则意义重大。加快推进农业现代化，要以农业供给侧结构性改革为主线，坚持农业市场化和国际化的发展方向，完善农业政府宏观调控体制机制，着力推动农业高质量发展，走中国特色农业现代化道路。

第一节 农业现代化是全面现代化的 战略支撑

党的十九大提出了我国从 2020 年至 21 世纪中叶分两个阶段实现现

代化的愿景和目标，第一个阶段是到 2035 年，基本实现社会主义现代化；第二个阶段是到 21 世纪中叶，把我国建成富强民主文明和谐美丽的社会主义现代化强国。农业现代化是国家现代化的基础和支撑，没有农业现代化，国家现代化是不完整、不全面、不牢固的。与国家实现全面现代化的时间要求相衔接，2018 年中央 1 号文件提出了我国实现农业现代化的时间表，即到 2035 年农业农村现代化基本实现，到 2050 年农业农村现代化全面实现。这说明农业农村现代化必须与国家现代化同步实现，农业现代化不能成为制约国家现代化的短板。

一、全面现代化的重要组成部分

农业现代化问题不仅是"三农"领域的问题，而是事关全面现代化全局的问题。在过去的 10 年里，我国农村常住人口从 7.45 亿人减少到 6.03 亿人，十年里减少了 1.42 亿人。按这个趋势继续下去，到 2030 年，中国应该已经迈入高收入的发展阶段，但还有将近 5 亿人生活在农村，有 1.6 亿人靠农业来就业和生活。因此，中国的现代化不能建立在农业萎缩、农民破产和农村凋敝的基础上，也不能建立在城市里形成大量贫民窟的基础上。如果一边是繁荣的城市，另一边是凋敝的农村，中国的现代化一定是走了一条弯路。从国际经验看，无论是经合组织的 36 个成员中的部分国家，还是之外的一些国家和地区，没有农业现代化，就没有国家的现代化。世界上有很多国家在现代化过程中出现了城市越来越繁华，农村越来越凋敝的状况，导致城市化陷入了一种病态的、畸形的发展状态。

从国内情况看，党的十八大之后提出促进工业化、信息化、城镇化、农业现代化"四化同步"发展，"四化同步"的本质是"四化"互动，是一个整体系统。就"四化"的关系来讲，工业化创造供给，城镇化创造需求，工业化、城镇化带动和装备农业现代化，农业现代化为工业化、城镇化提供支撑和保障，而信息化推进其他"三化"发展。因此，促进"四化"在互动中实现同步，在互动中实现协调，才能实现社会生产力的跨越式发展。目前我国"四化"发展的程度是不一致的：工业化方面，据中国社会科学院发布的《工业化蓝皮书2017》报告显示，我国从2015年开始已经进入工业化后期后半阶段；城镇化方面，2018年我国常住人口城镇化率达到59.58%，离发达国家80%左右的城镇化水平还有近二十个百分点的差距，城镇化水平已经处于中高阶段，未来城镇化进程还将继续推进；信息化方面，《国家信息化发展战略纲要》指出，当前我国网民数量、网络零售交易额、电子信息产品制造规模已居全球第一，一批信息技术企业和互联网企业进入世界前列，形成了较为完善的信息产业体系，但与全面建成小康社会、加快推进社会主义现代化的目标要求相比还有差距，要在2020年使信息化成为驱动现代化建设的先导力量，2025年形成安全可控的信息技术产业体系，到21世纪中叶使信息化全面支撑富强民主文明和谐的社会主义现代化国家建设；农业现代化方面，《全国农业现代化规划（2016—2020年）》指出，"十三五"时期，我国农业现代化建设仍处于补齐短板、大有作为的重要战略机遇期，必须紧紧围绕全面建成小康社会的目标要求，遵循农业现代化发展规律，加快发展动力升级、发展方式转变、发展结构优化，推动农业现代化与新型工业化、信息化、城镇化同步发展。

综合上述内容可以得出判断，我国的工业化是超前的，城镇化是加快的，信息化是融合的，农业现代化是滞后的。所以，农业现代化是国民经济发展的短板，农业现代化是"四化同步"的短腿。我国的基本经济制度决定了必须立足国情，确保在农业不衰退、农村不凋敝、农民不破产的情况下，推进工业化、信息化、城镇化，走出一条工农城乡协调发展的中国特色现代化发展道路。要实现到2020年全面建成小康社会，到21世纪末完成现代化建设的宏伟目标，必须把农业现代化的短腿和短板补上。

二、统筹城乡协调发展的基本路径

农村和城市是相互联系、相互依赖、相互补充、相互促进的，农村发展离不开城市的辐射和带动，城市发展也离不开农村的促进和支持。城乡统筹发展是我国最大的内需所在，是推动经济增长的持久动力。当前，我国城乡差距仍然较大，2018 年城镇居民人均可支配收入 39 251 元，农村居民人均可支配收入 14 617 元，城镇是农村的 2.68 倍，这还只是货币收入的比较，要将非货币因素考虑进去，中国的城乡收入差距在世界上都是高水平的。此外，我国城乡差距还体现在教育差距、医疗差距、消费差距、就业差距、政府公共投入差距等多个方面。统筹城乡发展，缩小城乡差距，重点在农村，重点在农业，重点在农民。决不能只重视城市、忽视了农村，只重视工业、忽视了农业，只重视城市居民收入提高、忽视了农民增收，必须按照科学发展观的要求，统筹好城乡发展，下大气力处理工农关系、城乡关系，努力实现城乡协调互动发展，努力缩小城乡差距，为全面建成小康社会、实现"中国梦"奠定坚实的基础。如果没有农业现代化的支撑，城市化是不可持续的。我国户均耕地面积仅 0.5 公顷，特别是在优质耕地减少、降水分布不均、自然灾害频繁等资源约束不断加剧的情况下，用较少的耕地供养较多的城市人口，必须始终坚持农业现代化的发展方向，不断满足群众多层次、多样化的农产品消费需求。

当前，我国农业现代化发展与城镇化发展水平还不相适应，城乡统筹协调发展要求农业现代化与新型城镇化之间建立互促共进的关系：一是要在城镇和农村的产业和就业之间建立协调关系，发展农业现代化就是要使两者按照社会主义市场经济发展规律向同一方向发展；二是要在城镇居民和农村居民收入之间建立协调关系，要通过体制改革和政策调整削弱并逐步清除城乡之间的樊篱，在制定国民经济发展计划、确定国民收入分配格局、研究重大经济政策的时候，把解决好农业、农村和农民问题放在优先位置，加大对农业的支持和保护，走中国特色的农业现代化道路；三是要在经济发展与自然生态和谐发展之间建立协调关系，在农业现代化和新型城镇化的发展过程中，要在经济发展和自然环境之间找到平衡点，协调二者之间的关系。所以，加快推进农业现代化是实现城乡统筹发展的重要内容，同时城乡统筹协调发展客观上也要求农业加快实现现代化，为城镇化发展提供基础支撑。

三、实施乡村振兴战略的总目标

乡村振兴战略的总目标就是推进农业农村现代化，总方针是坚持农业农村优先发展，总要求是产业兴旺、生态宜居、乡风文明、治理有效、生活富裕，创新体制机制是实现乡村振兴战略的制度保障。推进农业农村现代化，就是要使农业农村发展起来，实现产业、人才、文化、生态、组织等五个方面同步提升。

农业现代化是实施乡村振兴战略的总目标，实施乡村振兴必须牢牢抓住农业现代化这个关键。我国是一个以农业为根基的文明国家，从古至今农业都被视为国家长治久安的根本。即使是今天已经进入工业化后期阶段，但农业人口仍占全国人口的近半数，农业安全仍是关系国家安全的根基。推进农业现代化，是乡村振兴的题中之意，也是振兴乡村的必要举措。要通过推进农业供给侧结构性改革，推动农业高质量发展，激活农业发展内生因子，激活农业资源要素，培育现代农业新形态新模式，让农业发展潜力得到最大程度的开发。

农业现代化和农村现代化是相辅相成的，二者要一体设计、一并推进。在资金投入、要素配置、公共服务、干部配备等方面采取有力举措，推动农业农村经济适应市场需求变化、加快优化升级、促进产业融合。

同时，全面加强农村精神文明建设，加快推进农村生态文明建设，建设农村美丽家园，弘扬社会主义核心价值观，保护和传承农村优秀传统文化，加强农村公共文化建设，提高乡村社会文明程度，推进乡村治理能力和水平现代化，让农村既充满活力又和谐有序。要通过大力推进农业农村现代化，以市场化为引领、以国际化为方向、以政府有效调控为保障，真正让农业成为有奔头的产业，让农民成为有吸引力的职业，让农村成为安居乐业的家园。

第二节　推进农业现代化面临的问题与挑战

当前，我国农业现代化发展面临的内外部环境更加错综复杂，在居民消费结构升级的背景下，部分农产品供求结构性失衡的问题日益凸显。在资源环境约束趋紧的背景下，农业发展方式粗放的问题日益凸显。在国内外农产品市场深度融合的背景下，农业竞争力不强的问题日益凸显。在经济发展速度放缓、动力机制转换的背景下，农民持续增收难度加大的问题日益凸显。针对上述问题，迫切需要我们从农业市场化与国际化的角度寻找出路，同时完善政府宏观调控，应对新时代现代农业发展的新挑战。

一、推进农业现代化存在的问题

（一）经济发展新常态与农业发展乏力

我国经济发展进入新常态之后，GDP 增长速度与财政收入增速出现了双下降的局面。一是经济增长速度下降。1978—2012 年，我国 GDP 年均增长率在 10％以上，进入新常态之后，我国 GDP 年均增长率不到 7％，经济增长速度由新常态前的 10％以上下降到新常态以来的 7％以下。经济增长速度的下降将会导致就业机会的减少，农民工外出就业压力的加大，农民的工资性收入受到影响。二是财政收入增速下降。2001—2012年，我国中央财政收入年均增长 20％以上，进入新常态之后，年均增速不足 7％。财政收入增速下降不仅不利于增加农业投入，还会影响到农民收入中的转移性补贴收入。总的来看，经济增长与财政收入增速的双下降，对农业投入、农村就业、农民收入将会产生一些不利的影响。面对经济增速和财政收入增速下降、农业投入和农民增收压力增大的问题，需要通过推进农业供给侧结构性改革，培育农业农村发展新动能，促进农村就业和农民增收，缩小城乡发展差距。

（二）农产品供给结构与需求结构失衡

经过多年的不懈努力，我国农业农村发展不断迈上新台阶，已经进入新的历史阶段。农业的主要矛盾由总量不足转为结构性矛盾，突出表现为阶段性供过于求和供给不足并存，一方面是低端无效的农产品供给过剩，另一方面是中高端个性化的农产品供给不足，矛盾的主要方面在供给侧。比如我国生鲜乳和乳制品的产量仅次于印度和美国，位居世界第三位，但是由于缺乏有影响力的品牌，无法满足国内消费者对牛奶质量和信誉保障的要求，导致 2008—2015 年我国乳制品新增消费的 80％被进口产品占据。面对农产品供给质量不高、供需结构失衡的问题，需要通过农业市场化改革，调整优化农业结构，提高农产品供给的质量和效率，实现农产品供求关系在更高水平上的新平衡。

（三）农业生产成本攀升与农产品价格低迷

最近一个时期以来，我国的农业生产出现了成本不断攀升、价格持续低迷的"双重挤压"问题。2011—2016 年，我国小麦、稻米、玉米三种粮食作物的生产成本年平均上涨 10％，同期，三种粮食作物的出售价格年平均上涨 2％，价格上涨幅度比成本上升幅度低 8 个百分点。在三种粮食作物的生产成本构成中，人工成本年均上涨 14％，2016 年已占到总成本的 40％；土地成本年均上涨 14％，2016 年已占到总成本的 21％；物质费用和服务成本年均上涨 6％，2016 年已占到总成本的 39％。在生产成本刚性增长的同时，我国的农产品价格却保持低位运行。由于国内外农产品价格倒挂严重，导致我国农产品价格上升面临着"天花板"效应，受到成本"地板"抬升和价格"天花板"下沉的双重挤压。面对农产品生产成本上升和农产品市场价格下行的压力，需要通过降低农业生产成本，提高农业比较效益，进一步调动农民生产积极性。

（四）农产品国内库存高企与进口大量增加

实行改革开放以来，特别是加入 WTO 以来，我国农业市场化、国际化程度不断提升，农业发展面临着一些新的问题和挑战，突出表现在粮食出现了生产量、库存量、进口量"三量齐增"的问题。近年来，我国粮食产量实现连年丰收，稳定在 6 亿吨以上，但由于品质不高，无法有效满足国内市场需求，需要通过大量进口来弥补国内市场缺口，从而导致粮食进口量不断攀升，据统计，2014 年全国粮食进口首次突破 1 亿吨大关，2017 年达到 1.3 亿吨，同比增加 13.9％，我国已经成为世界第一大粮食进口国。在粮食丰产与进口增加双重因素的作用下，国内粮食库存积压，库存规模远超合理储存量，出现国货入库、洋货入市的现象。面对国内外市场相互影响加深和主要农产品价格倒挂、库存高企与进口大量增加的挑战，需要通过深入推进农业国际化改革，统筹利用国内国际两个市场、两种资源，降低国内农产品库存，改善农产品品质，提升我国农业市场竞争力。

（五）农业资源过度利用与生态环境超载

长期以来，作为世界第一人口大国，我国人均资源占有量严重不足，同时由于实行高投入、高产出的农业生产方式，导致资源过度利用，生态环境进一步恶化，出现了资源和环境超载的现象。从现状来看，人多、地少、水缺是一个不可改变的现实。据统计，我国人均耕地面积不足世界平均水平的1/3，人均水资源占有量不足世界平均水平的1/4。从趋势来看，人增、地减、水紧的趋势也难以扭转。随着人口政策的松动和放开，我国人口规模还将会增加，根据有关机构的预测，到2030年我国人口总规模将达到15亿左右；随着城镇化、工业化的推进，工业发展和城镇建设均需占用土地，土地资源减少的趋势不可避免；在水资源比较短缺的情况下，我国水资源与农业生产的区域布局严重错配，长江以南地区占有83％的水资源，但是我国农业主产区主要集中在北方，从而加剧了水资源紧张的局面。面对农业资源环境约束不断增强的压力，需要通过转变农业发展方式，推动资源永续利用，实现农业可持续发展。

二、推进农业现代化面临的挑战

（一）跨越"中等收入陷阱"

"中等收入陷阱"是指"在缺少规模经济的情况下，东亚中等收入国家将很难维持其历史上令人印象深刻的增长"（世界银行，2007）。其实质是持续增长的动力机制问题，增长停滞的经济体只能被迫进行存量调整，陷入"增长停滞—社会动荡—经济失序—复苏无力"的恶性循环。

按照世界银行标准，中国当前属于中等收入国家，要跨越"中等收入陷阱"，一是要实施创新驱动发展战略，推动经济结构进行转型升级。农业作为国民经济的基础产业，必须适应经济社会发展变化要求，加快实现从传统农业向现代农业的转变。二是要正确处理公平与效率的关系，确保社会有公平的分配结构和发展机会。受城乡二元结构影响，我国城乡居民收入差距仍然较大，财富的积累程度不同导致产生马太效应，城乡居民财产性收入的差距越拉越大，加之城市化过程中制度建设的滞后，农村居民以及农民工群体的经济利益与民主权益保障问题亟待解决。可见，能否成功实现农业转型升级，加快推进农业现代化，促进"四化同步"发展，是中国在现代化过程中成功跨越"中等收入陷阱"的关键；能否保持农民收入持续较快增长，缩小城乡收入发展差距，促进社会公平公正，是中国成功跨越"中等收入陷阱"的重要保障。

（二）避免"修昔底德陷阱"

"修昔底德陷阱"的说法最早在古希腊历史学家、文学家修昔底德的《伯罗奔尼撒战争史》中提出。他认为，新兴力量雅典的日益强大引起了老牌霸权斯巴达的恐惧，斯巴达必须回应这种威胁，因此引发了这场战争。这种守成大国与新崛起大国之间必有一战的逻辑，被后人概括为"修昔底德陷阱"。

自中国成为全球第二大经济体（按照购买力平价即PPP法，世界银行测算中国经济总量已于2014年10月10日成为世界第一大经济体）后，在讨论中美关系时，"修昔底德陷阱"就成为一个高频词汇，最近发生的中美贸易战更是加剧了这种担忧。在中美经济贸易磋商谈判中，农产品贸易是一个重要的方面。要避免"修昔底德陷阱"，最重要的就是要坚持优先办好自己的事情，以经济建设为中心，坚持农业农村优先发展，不断提升国家的经济实力和综合国力。经济基础决定上层建筑，处理好大国关系也必须遵循这个规律。一个国家如果没有强大的经济基础，在全球事务中也没有多大的发言权。纵观当今世界发达国家，农业都比较发达。农业作为国民经济的基础产业，农业现代化的成功实现有利于增强国民经济实力。在贸易战中占据主导地位，农业稳定是压舱石，农村发展是战略后院。

（三）避开"金德尔伯格陷阱"

"金德尔伯格陷阱"是指随着经济全球化深入发展，全球性问题和挑战越来越多，对国际公共产品需求明显增加，而国际公共产品供给严重不足，供求缺口正在扩大，国际公共产品治理赤字、信任赤字、和平赤字、发展赤字正在积累。例如，原有的国际政治经济治理架构是六七十年前形成的，在不少方面越来越不适应世界发展格局的新形势，政治单边主义、经济保护主义日渐盛行；社会治理缺乏，恐怖主义袭击不断发生，国际社会缺乏有效对策；全球化条件下各国贫富差距扩大，出现数字鸿沟，部分国家和人民被边缘化等。

随着世界经济及其贡献者的多极化，传统的治理方式和格局不再是不可或缺，全球共治新模式的形成不可避免。随着中国在世界经济中地位的不断提升，必将积极参与全球治理，并代表新兴经济体和广大发展中国家争取更大的话语权。这对中国农业实现转型升级，构建中国农业现代化经济体系提出了更高的要求。从努力为人类和平与发展事业做出更大贡献的愿望出发，中国有责任和能力提出关于粮食安全援助、全球减贫治理等中国方案，以及与世界各国分享其改革开放、促进发展的成功经验。当前全球公共治理缺失的状态，将会使中国农业市场化和国际化的进程受到阻碍，政府对农产品市场的宏观调控能力将受到重大挑战，从而影响到中国农业现代化的进程。

（四）避开"塔西佗陷阱"

"塔西佗陷阱"，通俗地讲就是当一个政府或者部门失去公信力时，无论说真话还是假话，做好事还是坏事，都会被认为是说假话、做坏事。从实质上看，"塔西佗陷阱"是政府失信行为不断积累、由量变到质变的结果。政府失信如果只是偶尔发生，事后尽快补正，通常不会产生严重后果。如果政府失信现象接连发生，而且主观宣示与客观效果截然相反，那么就容易被贴上政府没有公信力的标签，一旦标签化、妖魔化，就很难恢复原来形象，重拾社会信任就非常难。在现代信息网络社会中，"好事不出门，坏事传千里"的特征非常明显。

政府公信力关乎政策执行力，一旦政府失去公信力，则政策再好也难以达到预期效果，造成政府失灵。农业领域属于政府介入较多的领域，近年来"三农"领域的农产品质量安全问题、农民工欠薪、农村社会稳定等事件频繁发生，严重影响了政府公信力、社会主义法制建设和政府政令畅通，有些事件甚至已经形成了"塔西佗陷阱"，阻碍了农业农村发展和实现农业现代化的进程。

第三节　推进农业高质量发展的思路和对策

当前，我国农业现代化建设仍处于补齐短板、大有作为的重要战略机遇期，必须紧紧围绕全面建成小康社会的目标要求，遵循农业现代化发展规律，加快发展动力升级、发展方式转变、发展结构优化，推动农业现代化与新型工业化、信息化、城镇化同步发展。

一、发展思路

当前，我国农业主要矛盾已经由总量不足转变为结构性矛盾，按照在工业化、城镇化深入发展中同步推进农业现代化的要求，必须坚持走中国特色农业现代化道路。以提高质量效益和竞争力为中心，以科技创新为动力，坚持农业市场化和国际化，完善农业宏观调控政策，以推进农业供给侧结构性改革为主线，以多种形式适度规模经营为引领，加快转变农业发展方式，构建现代农业产业体系、生产体系、经营体系，保障农产品有效供给、农民持续增收和农业可持续发展，走产出高效、产品安全、资源节约、环境友好的农业现代化发展道路，为实现"四化同步"发展和如期全面建成小康社会奠定坚实基础。

二、基本原则

（一）坚持农民主体地位

以维护农民权益与增进农民福祉为出发点和落脚点，尊重农民经营自主权和首创精神，激发广大农民群众创新、创业、创造活力，让农民成为农业现代化的自觉参与者和真正受益者。

（二）坚持优产能调结构协调兼顾

以保障国家粮食安全为底线，更加注重提高农业综合生产能力，更加注重调整优化农业结构，提升供给体系质量和效率，加快形成数量平衡、结构合理、品质优良的有效供给。

（三）坚持生产生活生态协同推进

妥善处理好农业生产、农民增收与环境治理、生态修复的关系，大力发展资源节约型、环境友好型、生态保育型农业，推进农业清洁化生产，推动农业提质增效、绿色发展。

（四）坚持改革创新双轮驱动

把体制机制改革和科技创新作为两大动力源，统筹推进农村土地制度、经营制度、集体产权制度等各项改革，着力提升农业科技自主创新能力，推动农业发展由注重物质要素投入向创新驱动转变。

（五）坚持市场政府两手发力

充分发挥市场在资源配置中的决定性作用，更好发挥政府在政策引导、宏观调控、支持保护、公共服务等方面的作用，建立主体活力迸发、管理顺畅高效、制度保障完备的现代管理体制机制。

（六）坚持国内国际统筹布局

顺应全方位对外开放的大趋势，实施互利共赢的开放战略，加快形成进出有序、优势互补的农业对外合作局面，实现补充国内市场需求、促进结构调整、提升农业竞争力的有机统一。

（七）坚持农业现代化和新型城镇化相辅相成

引导农村剩余劳动力有序向城镇转移，积极推进新型城镇化发展，加快农业转移人口市民化进程，为发展多种形式适度规模经营、提高农业质量效益、实现农业现代化创造条件。

三、主要对策

在经济发展进入新常态的背景下推进农业现代化建设，必须以农业供给侧结构性改革为主线，坚持农业市场化和国际化的发展方向，完善政府农业宏观调控体制机制，提升农业可持续发展水平，培育更健康、更可持续的增长动力。

（一）坚持农业市场化方向，着力推动农业转型升级

农业市场化是实现农业现代化的必由之路。现阶段推进农业现代化建设，必须深化农业市场化改革，着力推动农业转型升级。一是推进农业结构调整。内容包括调整优化种植结构，提高畜牧业发展质量，推进

渔业转型升级，壮大特色农林产品生产。二是提高技术装备和信息化水平。内容包括全面提高自主创新能力，推进现代种业创新发展，增强科技成果转化应用能力，促进农业机械化提档升级，推进信息化与农业深度融合。三是深化农业农村改革。内容包括稳定完善农村基本经营制度，积极发展多种形式适度规模经营，深化农村集体产权制度改革，打造农业创新发展试验示范平台。四是推进农村一二三产业融合发展。内容包括发展农业新型业态，拓展农业多种功能，创新一二三产业融合机制。

（二）坚持农业国际化战略，助力扩大农业对外合作

开放是农业现代化的必由之路，必须坚持双向开放、合作共赢、共同发展，着力加强农业对外合作，统筹用好国内国际两个市场两种资源，提升农业对外开放层次和水平。一是优化农业对外合作布局。统筹考虑全球农业资源禀赋、农产品供求格局和投资政策环境等因素，分区域、国别、产业、产品确定开放布局。二是提升农业对外合作水平。具体内容包括培育大型跨国涉农企业集团，推进农业科技对外合作，完善农业对外合作服务体系，提高农业引进来质量。三是促进农产品贸易健康发展。内容包括促进优势农产品出口，加强农产品进口调控，加强进口农产品检验检疫监管。

（三）完善政府宏观调控体制机制，促进农业均衡发展

政府对农业的宏观调控是现代农业发展的必然要求。要从财政、金融、用地、农产品市场等方面完善健全农产品市场调控机制，促进农业均衡发展。一是完善财政支农政策。内容包括健全财政投入稳定增长机制，整合优化农业建设投入，调整优化农业补贴政策。二是创新金融支农政策。内容包括完善信贷支持政策，加大保险保障力度。三是完善农业用地政策。内容包括新型经营主体用于经营性畜禽养殖、工厂化作物

栽培、水产养殖以及规模化粮食生产的生产设施、附属设施和配套设施的用地政策。四是健全农产品市场调控政策。内容包括继续执行并完善稻谷、小麦最低收购价政策，积极稳妥推进玉米收储制度改革，调整完善棉花、大豆目标价格政策，继续推进生猪等目标价格保险试点，探索建立鲜活农产品调控目录制度，合理确定调控品种和调控工具。

（四）强化科技创新引领，夯实农业现代化战略支撑

实现农业持续稳定发展，长期确保农产品有效供给，根本出路在科技。农业科技是确保国家粮食安全的基础支撑，是突破资源环境约束的必然选择，是加快现代农业建设的决定力量，具有显著的公共性、基础性、社会性。要坚持科教兴农战略，把农业科技摆上更加突出的位置，下决心突破体制机制障碍，大幅度增加农业科技投入，推动农业科技跨越发展，为农业增产、农民增收、农村繁荣注入强劲动力。一是明确农业科技创新方向，着眼长远发展，超前部署农业前沿技术和基础研究；二是突出农业科技创新重点，稳定支持农业基础性、前沿性、公益性科技研究；三是完善农业科技创新机制，打破部门、区域、学科界限，有效整合科技资源，建立协同创新机制，推动产学研、农科教紧密结合；四是改善农业科技创新条件，加大国家各类科技计划向农业领域倾斜支持力度，提高公益性科研机构运行经费保障水平。

（五）坚持农业绿色发展，提升农业可持续发展水平

绿色是农业现代化的重要标志，必须牢固树立绿水青山就是金山银山的理念，推进农业发展绿色化，补齐生态建设和质量安全短板，实现资源利用高效、生态系统稳定、产地环境良好、产品质量安全。一是推进资源保护和生态修复。内容包括严格保护耕地，节约高效用水，加强林业和湿地资源保护，修复草原生态，强化渔业资源养护，维护生物多

样性。二是强化农业环境保护。内容包括开展化肥农药使用量零增长行动，推动农业废弃物资源化利用无害化处理，强化环境突出问题治理。三是确保农产品质量安全。内容包括提升源头控制能力，提升标准化生产能力，提升品牌带动能力，提升风险防控能力，提升农产品质量安全监管能力。

四、发展措施

当前，我国正处于转变发展方式、优化产业结构、转换增长动力的关键时期。推进农业高质量发展，实现农业由总量扩张向质量提升转变，是党中央、国务院科学把握我国社会主要矛盾转化和农业发展阶段作出的重大战略决策。要遵循绿色化、标准化、品牌化、融合化的发展方向，推动现代农业高质量发展。

（一）加快农业绿色发展

立足匹配水土资源，落实主体功能区定位，明确优化发展区、适度发展区、保护发展区，实现保供给和保生态有机统一，加快划定粮食生产功能区、重要农产品生产保护区，持续创建特色农产品优势区。严守耕地红线，全面落实永久基本农田保护制度，优先在粮食生产功能区、重要农产品保护区大规模推进高标准农田建设，深入开展耕地质量保护与提升行动。深入推进化肥减量增效行动，全面推进测土配方施肥，在果菜茶种植优势突出、有机肥资源有保障、产业发展有一定基础的地区，选择开展有机肥替代化肥试点。深入实施土壤污染防治行动计划，开展土壤污染状况详查，严格工业和城镇污染物处理和达标排放。大力推进种养结合型循环农业试点，加快发展农牧配套、种养结合的生态循环农业。

（二）推进农业标准化生产

加快建立与农业高质量发展相适应的农业标准及技术规范，全面完善食品安全国家标准体系，加快制定农兽药残留、畜禽屠宰等国家标准。加快国内外标准全面接轨，实施"一带一路"农业标准互认协同工程，在适宜地区全面转化推广国际先进农业标准，推动内外销产品"同线同标同质"，加快推动我国农产品质量达到国际先进水平，强化国际标准专业化技术专家队伍建设。建立生产记录台账制度，加快推进规模经营主体按标生产，实施农产品质量全程控制生产基地创建工程，促进产地环境、生产过程、产品质量、包装标识等全程标准化。

（三）培育提升农业品牌

实施农业品牌提升行动，培育一批有影响力的农产品区域公共品牌、企业品牌、农产品品牌，加快建立差异化竞争优势的品牌战略实施机制，构建特色鲜明、互为补充的农业品牌体系。完善品牌发展机制，建立农业品牌目录制度，组织开展目录标准制定、品牌征集、审核推荐、推选认定、培育保护等工作。全面加强农业品牌监管，强化商标及地理标志商标注册和保护，构建我国农业品牌保护体系。加强品牌宣传推介，深入挖掘品牌文化内涵，讲好农业品牌故事，充分利用各种传播渠道，大力宣传推介中国农业品牌文化，创新品牌营销方式。聚焦重点品种，着力加强市场潜力大、具有出口竞争优势的农业品牌建设。

（四）促进产业融合发展

充分挖掘农业蕴含着的经济、社会、文化、生态价值，开发农业的多种功能。要以农业为基础，完善产业链、价值链、利益链，培育新产业、新业态、新模式，促进乡村一二三产业融合发展。实现第一产业与第二产业、第三产业的"接二连三"。一是大力发展乡村旅游康养产业。鼓励各地充分发挥乡村各类物质与非物质资源富集的独特优势，利用"旅游＋""生态＋"等模式，推进农业、林业与旅游、教育、文化、康养等产业深度融合。二是大力推进农村电商和农产品电商发展。充分发挥电商平台作用，实施数字乡村战略，深入推进"互联网＋农业"，推进重要农产品全产业链大数据建设，依托"互联网＋"推动公共服务向农村延伸。三是加快发展农产品加工业和现代食品产业。树立大农业观、大食物观，树立"粮头食尾""农头工尾"的理念，尽可能把产业链留在县域，改变农村卖原料、城市搞加工的格局，因地制宜发展多样性特色农业，倡导"一村一品""一县一业"，让农民更多分享产业增值收益。四是着力培育一批宜居宜业的特色村镇。围绕有基础、有潜力的产业，建设一批特色村镇，促进农业转型升级，促进乡村产业融合发展。

【专栏 2 - 1】 国家质量兴农战略规划（2018—2022 年）

2019 年 2 月 11 日，农业农村部、国家发展改革委、科技部、财政部、商务部、国家市场监督管理总局、国家粮食和物资储备局等联合印发了《国家质量兴农战略规划（2018—2022 年）》（以下简称《规划》）。

《规划》指出，要以推进农业供给侧结构性改革为主线，大力推进农业绿色化、优质化、特色化、品牌化，加快推动农业发展质量变革、效率变革、动力变革，全面提升农业质量效益和竞争力。

《规划》提出了实施质量兴农战略的发展目标：到 2022 年，质量兴农制度框架基本建立，初步实现产品质量高、产业效益高、生产效率高、经营者素质高、国际竞争力强，农业高质量发展取得显著成效。到 2035 年，质量兴农制度体系更加完善，现代农业产业体系、生产体系、经营体系全面建立，农业质量效益和竞争力大幅提升，农业高质量发展取得决定性进展，农业农村现代化基本实现。

《规划》确定了七方面重点任务。一是加快农业绿色发展，调整完善农业生产力布局，引导节约高效利用水土资源，推进农业投入品科学使用，全面加强产地环境保护与治理。二是推进农业全程标准化，健全完善农业全产业链标准体系，加快引进转化国际先进农业标准，全面推进农业标准化生产。三是促进农业全产业链融合，深入推进产加销一体化，强化产地市场体系建设，加快建设冷链仓储物流设施，积极培育新产业新业态。四是培育提升农业品牌，着力构建农业品牌体系，完善品牌发展机制，加强品牌宣传推介，打造国际知名农业品牌。五是提高农产品质量安全水平，加强农产品质量安全监测，提高农产品质量安全执法监管能力，强化农产品质量安全风险评估及预警。六是强化农业科技创新，加强质量导向型科技攻关，加快提升农机装备质量水平，大力推广绿色高效设施装备和技术，加快数字农业建设。七是建设高素质农业人才队伍，发挥新型经营主体骨干带动作用，壮大新型职业农民队伍，培育专业化农业服务组织，打造质量兴农的农垦国家队。

03

第三章

农业市场化的演进过程

改革开放以来，我国农业市场化改革在曲折中不断前行。经过 40 年的改革和发展，逐步实现了购销全面放开、主体多元经营、价格市场形成、业态丰富多样、调控体系初步建立的发展结果，多层次、多功能的农业市场体系逐步建立，农业市场运行机制不断完善，农业国内国际市场联结不断深化。农业市场化的经验弥足珍贵，并将对农业生产技术现代化、农业经营管理现代化、农业经济结构现代化、农业基础设施现代化、农业资源环境现代化、农民生活消费现代化产生深远影响。

第一节　市场化改革与农业市场化

市场化改革是指用市场作为解决社会、政治和经济问题等基础手段的一种状态，以建立市场型管理体制为重点，以市场经济全面推进为标志，以社会经济生活全部转入市场轨道为基本特征。通过引入市场机制，实现资源和要素优化配置，从而提高社会效率，推动经济发展和社会进步。

农业市场化是世界现代农业发展的客观趋势，也是经济全球化背景下促进一国农业实现现代化的必然要求。当今世界上实现了农业现代化的国家以及正在实现农业现代化的国家，都无一例外的将深化农业市场化改革作为推进农业现代化的重要动力，不仅强调用市场手段配置农业要素资源，注重用市场信号引导消费需求，营造和保护公平公正的市场竞争环境，同时将政府对农业的支持保护与市场调控有机结合，有效地克服了由于农业领域存在的对生态环境的外部性、保障国家粮食安全的公益性、土地等生产要素的不可移动性而导致的"市场失灵"问题。纵观美国、日本、欧盟等当今世界农业经济发达国家和地区，在市场和政府的共同作用下，这些国家均较好地解决了本国农业的市场化问题，从而为农业现代化提供了重要的动力源泉、体制基础和制度保障。

什么是农业市场化？农业市场化究竟包括哪些内容？农业市场化如何成为农业现代化的动力源泉？这是农业市场化基本原理得以形成和立足的关键所在，也是研究农业市场化问题、推进农业现代化建设不可缺少的理论前提。

1992年以前，国内学术界、理论界研究农业市场化的论著较少。党的十四大确立建立社会主义市场经济体制目标后，这方面的研究才开始丰富，但由于对社会主义市场经济理论认识还不够深刻，因而对农业市场化问题的研究也较为粗浅。随着对社会主义市场经济的认识不断深化，国内学术界和理论界对农业市场化的研究也不断深入。概括起来，国内学术界和理论界对农业市场化的研究主要集中在关于建立农村社会主义市场经济体制的基本理论和实践问题（秦宏灿，1995；刘江，2000）、关于农村市场开拓和建设问题（陈俊生，1992；白清才，1996；孙义福，

1998)、关于农产品市场流通问题（卢在权，1995；程淑兰等，1998）、关于建立农村市场体系和运行机制问题（魏杰，1996；黎育松，1998）、关于市场经济中的农业宏观调控及政府作用问题（王勋铭，1999；潘盛洲等，1995）等几个方面。

对我国农业市场化概念的理解，中外学者的认识存在差异。西方学者主要从我国国民经济体制向市场化转轨的角度理解市场化问题，认为我国农业市场化与 Marketization 含义相近，意思是向自由市场经济转化。我国学者则主要从农业市场经济发展的进程理解，认为农业市场化应有狭义和广义之分：狭义的农业市场化是指农产品市场化，是指农业生产要以市场为导向，根据市场需求进行生产作业及经营；广义的农业市场化除上述内容之外，还指农用生产资料的商品化（即农民进行生产时所要使用的生产资料应到市场上去购买）及包括农业产前、产后和相当一部分产中在内的全过程服务的商品化。

从推动实现农业现代化新动能的角度来理解，农业市场化的内涵更为丰富：从农业市场化构成要素看，包括健全的农产品市场体系、完善的农业市场运行机制、规范的农产品市场契约关系、公平的农业市场竞争环境、有效的农产品市场调控手段、自我完善的农产品市场发展机能等多方面的内容；从农业市场化的组成部分看，狭义的农业市场化指农产品市场化，广义的农业市场化还包括农业生产要素市场化和农业经营服务市场化等。

农业市场化是市场经济发展到成熟阶段的表现，但农业市场化并不是自由放任的市场经济。由于农业是国民经济的基础性产业，自然风险和社会风险并存，并兼具公共产品功能，所以农业市场存在外部性和市场失灵，需要政府通过"有形之手"进行宏观调控。此外，保证市场机制正常发挥作用，还需要政府维护公平公正的市场竞争环境。世界上所有市场经济发展较为完善的国家，都不同程度地利用政策工具对本国的农业经济活动进行调控和干预。

综上所述，所谓农业市场化是指市场在农业资源和要素配置中起决定性作用和更好地发挥政府作用的过程，市场经济体系覆盖农业生产和农业经营服务各个领域，市场主体成为农业经济活动的主要参与主体，市场机制贯穿农业生产和农业经营服务各个环节，市场意识成为农业生产、经营、服务主体的基本意识，市场行为成为农业经济活动参与主体的自觉行为，市场准则成为农业经济活动参与者共同遵守的社会准则。上述各个方面共同作用，推动农业市场经济保持持续、健康、稳步发展，并不断提高到新的发展水平。

第二节 农业市场化的演进过程及其结果

改革开放以来，我国农村改革遵循市场化的改革取向，从计划经济体制的松动，到市场机制发挥基础性调节作用，再到市场机制在资源配置中起决定性作用，农业农村经济发展在艰难中不懈前行，不仅从根本上解决了亿万中国人民的吃饭问题，而且极大地推进了国家的工业化与城镇化进程。实践证明，农业市场化道路顺应时代发展步伐，符合生产力发展客观规律，将亿万农民的生产积极性充分调动和释放出来，将农村各种资源要素的潜能和价值充分挖掘出来，成为改革开放40年来农业农村实现快速发展的重要动力源泉。

一、农业市场化的演进过程

（一）农村市场经济体制初建阶段（1979—1984年）

这一阶段主要进行了三个方面的改革：一是改革农业生产基本经营制度，由计划经济体制下的人民公社经营体制转变为符合市场经济发展要求的农村家庭联产承包责任制。党的十一届三中全会后，先是恢复小段包工、常年包工和定额计酬，接着又开始试行包产到组、包产到劳、包产到户、包干到户及专业承包等联产计酬的责任制形式，把社员的劳动付出与产量这个最终成果联系起来，受到广大农民的普遍欢迎。到1983年年底，全国农村实行联产承包责任制的生产队占总数的98.6%，其中实行家庭联产承包责任制的生产队占97.7%。二是将市场机制引入农产品流通领域，缩小农产品统购派购的品种范围。1979—1982年，国家多次调减了粮食征购基数，全国粮食的征购基数由377.5亿千克减到303.2亿千克，并实行粮食征购包干一定三年不变的管理办法。之后，国家又分别于1983年和1984年，两次调减了统购派购的农产品品种范围，将原商业部主管的一类农副产品从46种减为12种，将原国家医药管理局主管的二类中药材从54种减为24种，淡水鱼和二类海产品全部退出派购，并规定属统购派购的农产品，在完成任务后，剩余部分可自由出售。三是大幅度提高农产品价格，恢复农产品议购议销政策。1979年，为了改变农产品价格长期偏低的状况，国家大幅度提高了农产品收购价格，粮食、棉花、油料、生猪等18种农产品的收购价格，平均提高幅度为24.8%。对完成统购任务后超购的粮油，在统购价格提高的基础上，将加价幅度由原来的30%提高到50%；棉花超购部分加价30%，并对北方棉区的棉花另加5%的价外补贴。同时，还规定国有商业企业可按国家规定的指导价格，在市场上议购议销农副产品。

（二）大力引进市场经营机制阶段（1985—1991年）

这一阶段的改革主要包括三个方面：一是取消农产品统购派购制度。从1985年开始，国家取消农产品统购派购制度，不再向农民下达统购派购任务。除对粮食、棉花、油料、糖料和生猪等大宗农产品实行合同定购和市场收购外，其他农产品则放开经营，实行多家经营、多渠道流通、自由购销。1988年下半年，由于市场不完善、流通比较混乱和供求矛盾突出等原因，政府又恢复对棉花、蚕茧实行统一经营。二是大量放开农产品价格。1986 年 5 月，国家物价局等 8 家单位联合发布《关于改进农产品价格管理的若干规定》，决定对农产品价格管理实行国家定价、国家指导价和市场调节价三种形式，明确规定除国务院有关部门管理的国家定价品种收购价格 17 种、销售价格 14 种和国家指导价格 11 种、出厂价 6 种外，其他农产品均放开价格，实行市场调节价。到 1991 年，在农产品收购总额中，国家定价、国家指导价、市场调节价所占比重分别由 1984 年的 67.5%、14.4%、18.1%变化为 22.2%、20.0%、57.8%。三是以市场为基本运行机制的乡镇企业发展迅速。乡镇企业原来叫社队企业，由于过去将之定位为农业的附属企业，发展受到多方面限制。1984 年 1 月，中共中央在《关于 1984 年农村工作的通知》中指出："鼓励农民向各种企业投资入股；鼓励集体和农民本着自愿互利的原则，将资金集中起来，联合兴办各种企业"。同年，又根据农村经济发展的新情况，将社队企业更名为乡镇企业，突破了只能社队办企业、不允许经商及"三就地"的限制，使乡办企业、村办企业和农民合作企业、个体企业、私营企业等农村企业迅速发展起来。

（三）全面推进农业市场化建设阶段（1992—2000 年）

这一阶段的改革主要有以下三点：一是大力加强农产品和农业要素市场体系建设。继 1990 年 10 月郑州粮食批发市场作为第一个农产品批发市场正式开业后，吉林玉米批发市场、哈尔滨粮食批发市场、安徽芜湖大米批发市场、山东威海花生批发市场等一批大型批发市场挂牌营业，同时还建立了成都肉类批发市场等一批农副产品批发市场。1994 年 12 月，国内贸易部发布了《批发市场管理办法》，进一步把农副产品批发市场分为中心批发市场和地区批发市场，使农产品市场体系趋于健全。二是着力完善农产品和农业要素市场运行机制。1993 年以后，随着各地粮油商品交易所的陆续开业，会员制度、保证金制度、集中交易制度、竞价制度、每日结算等制度也随之建立起来。1994 年 12 月，国内贸易部在发布的《批发市场管理办法》中，对中心批发市场和地区批发市场的审批，批发市场的出资组建、法人性质、管理，以及进入批发市场的交易商必备条件和交易方式等做出了明确规定。1996 年 11 月，农业部、国家工商行政管理局印发了《水产品批发市场管理办法》，对水产品批发市场开办、变更和终止、交易和管理、监督管理等做了规定。这些规定使农产品市场的运行机制逐步得到完善。三是深化农产品流通和购销体制改革。1993 年 2 月，国务院发布了《关于建立粮食收购保护价格的通知》，对粮食收购保护价格制定的原则、执行粮食收购保护价格的范围、制定粮食收购保护价格的权限和程序、粮食收购保护价格的品种及标准做了具体规定。1998 年 5 月，国务院又在《关于进一步深化粮食流通体制改革的决定》中，对转换粮食企业经营机制、实行政企分开、全面落实粮食省长负责制、完善粮食储备体系、建立和完善政府调控下市场形成粮食价格的机制、积极培育粮食市场等问题做出了规定，加强了对粮食等农产品流通的宏观调控。

（四）农业市场化与国际化协同推进阶段（2001 年至今）

这一阶段的标志性事件就是 2001 年中国加入 WTO，由此进入了农业市场化与国际化协同推进的历史阶段。一是全面取消农业税，废除了压在中国农民头上 2 600 多年的皇粮国税，农业农村由此进入了无税时代，为中国农业市场化改革降低了成本。二是从 2004 年开始对农民进行直接补贴，之后又实行生产资料综合补贴和良种补贴，公共财政的阳光开始普照农村。三是对稻谷、小麦实行最低收购价，对玉米实行临时收储政策，进行棉花和大豆目标价格改革试点，进一步理顺农产品市场价格。四是农业自贸区谈判，为中国农产品走出去营造良好的市场环境。

二、农业市场化的发展结果

经过 40 年的改革和发展，我国农业市场化逐步实现了购销全面放开、主体多元经营、价格市场形成、业态丰富多样、调控体系初步建立的发展结果。

(一)农产品购销全面放开

改革开放以来，根据各类农产品的不同特点和供求状况，坚持市场化的改革取向，实行调放结合，并逐步加大"放"的分量，逐步改革和完善农产品流通体制，最终实现农产品购销全面放开。例如，1985 年放开了绝大多数农副产品购销，1992 年放开生猪、猪肉购销及价格，1999 年放开棉花收购及价格，2004 年，全面放开粮食收购及价格。放开农产品价格，推动了农村生产力的大发展、大解放。

【专栏 3-1】 粮食流通体制改革

一、粮食统购制度的松动阶段（1978—1984 年)

20 世纪 80 年代家庭联产承包责任制推行以后，微观经营机制开始与农产品统购统销制度产生矛盾，内生化地要求农产品流通制度得到相应的改革。一是提高主要粮食统购价格。1979 年，国家制定的粮食统购价格平均提高了 20%，超购部分在这个基础上再加价 50%。中央掌握的六种粮食（小麦、稻谷、谷子、玉米、高粱、大豆）加权平均统购价格提高 20.86%。国家规定，对于其他粮食品种的统购价格可参照主要粮食品种的提价幅度进行调整，短缺粮食品种的统购价格可以适当多提些，粮食销售价格维持不变。二是减少粮食统购数量。提高粮食统购价格之后，在数量方面，国家决定从 1979 年起国家

减少统购 250 万吨，实际调减了 275 万吨。三是增加粮食进口数量。为了缓解减少统购可能带来的粮食短缺，在国营外贸体制下，国家增加了粮食进口，1979 年粮食进口量达到 1 235.5 万吨，直到 1984 年粮食进口量一直维持在 1 000 万吨以上。

二、"双轨制"与市场化反复阶段（1985—1997 年）

经过上一阶段的改革，1984 年中国粮食产量突破了 4 亿吨大关，社会粮食商品率达 30% 以上，超过了历史上的任何一年。作为中国经济制度的组成部分，这一阶段的粮食流通制度改革主要有如下特点。

（1）1985 年粮改：粮食统购制度和合同定购的反复。1985 年 1 月 1 日，国家宣布："从今年起，除个别品种外，国家不再向农民下达农产品统购派购任务，按照不同情况，分别实行合同定购和市场收购。"以合同定购制度代替统购制度，意味着长达 30 余年的粮食统购派购制度在名义上被取消了。但是，粮食统销制度得以保留，其中，农村统销的粮食实行购销同价，城镇居民口粮按原统销价不变。然而，农民并没有获得应有的市场地位，其他市场主体也没有获得充分的发育。在名义上取消统购之后，粮食流通制度的顶层设计强调合同定购任务从中央自上而下分配到农户。在基层，一般是由商业部门或粮食部门与农户形成合同双方，农户按照合同价交售粮食。但是，价格并不是双方按照市场规则商定的，而是按"倒三七"比例计算，即三成按统购价，七成按原超购价。

（2）1993 年粮改：粮食定价权和政府定购的反复。1993 年 2 月，国家为粮食价格形成机制改革定下了基调，按"统一政策、分散决策、分类指导、逐步推进"的原则，争取在两三年内全部放开粮食价格，对国家定购仅保留数量。实际上，仅仅不到一年粮食购销价格就几乎全面放开，1993 年年底放开粮食购销价格的县（市）就占到了

98%。相应地，城镇居民口粮定量办法也被取消，城市居民凭"粮票"购粮的生活结束。1993年全国范围内取消"粮票"，标志着粮食统销制度基本终结。

三、市场化改革攻坚阶段（1998—2003年）

1998年粮食产量达到当时的历史最高水平。粮食供给开始出现基本平衡，丰年有余的局面。与之伴随的问题是粮价下跌、"谷贱伤农"、国有粮食企业亏损经营和国家财政不堪重负等。1998年开始的新一轮农产品流通体制改革，是在社会主义市场经济体制下对粮食流通体制的市场化改革。

（1）"四分开、一完善"。1998年国务院提出"四分开、一完善"的原则，粮食企业经营机制政企分开、中央与地方粮食责权分开、粮食储备与经营分开、粮食企业新老账务挂账分开，完善粮食价格形成机制。实施"三项政策、一项改革"为主要内容的政策措施，即坚决贯彻按保护价敞开收购农民余粮、国有粮食收储企业实行顺价销售、农业发展银行收购资金实行封闭运行三项政策，加快国有粮食企业自身改革。然而，国家仍然强制规定，粮食加工企业加工的小麦、玉米和稻谷只能从国有粮食收储企业购进，不得直接向农民收购或到集贸市场购买。同时，在政策表达上，对粮食经纪人仍然冠以"私商粮贩"的名头，限制其经营粮食收购。在这种情况下，国家粮食流通的合法主体仍然是国有粮食企业，多元化的市场主体仍然没有形成。在国有粮食企业改革的过程中，下岗职工、财务挂账、陈化粮形成了"老人、老账、老粮"为特征的"三老"问题，给国有粮食企业体制改革造成了相当大的障碍。

（2）放开销区。2001年，国家把调控的思路由单纯依赖控制供给转向供给和需求兼顾，在国务院文件中提出了"发展订单农业，促进粮食转化"。2001年，国家的粮食流通体制改革原则开始松动，确定了"放开销区、保护产区、省长负责、加强调控"的粮改思路，把"三项政策，一项改革"的实施范围缩小到了主产区。文件中已经不再强调粮食国家合同定购的性质，将定购任务交给各种类型的粮食购销企业，实际上已经承认了粮食购销是一种市场行为，并且对多元化的市场收购主体加大培育力度。

四、市场起基础性作用阶段（2004—2012年）

党的十六大以来，我国"三农"政策框架结构和主要内容发生了重大变化。这一阶段中国进入了供求决定粮价、市场配置粮源的新时期。粮食保护价收购制度逐步过渡到最低收购价制度，粮食临时收储计划也逐步常态化，政策性粮食竞价交易成为调节粮食市场供给的重要手段，农业支持补贴制度由流通环节转至生产环节。

（1）流通市场化。2004年中央1号文件提出，从2004年开始，国家将全面放开粮食收购和销售市场，实行购销多渠道经营。国家开始对重点粮食品种实行最低收购价格制度，早稻最早被纳入最低收购价的范围。各地纷纷试点直接补贴种粮农民，把粮食流通环节的间接补贴改为对种粮农民的直接补贴。

（2）健全粮食市场调控体系。这一阶段，临时存储粮食收购计划持续发挥作用，政策性粮食竞价交易上升为调控手段。但是，这种粮食市场调控机制，也抑制了市场配置资源作用的发挥，最低收购价格不断上调，整个粮食市场运行体系严重依赖于粮价上涨，使得国内粮食价格高于国际市场。这也成为近年来粮食进口增加的驱动因素之一。粮食价格上涨对通货膨胀预期也造成了影响。

五、市场起决定性作用阶段（2013年至今）

一系列问题表明，粮食托市政策已经不适应新形势发展。中共十八届三中全会决定明确提出，让市场在资源配置中起决定性作用。2014年中央1号文件又提出："逐步建立农产品目标价格制度，在市场价格过高时补贴低收入消费者，在市场价格低于目标价格时按差价补贴生产者，切实保证农民收益。"由于大豆在收储环节积累的矛盾较为突出，而且中国大豆产地集中在东北地区，试点风险比较容易控制。因此，国家决定把大豆作为粮食目标价格制度的试点。2014年5月，发改委、财政部、农业部联合发布2014年大豆目标价格为4 800元/吨。但是，目标价格和市场价格的水平确定、补贴标准、操作方式等，仍然有待探索。然而，新一轮的粮食流通体制的改革大幕已经拉开。

（二）农业经营主体多元发展

随着农业市场化改革的逐步推进，国营粮食企业和供销合作社垄断经营的格局逐渐被多渠道流通打破。目前，我国农业市场经济参与主体已呈全面多元化发展态势，个体工商户、家庭农场、农民合作社、各类企业、社会资本、外资企业等均可进入农业领域从事生产经营活动。近年来在家庭承包经营基础上，各类从事农业生产和服务的新型农业经营主体蓬勃兴起。据统计，到2017年，全国农户家庭农场已超过50万家，依法登记的农民合作社201.7万家，农业产业化经营组织38.6万个（其中龙头企业12.9万家），农业社会化服务组织超过115万个。此外，有越来越多的下乡返乡回乡创业人员带着资金、技术、人才和管理等资源要素到农村投资兴业。

【专栏3-2】 家庭农场快速发展

一、基本情况

自2013年中央明确发展家庭农场的政策措施以来，中央及各地对家庭农场的重视程度和扶持力度逐年加大，短短四年多时间，家庭农场已经发展成为建设现代农业的有生力量，成为新型农业经营主体的重要组成部分，家庭农场创新发展局面已经初步形成。截至2017年6月底，在县级以上农业部门纳入名录管理的家庭农场达到48.5万户，比2013年的13.9万户增长了3倍多，其中种植业经营家庭农场平均规模为11.67公顷左右。

二、主要做法

（1）建立家庭农场名录制度。目前全国已有30个省区市下发了扶持家庭农场发展的指导意见，明确了家庭农场的认定标准，对经营者资格、劳动力结构、收入构成、经营规模、管理水平等提出相应要求。农业部研发了农场名录系统，探索建立国家、省、市、县四级家庭农场信息录入、审核、认定、查询和统计分析。

（2）建立典型家庭农场监测制度。2014年起，农业部会同中国社会科学院从全国31个省区市的91个县（区、市）中，选择了3 000户左右家庭农场，就其生产经营情况进行长期跟踪监测，每年形成年度发展报告并正式出版。

（3）建立示范家庭农场制度。鼓励各地通过示范引导，促进家庭农场提高经营管理水平。目前全国共有18个省区市开展了示范家庭农场创建活动，认定了县级以上示范家庭农场6万多户。

（4）建立人才培育制度。将家庭农场经营者作为农村实用人才培训的重点，近三年累计举办近200期专题培训班，培训16 000人次。各地依托农村实用人才带头人培训等多种培训资源，分类分批培训各类家庭农场经营者，促进家庭农场交流学习，共同提升经营管理水平。

（5）加大政策扶持力度。2017年，推动中央财政资金安排1.2亿元专项用于扶持家庭农场发展，在全国选择 1 500 户家庭农场，每户扶持 8 万元，对其基础设施建设、信息化管理、生产经营活动等给予扶持，有效推动了家庭农场发展壮大。2018 年中央财政扶持规模扩大到 5 亿元。

三、主要问题

（1）形成适度规模难。受宏观环境影响，近几年土地流转价格快速上涨，制约了家庭农场经营规模的扩大。同时，土地细碎化严重增加了农机作业的成本，影响家庭农场经营规模的提升。

（2）改善农业设施难。农业生产基础设施薄弱仍然是制约家庭农场发展的"老大难"问题。具体表现为农田肥力差、机耕道狭窄、田间水利设施老化，缺少集中育秧、粮食晾晒、烘干仓储等基础设施设备等。

（3）家庭经营人才短缺。由于缺乏城乡衔接的社会保障政策，再加上劳动强度大、生活条件差、居住偏远等原因，许多家庭农场经营者的子女不愿意接手经营，规模较大的农场更难雇请到亟须的专业人才，特别是具有较高文化水平、掌握先进经营理念、了解互联网知识的大中专毕业生更加稀缺。

（4）获得社会化服务难。由于我国基层农技服务力量相对较弱和农业社会化服务组织发育迟缓，家庭农场在专业化、规模化生产中迫切需要的农机、植保、购销等服务供给不足，成为制约其发展壮大的重要因素。

（5）融资保险渠道短缺。大多数家庭农场反映农业贷款条件苛刻、获得贷款难度大。与小农户相比，家庭农场规模较大，经营风险较高，对于农业保险的需求较为迫切。但当前农业保险依然险种少、赔付低，只保物化成本，不考虑人工成本，更谈不上满足不同农场对保预期收益、保价格收入等多样化的需求。

四、扶持政策

（1）引导流转土地向家庭农场集中。完善土地流转价格形成机制，引导和鼓励家庭农场通过实物计租货币结算、租金动态调整、土地入股保底分红等利益分配方式，稳定土地流转关系，形成适度规模。鼓励有条件的地方将土地确权登记、互换并地与农田基础设施建设相结合，整合各类项目资金，建设连片成方、旱涝保收的优质农田，优先流转给示范性家庭农场。支持家庭农场承担土地整理、土壤改良、小农水建设等农田基建项目，引导其"种地养地"，提高土地生态可持续利用水平。

（2）建立家庭农场动态管理机制。指导各地尽快出台家庭农场认定标准和管理办法，确保所有涉农县（市、区）全覆盖。建立健全全国家庭农场名录和信息数据库，为财政、金融、保险等部门提供基础数据支撑。积极开展示范家庭农场创建活动，以先进典型引领家庭农场发展壮大。

（3）完善家庭农场人才培育机制。加大对家庭农场经营者的培训力度，制定家庭农场经营者中长期培训计划，将家庭农场经营者作为职业农民培训和农村实用人才培训重点。制定和完善相关政策措施，鼓励吸引大中专院校毕业生、返乡农民工、农机大户、市场经纪人等兴办家庭农场。建立家庭农场经营者职业教育制度，鼓励农业院校开设相关专业，培养既懂经营管理，又懂技术的家庭农场经营人才。参照大学生"村官"政策，通过创新社会保障政策、政府补助等方式，鼓励大中专特别是农业职业院校毕业生到家庭农场就业创业。

（4）健全针对性扶持政策。力争进一步扩大财政支持范围，逐步将6万户各级示范家庭农场纳入中央财政支持范围，重点扶持示范家庭农场稳定流转土地、整合土地资源、改善基础设施、提高经营能力。落实新型经营主体农业设施用地政策，确保家庭农场有地方建设必需的仓储、农机场库棚等基础设施。落实中央关于农业补贴增量主要支持新型经营主体的政策，通过建立各级农业担保公司，解决家庭农场融资难题。鼓励保险机构针对家庭农场特点，创设包括租地成本在内的作物保险、涵盖农场收入等内容的综合保险等品种。

（5）开展家庭农场法律研究。通过完善相关法律法规，明确家庭农场的概念内涵、成员范围、认定管理、注册登记等，使之区别于以雇工为主的公司制农场，避免家庭农场概念的泛化；同时，适时将促进和扶持家庭农场发展的政策措施上升为法律规定，为家庭农场健康发展提供法律保障。

（三）农产品价格由市场形成

改革开放以来，在推进农产品流通体制改革的同时，国家采取了一系列政策措施，逐步推进农产品价格形成机制改革。2015年，放开烟叶收购价格，烟草企业可根据种烟成本收益、工业企业需求和行业发展需要，自主确定烟叶收购价格。这是我国农产品领域最后一个实行政府定价的品种，标志着我国农产品价格全部由市场形成。

【专栏3-3】 完善农产品价格形成机制

价格是生产的"指挥棒"，是利益的调节器。在市场经济条件下，农产品价格对引导农业生产、促进农民增收具有不可替代的作用。自2014年以来，连续5年的中央1号文件都强调，要改革完善粮食等重要农产品价格形成机制和粮食收储制度，国家采取"分品种施策、渐进式推进"的办法，先后对棉花、大豆、糖料、油料、玉米、稻谷等定价机制和收储制度进行了改革，取得了显著成效。

一、完善稻谷小麦最低收购价政策

2004年，我国全面放开了粮食市场和价格，开始执行最低收购价政策。同年5月19日，国务院通过了《粮食流通管理条例》。该条例规定："当粮食供求关系发生重大变化时，为保障市场供应、保护种粮农民利益，必要时可由国务院决定对短缺的重点粮食品种在粮食主产区实行最低收购价格。"7月和9月，国家发展和改革委员会、财政部、农业部、国家粮食局、中国农业发展银行，先后联合发布了2004年早籼稻最低收购价执行预案、中晚稻最低收购价执行预案，明确最低收购价政策执行主体为中储粮总公司和地方储备粮公司，确定了最低收购价格。这标志着，国家粮食价格支持政策由粮食收购保护价政策转变为粮食最低收购价政策。

这一政策在随后多年的中央文件中得到确认和坚持。2005年中央1号文件提出，继续对短缺的重点粮食品种在主产区实行最低收购价政策。2006年中央1号文件继续指出，坚持和完善重点粮食品种最低收购价政策。2007年中央1号文件明确，继续对重点地区、重点粮食品种实行最低收购价政策。2008年受全球金融危机影响，国际粮价大幅下跌，我国粮食市场也受到冲击，价格大幅下跌，国家也对粮食最低收购价政策进行了大幅度调整。2008年10月中共十七届三中全会决定提出，稳步提高粮食最低收购价。2009年以后，最低收购价政策基本成型，国家每年都在春播之前公布小麦和稻谷最低收购价，粮食集中上市前公布执行预案。

二、推进玉米市场定价、价补分离改革

2007年，我国在东北三省与内蒙古自治区开始实行玉米临时收储

政策。这一政策在特定历史阶段取得明显成效，对保护农民种粮积极性、促进农民增收、保障国家粮食安全发挥了重要作用。但是，我国玉米产业也逐步陷入生产量、进口量、库存量"三量齐增"的困局，在实际执行中暴露出更严重的问题，如国内外玉米差价扩大、大量库存积压、财政包袱沉重，以及抑制市场机制发挥作用等。

2016年，为破除玉米产业发展难题，打开农业供给侧结构性改革的新局面，我国正式取消实行九年之久的玉米临时收储政策，建立玉米"市场化收购"加"补贴"新机制，明确"市场定价、价补分离"的原则，建立市场价格形成机制和玉米生产者补贴制度。总体上说，新机制符合农业供给侧结构性改革的大方向，使市场成为配置资源的决定性因素。

2017中央1号文件要求，改革完善粮食等重要农产品价格形成机制和收储制度。坚持市场化改革取向与保护农民利益并重，采取"分品种施策、渐进式推进"的办法，完善农产品市场调控制度。按照市场定价、价补分离的原则，积极稳妥推进玉米收储制度改革，在使玉米价格反映市场供求关系的同时，综合考虑农民合理收益、财政承受能力、产业链协调发展等因素，建立玉米生产者补贴制度。

三、调整新疆棉花和东北大豆目标价格政策

从2014年开始，分步骤地取消棉花、大豆、油菜籽和食糖的临时收储政策。2014年，新疆棉花和东北与内蒙古大豆临时收储政策被对市场干预程度较低的目标价格政策所替代，在市场价格低于目标价格时按价差补贴生产者。2015年，彻底取消了油菜籽和食糖的临时收储政策，价格形成回归实施临时收储政策前的市场机制。2017年，取消在东北与内蒙古实施的大豆目标价格政策。大豆目标价格政策在东北与内蒙古仅实施了3年。

（四）农业经营业态丰富多样

随着经济社会发展和农业市场化改革的深入推进，传统的农业供销模式和经营业态逐渐升级，出现了很多新兴经营业态。农产品批发市场体系、市场信息体系、质量标准体系、检验检测体系同步推进，形成了开放、统一、竞争、有序的农产品市场体系。农产品期货市场稳步发展，农产品电子商务、农业物联网、"互联网＋现代农业"等新产业新业态在农村方兴未艾。现代农业产业园、农业科技园、农产品加工园、农村产业融合发展示范园等，农村产业融合发展平台正成为现代农业的重要载体。

【专栏3-4】 农产品期货市场

农产品期货是世界上最早上市的期货品种，期货市场最先产生于农产品市场，并且在期货市场产生之后的120多年中，农产品期货一度成为期货市场的主流。

一、发展过程

19世纪中期，芝加哥已经发展成为美国中西部最重要的商品集散地，大量的农产品在芝加哥进行买卖。在当时的现货市场上，谷物的价格随着季节的交替频繁变动。每年谷物收获季节，生产者将谷物运到芝加哥寻找买主，使市场饱和，价格暴跌。当时又缺少足够的存储设施，到了第二年春天，谷物匮乏，价格上涨，消费者的利益又受到损害，这就迫切需要建立一种远期定价机制以稳定供求关系，而期货市场正是在这种背景下应运而生。

期货市场在农产品供给和需求的矛盾之中建立起了一种缓冲机制，这种机制使得农产品供给和需求的季节性矛盾随之化解。虽然30

多年来，农产品期货交易额所占的绝对比例大大下降，但它仍然占据着国际期货市场上相当的份额。国际上仍然在交易的农产品期货有21大类、192个品种，其中相当一部分交易非常活跃，在世界农产品的生产、流通、消费中，成为相关产业链的核心。从我国的情况来看，农产品期货品种仍然是我国期货市场的主流，也是最有可能上新品种并获得大发展的期货品种，并且在相当长的一个时期内，这种格局都不会改变。

我国三家期货交易所中，大连商品交易所与郑州商品交易所现阶段以农产品期货交易为主。大连商品交易所经批准交易的品种有大豆、豆粕、啤酒大麦，玉米期货的各项筹备工作已基本完成上市；郑州商品交易所批准交易的品种有小麦、绿豆、红小豆、花生仁。大商所的大豆品种是目前国内最活跃的大宗农产品期货品种，大商所现已成为国内最大的农产品期货交易所，世界非转基因大豆期货交易中心和价格发现中心。

二、经济功能

（一）风险转移

价格风险可以说是无处不在。在商品市场上，干旱、洪水、战争、政治动乱、暴风雨等各种情况变化会传遍世界各地，并直接影响商品的价格。激烈的市场竞争会导致价格在较短时期内大幅度波动。与供求相关的风险因素还包括一些商品收获的季节性和需求的季节性。由供求的不可预测所带来的潜在价格风险是市场经济所固有的，也是买主和卖主无法抵御的。

期货合约是通过交易所达成的一项具有法律约束力的协议。期货合约对商品的买卖数量、预期交货时间和地点以及产品质量都有统一的规定。事实上除了价格以外，期货合约的所有方面都有统一的规定。

正因如此，期货合约对于那些希望未雨绸缪、保证不受价格急剧变化影响的套期保值者来说是具有吸引力的。农产品生产易受不以人的意志为转移的气候条件的影响，风险性强，通过期货合约这个有用的工具，农民、粮食企业以至消费者都能对农产品市场做出较可靠的估测。

粮食企业、食品加工厂、油脂厂可以利用期货来更好地管理进货与销售，从而提高经营利润。粮库经营者可以利用农产品期货为客户提供各种变通的销售方法，使其占用竞争优势。农场可以在储存作物时，利用期货市场锁住理想的卖价。饲料公司可以利用农产品期货来限定最高买价，避免受到饲料原料或饲料价格上涨所造成的影响。任何与农产品生产经营有关的企业都可以利用大商所的农产品期货来控制成本和提高收入。

当然，期货合约除了套期保值的作用之外，还有风险投机的作用，各种风险程度不同的期货合约可以为投资者提供盈利机会。例如，买卖农产品期货以从预期的价格变化中牟利。

（二）发现价格

在市场经济中，生产经营者根据市场提供的价格信号做出经营决策。价格信号的真实、准确程度，直接影响到他们经营决策的正确性，进而影响经营效益。

自期货交易产生以来，发现价格功能逐渐成为期货市场的重要经济功能。所谓发现价格功能，指在一个公开、公平、高效、竞争的期货市场中，通过期货交易形成的期货价格，具有真实性、预期性、连续性和权威性的特点，能够比较真实地反映出未来商品价格变动的趋势。

期货价格能比较准确、全面地反映真实的供给和需求的情况及其变化趋势，对生产经营者有较强的指导作用。世界上很多生产经营者虽未涉足期货交易，也没有和期货市场发生直接关系，但他们都在利用期货交易所发现的价格和所传播的市场信息来制定各自的生产经营决策，例如，生产商根据期货价格的变化来决定商品的生产规模；在贸易谈判中，大宗商品的成交价格往往是以期货价格为依据来确定的。

三、风险管理

期货行业是否稳定发展关系到国民经济的方方面面。期货市场风险防范与管理是期货市场健康发展的基石，期货市场的风险管理包括宏观风险管理和微观风险管理，微观风险管理可细分为期货交易所、期货经纪公司和客户三个方面的风险管理。

（一）宏观风险管理

宏观管理可分为立法管理、行政管理与行业自律管理三个方面。

立法管理。立法管理是通过制定、颁布期货交易的法律、法规规范期货市场的组织机构及其运作机制。

行政管理。行政管理是指一国政府的行政权力机关通过履行自己的职责而实施的管理。

行业自律管理。行业自律管理是指期货市场行业协会进行自治、协调和自律管理。

（二）微观风险管理

1. 期货交易所风险管理

（1）交易前的风险管理。健全交易制度与规则；加强对会员的管理；选择适当的上市品种；设立计算机风险控制体系。

（2）交易过程的风险管理。保证金制度；持仓限额制度；大户报告制度；涨停板制度；交易回避制度；市场禁入制度。

（3）交易所的风险管理。每日结算制度；强行平仓制度；风险准备金制度；风险预警制度。

2. 期货经纪公司风险管理

根据期货经纪公司风险产生的来源与表现，在进行风险管理时，期货经纪公司应该从以下四个方面进行管理：对客户的管理；对期货经纪公司从业人员的管理；日常交易中的保证金管理以及交割月的限仓管理。

3. 客户的风险管理

（1）慎重选择期货经纪公司。

（2）明确投资主体，提高风险意识。

（3）熟悉期货业务知识及期货品种。

（4）遵纪守法。

（5）检查交易真实情况。

（6）向监管部门投诉或反映，维护自身合法权益。

（五）农产品市场调控体系初步建立

随着农业市场化改革的深入推进，国家在充分发挥市场机制作用的同时，将市场调节与政府调控相结合，建立和完善了农产品市场调控制度体系。例如，对稻谷、小麦实行最低收购价政策，对油菜籽实行临时收储政策，对棉花开展目标价格补贴改革试点，对生猪建立了缓解市场价格周期性波动调控预案，对玉米、大豆实施市场定价、价补分离的政策，并通过建立重要农产品储备制度、加大财政补贴力度等综合措施，防止主要农产品价格大幅波动，有效地保护了农民利益。

【专栏3-5】 深化粮食收储制度改革

现阶段我国政府粮食储备包括中央和地方政府两个层次。其中，中央粮食储备由中国储备粮管理总公司（简称中储粮）负责管理。地方政府储备又可以细分为省、市、县三级储备，一般由地方政府委托，地方国有控股或国有独资的粮食企业负责管理，其他民营粮食企业承担一定的政策性粮食代储任务。

一、政府粮食储备管理的组织模式

中央粮食储备管理采取垂直管理。中储粮负责具体经营管理工作。目前，中储粮总公司在国家宏观调控和监督管理下，实行自主经营、自负盈亏。总公司在粮食主产区和主销区组建分公司，对分公司进行垂直管理，分公司下设直属库以及委托地方粮食企业代储中央储备粮。中储粮实行的是"总公司—分公司—直属库"三级垂直管理制度。分公司是其总公司的派出机构，根据总公司授权负责管理辖区内的中央储备粮油和直属库，作为二级法人的分公司虽不具备独立法人资格，但享有某些法人权利，其主要领导、财务和国有资产均由总公司统一管理。而子公司、直属库是独立核算、自负盈亏的法人实体。截至2016年年底，中储粮在全国设立23个分公司，机构和业务覆盖全国31个省区市，总公司所属的直属库达346个。中储粮总公司除充分利用直属库存储中央储备粮外，还委托中粮集团、中纺集团所属企业以及一部分地方粮库和社会仓库代储中央储备粮。据中储粮统计，截至2014年年底，共有11 000多个委托库点承担了中央储备粮储备任务。为了约束直属库的权力、加强对中央储备粮管理的组织性，中储粮总公司出台了直属库10项权力清单，包括定点权、贷款权、定价权、赊销预付权、投资权、物资采购权、资产处置权、用人权、收入分配权、担保权，并采取智能化在线监测、总会计师委派、资金集中管理、"四单"流程管理、党政负责人分设等措施。

地方在中央宏观调控下，按照粮食省长负责制的要求，将粮食储备逐级落实到地市、县（区、市），建立了地方行政长官负责的多级储备管理制度。基于此，我国地方粮食储备也就包含省、市、县三级储备。地方储备粮中省级储备粮粮权属于省级政府，市和县级储备粮粮权属于市和县级政府。其中，省级储备粮在全省政府粮食储备体系中占主导地位，在发生区域性自然灾害或者粮价明显波动的时候，主要通过省级储备粮来提供灾区供应、稳定市场价格。某些重要粮食主销区还探索了异地代购代储模式。

除了原粮储备之外，我国大部分地方政府还建立了成品粮储备。地方政府的成品粮储备肇端是 2003 年上半年"非典"疫情。当时北京、广东等重要城市粮食价格发生明显波动，2003 年 8 月，北京市粮食局制定了《北京市储备成品粮承储管理储存暂行办法》，成为我国地方成品粮储备制度的先例。此后，其他地方纷纷效仿北京建立地方成品粮储备制度。目前，多数省份主要在地级市层面建立了确保当地 10～20 天以上供应量的成品粮储备，并以"库存保持常量，实物顶替轮出"的原则实行滚动轮换。从各地实施的情况看，尽管中央有要求，但是，成品粮储备基本属于地方事权。

二、政府储备粮实物管理的模式

2003 年颁布的《中央储备粮管理条例》规定，中央储备粮每年轮换的数量一般为中央储备粮储存总量的 20%～30%。在粮食轮换方面，中储粮各分公司做好轮换规划，分解轮换过程，基本做到高抛低吸。在市场供应趋紧、价格上涨较快时主动要求增加轮换计划。以不低于国家托市价积极入市掌握轮换粮源，有效配合粮食最低收购价政策，在全年政策性粮食拍卖销售同比减少的情况下，通过广泛组织粮源、积极扩大购销，弥补了市场缺口。平稳有序开展轮换，稳步推进整体运作，进一步压缩流通环节成本。中储粮对中央储备粮食的轮换一般根据粮食品种和区域，实施存储粮食的动态管理，其原则是"既实现动态推陈储新，也要避免储备粮经营管理无底线的亏损挂账"。

除了正常的储备粮食轮换之外，国家还对政策性粮食进行竞价交易。中国储备粮管理总公司（以下简称"中储粮总公司"）作为国家政策性粮食的卖方，一般是委托具体承贷库代行签订交易合同，但是中央储备粮直属库不得直接或间接参与竞买，也不得安排其监管的地方承储库点之间互相购买。全国粮食统一竞价交易平台上进行公开拍卖交易。交易的底价由国家粮食局会同财政部等部门协商，一般遵循顺价销售原则。竞价交易每周都会提前公布"哪些库点，哪些平台，销售多少"，各省的交易平台组织企业竞价交易。交易的买方必须是依法注册或具有经营资格的国内粮油贸易、加工（用粮）、饲料生产企业（经营者），通常实行会员制，由各省的分中心负责本省企业的注册、入会。此外，中储粮还承担了政策性粮食跨省移库、进口粮油接收转储、进口玉米国内轮换任务等管理工作。

一般而言，省级储备粮轮换实行指令性计划，承储企业必须在规定时间完成轮出、轮入任务。地方政策性粮食由地方政府有关部门指定卖方。交货仓库为卖方确定的各承储库（实际存储库点），承储库作为卖方委托的收储库点，具体负责粮食出库、配合商务处理等工作，并承担相应责任。在轮换的方式上，由各省自行规定。例如，四川省规定，省级储备粮轮换可以采取同品种轮换、不同品种轮换、同库点轮换和不同库点轮换等不同的形式，主要方式有先销后购、先购后销、边销边购等。又如，湖南省规定，省级储备粮轮换可以由承储企业直接向市场销售和向粮食生产者采购，也可以由省粮食行政管理部门组织承储企业面向全省竞价销售和招标采购，或者在大中型粮食批发市场竞价销售和招标采购。

省级储备粮食也通过竞价交易的方式进行轮换。一般由承储企业自行确定底价，每次竞价交易 2 小时前可以向市场申请调整交易底价。未成交标的自动转入规定竞价交易方式。两次网上竞价交易没有成交的，承储库点必须调整底价，再次进行网上竞价交易，直到成交。

地方成品粮存储的管理大部分以小包装形态进行储备。在存储条件上要求比较严格，占用空间相对较大，因而储存、轮换有一定难度。在储备的品种上，各地根据地区居民消费偏好确定储备品种。有的省规定夏季 3 个月轮换一次，其他季节 6 个月轮换一次，有的省规定夏季 1 个月轮换一次，其他季节 1 个半月轮换一次。有的省将成品粮储备确定为常规储备，从国家下达的地方储备粮油规模中拿出一部分建立成品粮油储备。而有的省将成品粮储备列为临时应急储备，即要求加工企业储备一定数量成品粮，地方财政给予一定资金支持，应急状态下政府享有优先使用权。

第三节　农业市场化的发展成效及其经验

经过 40 年的改革开放，我国农业市场化建设成效显著：一是多层次、多功能的农业市场体系逐步建立。具体表现在国内统一的农产品市场体系基本建立，农业要素市场改革加快推进，农业服务市场开始形成。二是农业市场运行机制不断完善。具体表现在农产品价格形成机制在实践中不断理顺，农产品流通体制改革成效突出，农业市场主体逐渐发展壮大。三是农业国内国际市场融合不断深化。具体表现在农产品国际贸易总量及农业投资总额不断扩大，农业对外合作领域不断拓宽，农业对外服务更加深入与优化。

一、农业市场化的发展成效

（一）农产品商品率显著提高

改革开放以后，我国主要农产品整体商品化程度呈现逐步上升趋势。以稻谷、小麦、玉米三大主粮为例，改革开放前实行的是统购统销制度，商品率几乎为零。随着农业市场化进程的推进，粮食流通体制逐步放开，粮食价格由市场形成，三大主粮的商品率显著提高，到 2015 年已超过90％（图 3-1）。

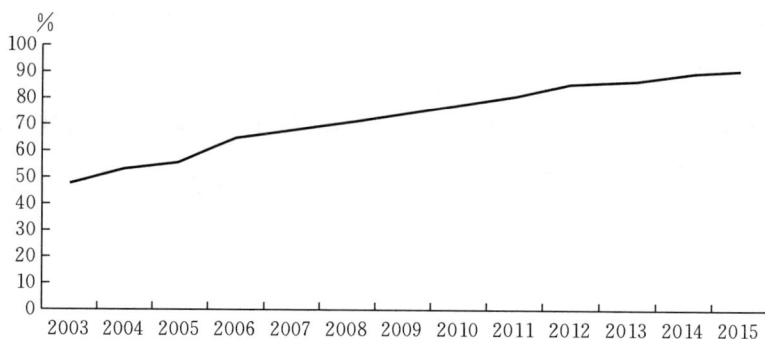

图 3-1 改革开放以来三大主粮商品率

（二）粮食产量不断迈上新台阶

粮食是最为重要的农产品。改革开放以来，我国粮食市场流通体制和价格形成机制改革逐步深化，粮食总产量从 1978 年的 3 亿吨，1984 年迈上 4 亿吨，1996 年迈上 5 亿吨，到 2013 年突破 6 亿吨，之后一直稳定在 6 亿吨以上（图 3 - 2）。

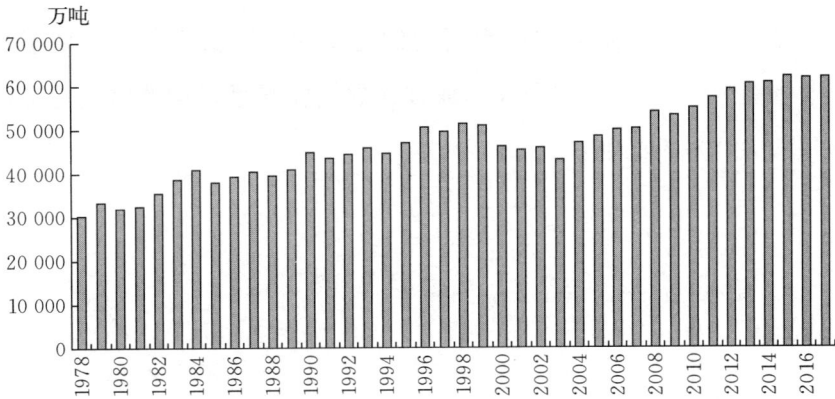

图 3 - 2　1978—2017 年中国粮食产量

（三）农产品市场价格稳步提高

随着农业市场化进程的推进，各类农产品价格逐步上升。农产品生产者价格指数、粮食价格指数、林业产品价格指数、畜牧业产品价格指数、渔业产品价格指数均呈现出稳步上涨势头，且波动较为一致（图 3 - 3）。

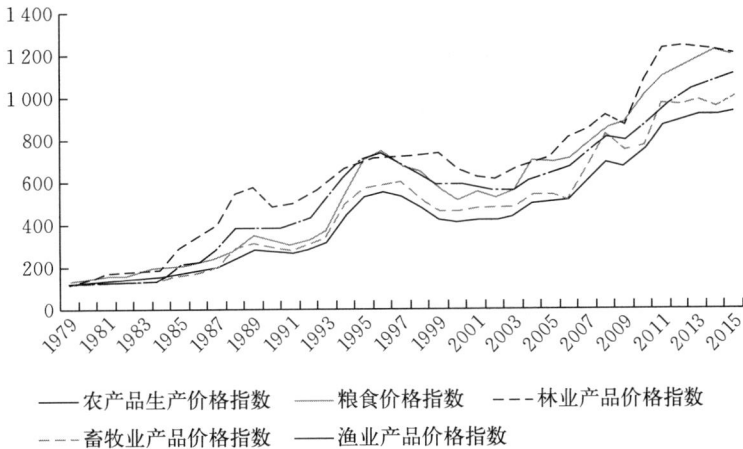

图 3 - 3　1978—2015 年各类农产品价格指数

注：各类农产品价格指数以 1978 年为基期 100。

（四）农民收入实现快速增长

改革开放以来，随着农业市场化的逐步深入，农民收入实现了快速增长。如图 3-4 所示，农民人均纯收入数量曲线呈现指数增长特征，说明农民收入增速不断加快。

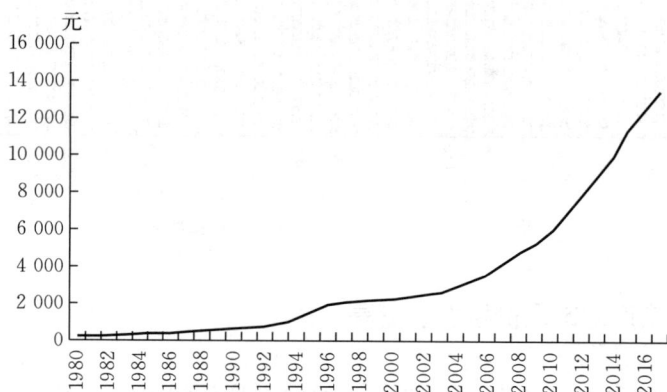

图 3-4　1980—2017 年农民收入水平

（五）农民消费市场化率稳步提升

农村居民家庭消费市场化水平可以用消费市场化率来衡量。农村居民家庭消费支出市场化率＝农村居民家庭消费现金支出/农村居民家庭总消费支出。如图 3-5 所示，改革开放以来，我国农村居民消费市场化水平呈稳步提升态势。

（六）农业劳动力市场化率不断提高

农业劳动力市场化水平可以用农民的工资性收入占农民人均纯收入的比重来衡量。如图 3-6 所示，改革开放以来，我国农民工资性收入占总收入的比重不断提高，2013 年农民工资性收入首次超过经营性收入，成为农民收入结构中的最大组成部分。

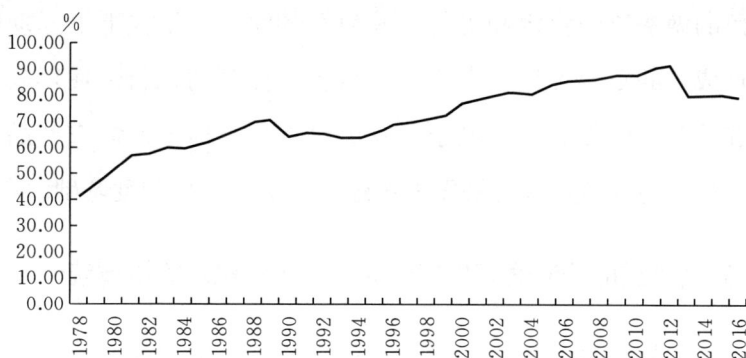

图 3-5　1978—2016 年农民消费市场化率

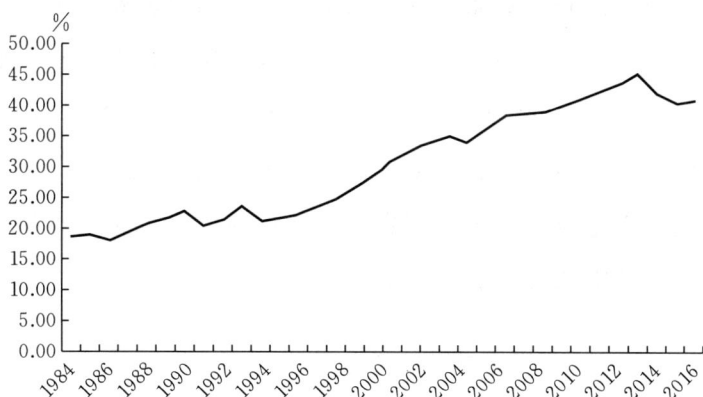

图 3-6　1983—2016 年农业劳动力市场化率

二、农业市场化的宝贵经验

（一）体制机制改革创新奠定了农业市场化的坚实基础

产权是市场经济的基石。改革开放以前，在传统的计划经济体制下，我国农村实行人民公社制度，农村土地由集体统一经营，导致农业生产落后，效率低下，农民生活非常艰苦。"穷则思变"，基层农民率先突破人民公社的体制束缚，实行"包产到户"的自主性尝试，为国家在全国范围内实施农村改革提供了先行的实践基础。随后，中央实事求是地对

101

基层农民的做法给予肯定和支持，成为 20 世纪 80 年代上下互动式农村改革取得成功的重要原因。家庭联产承包责任制的推行，使得农村土地所有权和承包经营权分离，赋予了农民对承包土地上产出农产品的处分权和收益权，为农业市场经济发展奠定了坚实的产权制度基础。

（二）渐进式放开流通和价格确保了改革和稳定的协调统一

价格是市场经济的核心。改革开放之前，我国农业一直属于为工业提供低价原料来源和基础物质产品的部门，农产品价格被强行压低，农产品流通被国家控制。农业市场化改革之后，国家从稳定大局出发，采取了逐步放开农产品流通和农产品价格的改革思路，如粮食流通体制改革，直到 2004 年才全部放开产区和销区的粮食流通和价格。渐进式改革为国家应对农业市场化改革过程中出现的挑战和问题赢得了时间和空间，使得改革政策不会对农业生产和农民生活造成太大冲击，给整个国民经济改革创造了稳定的农业基础条件。

（三）先易后难逐步拓展领域推动了农业市场化改革的全面深化

农业市场化改革涉及产品、要素、服务等多个领域，每个领域的改革都牵涉到一系列科技政策、利益关系、体制机制的调整和变革。改革开放以来，我国先从农村基本经营制度、粮食流通体制、农产品价格等农业领域最为基础、改革呼声最高、与农民利益关系最为密切的领域着手进行改革，顺应时代与民心的要求，解决了最为重要的温饱问题。粮食及主要农产品总量从短缺到平衡，改革达到了初步成果，为下一步深化改革奠定了坚实的基础。随后，农业市场化改革领域逐步拓展，从产品到要素、从国内到国际、从小农经济到现代农业、从单一购销市场到多元市场形态，农业市场化改革全面深化。

（四）重视农业市场主体建设为农业市场化提供了强大的动力支撑

市场主体是市场经济改革的动力。在农业市场化改革过程中，我国十分重视对农业市场经济主体的建设与扶持，使得农村经纪人队伍、农民专业合作社、农业产业化龙头企业、农村种植养殖大户、专业技术能手、专业性生产服务组织等市场经济主体蓬勃发展。这些农业市场经济主体的发育，极大地推动了我国农业市场化的进程，为我国农业市场化改革注入了强大的动力支撑与载体支持。

（五）坚持政府引导与宏观调控确保了农业市场化的改革方向

农业是关系国计民生的基础产业，其地位决定了农业市场化改革与其他行业的市场化改革不同，决不能置于放任不管、任其发展的状态。我国政府在农业市场化建设方面，十分重视运用政府宏观调控来促进农业市场化和现代化的发展，以引导农业市场化改革的正确方向。一是加强对农产品市场和价格的政策保护；二是健全和完善农业宏观管理体制；三是加强对农业生产经营主体进入市场的组织和引导，通过政府发挥"有形的手"的作用，让农业经济要素在市场中实现有效配置。

（六）尊重农民利益和创新精神体现了农业市场化改革的基本遵循

农民和市场的关系问题关乎我国农业市场化改革的成败。农民既是改革的受益者，也是改革的参与者。我国农业市场化改革能够在艰难曲折中不断前行，正是因为正确处理好了国家、集体与农民的关系，激发了农民参与改革的积极性和创造性。改革过程中，我国始终坚持按照自然规律和市场经济规律办事，按照农民的利益办事，因地制宜，从各地的实际出发，尊重市场经济规律和农民的意愿，破除制约农业市场化发展的体制机制障碍，形成了试点先行，总结经验，条件成熟再进行推广的一些好的做法。实践证明，尊重农民和尊重市场的有机统一成为我国农业市场化改革顺利推进的重要经验。

第四节　农业市场化对农业现代化的作用及其影响

市场化是农业现代化的重要特征。从我国改革开放 40 年农业农村发展历程、成效及经验可以得知，农业要实现现代化，必须把推进农业市场化作为重要发展动力与实现手段，发挥市场对资源要素配置的决定性作用，引导资金投入、制度建设、科技发展、改革深入，使农业获得最大的经济效益、社会效益与生态效益。具体来讲，农业市场化改革的深入推进，将对农业生产技术现代化、农业经营管理现代化、农业经济结构现代化、农业基础设施现代化、农业资源环境现代化、农民生活消费现代化产生深远影响。

一、农业生产技术现代化

农业现代化的核心是现代科学技术的进步和综合生产力水平的提高。农业技术进步，最终表现在农产品单产水平的提高和农业生产效率的改进上。在市场机制的作用下，拥有更加高效的生产技术和生产方式，能够帮助农业生产者降低生产成本，提高农业生产效率，从而获得市场竞争优势和更大的收益。同时，农业市场价格也将引导农业科技的投入方向，从而在农业领域兴起新的科技革命，推动我国粮食及重要农产品生产由短缺到平衡再到丰富，使农产品从追求数量满足到追求质量优质。改革开放以来，我国粮食、油料、棉花的单产平均水平均呈现出明显的上升态势（图 3 - 7）。

农业机械化作为农业现代化的一个重要标志，其发展水平体现了一

千克/公顷

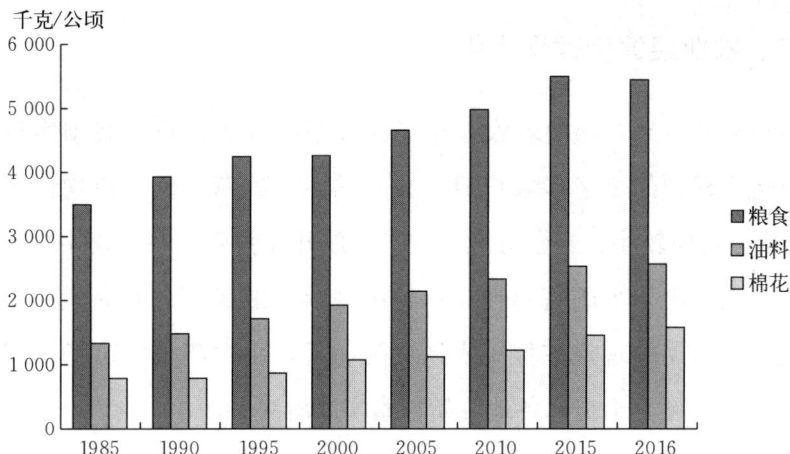

图 3-7　主要农作物单位面积产量

个国家农业生产的平均效率。农业机械化程度与农业市场化发展水平密切相关，由于农业机械化最大的优势是节约劳动力，从而能够显著提高农业劳动生产率，使农产品在市场竞争中处于有利地位。例如，美国、加拿大、澳大利亚等农业经济发展水平较高的国家，农业机械化程度也非常突出，其农产品在国际市场上也具有较强的比较优势。同时，农业市场化竞争也将倒逼一国采用规模化、集约化、标准化的生产手段与生产方式，从而客观上促进了国内对农业机械的研发水平与推动力度。改革开放以来，我国农业机械总动力呈现明显的上升态势（图 3-8）。

亿瓦

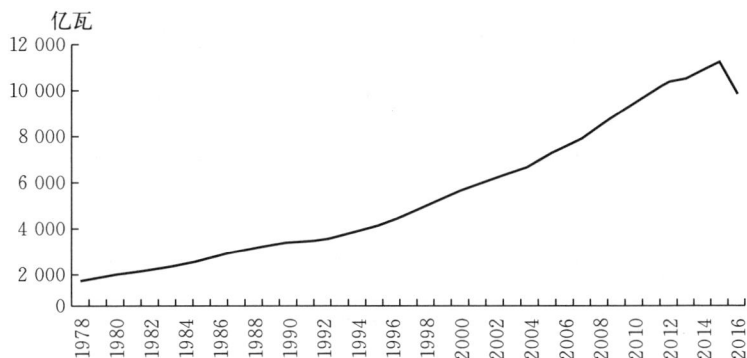

图 3-8　1978—2016 年农业机械总动力

二、农业经营管理现代化

改革开放以来，伴随着农业市场化改革的深入推进，我国实行家庭联产承包责任制的2亿多农户成为独立的生产经营主体，户均面积约为0.5公顷，规模较小，经营分散。农产品放开经营后，农户自主决策，但农业生产表现出很大的盲目性。这种小规模分散经营、商品量小、不能形成规模化商品的现象在传统农区更为明显，小生产与大市场出现矛盾的情况随处可见。于是，各地开始探索实践解决办法。

【专栏3-6】 山东探索农业产业化的典型实践

改革开放之初，农业产业化经营曾在局部地区、个别产业有所萌芽，比如20世纪80年代一些农垦企业中就已经存在这种经营形式，当时被称作农工商综合经营，但没有产生扩散效应和普遍认同。进入90年代，农业作为国民经济的基础产业还比较薄弱，缺少自我积累和自我发展的能力，原有的农业运行机制和生产经营方式已经不适应现代农业发展的要求，需要探索一种更高层次、更加适应生产力水平的运行机制和经营方式。

在这样的宏观背景下，山东省潍坊市认真总结了诸城市贸工农一体化、寿光市依靠市场带动发展农村经济、寒亭区"一乡一业，一村一品"和高密市实行区域种养等做法和经验，组织力量出国考察学习日本农协、法国农业联合体、美国垂直一体化农业公司等管理现代化农业的先进经验。通过总结、对比、借鉴，全市上下形成了共识：要克服和解决农村改革与发展中的深层次矛盾，摆脱农业困境，就必须按照产业化的要求来组织发展农业和农村经济，尽快形成内联千家万户，外联国内外市场的产业化、系列化生产经营体系。在反复讨论、

统一思想的基础上，1992年明确提出了"农业产业化"的概念。

　　1993年年初，潍坊在全市范围内全面实施农业产业化战略，其基本内涵是以市场为导向，以效益为中心，以科技为支撑，围绕主导产业，优化组合各种生产要素，对农业和农村经济实行区域化布局、专业化生产、一体化经营、社会化服务、企业化管理，形成市场牵龙头、龙头带基地、基地连农户，集种养加、产供销、内外贸、农科教于一体的农业经济管理体制和运行机制。其基本思路是确立主导产业，实行区域布局，依靠龙头带动，发展规模经营。确立主导产业，就是充分发挥当地优势，按照市场需求，选择那些市场容量大、单位产出高、经济效益好的产业和产品作为开发重点，把生产、加工、储运、销售融为一体，形成产业优势。实行区域布局，就是围绕主导产业和重点产品，科学规划，合理布局，发展多种专业生产区和各类专业乡镇、专业村、种养大户，建立各具特色的商品生产基地。依靠龙头带动，就是组建和扶持外联市场，内联千家万户，集信息、科研、加工、运销、服务于一体的龙头企业和龙头企业集团，带动广大农民将产品销往国内外市场。发展规模经营，就是围绕提高劳动生产率和农产品商品率，优化组合生产要素，充分挖掘生产潜力，大规模、大批量地组织生产和经营，形成规模优势，实现最佳效益。

　　党的十四大做出了建立社会主义市场经济体制的历史性决策，为农业和农村经济发展带来了前所未有的机遇，探索农业发展新路子的要求就显得更加迫切。潍坊市的做法得到山东省领导的重视，国内理论界也对其进行了相当多的研究，媒体对其进行了广泛的传播，产生了巨大反响。以1994年山东省委1号文件为标志，农业产业化战略进入实施阶段，成为全国范例。

随着农业市场化的深入发展，企业与农户之间的订单农业也开始出现问题，集中表现为契约的不稳定和较高的违约率。在这种情况下，提高农民组织化程度、增强农民市场话语权的呼声越来越强。2003年全国人大开始研究制定农民合作组织的相关法律，并于2006年通过了《中华人民共和国农民专业合作社法》，该法律自2007年7月1日施行以来，农民专业合作社迅猛发展，截至2017年年底，在工商部门登记注册的农民专业合作社达到201.7万家，是2007年年底的77.6倍，年均增长60％；实有入社农户超过1亿户，约占全国农户总数的46.8％；产业涵盖粮棉油、肉蛋奶、果蔬茶等主要产品生产，并扩展到农机、植保、民间工艺、旅游休闲农业等多领域；在专业合作的基础上，农民群众探索出股份合作、信用合作、合作社再联合等多种形式和业态。

【专栏3-7】 《农民专业合作社法》修订

2017年12月27日，十二届全国人大常委会第三十一次会议表决通过修订的《中华人民共和国农民专业合作社法》，由第83号主席令予以公布，自2018年7月1日起施行。

一、调整法律范围

对调整范围的修改，主要体现在两个方面：一是为适应农民专业合作社由单一生产经营模式向多种经营和服务综合化方向发展的转变，在第二条取消了"同类"的限制；二是结合农村民间工艺及制品、休闲农业和乡村旅游资源开发经营等新兴服务类型的发展态势，在第三条以列举的方式扩大农民专业合作社的服务类型。

二、县级以上人民政府建立综合协调机制

第十一条增加一款规定："县级以上人民政府应当建立农民专业合作社工作的综合协调机制，统筹指导、协调、推动农民专业合作社的建设和发展。"

关于是否需要明确农民专业合作社的行政主管部门，当年立法和这次修法都有不同意见。当年全国人大法律委员会在审议该法时明确指出，"农民专业合作社作为一类市场主体，同公司、个人独资企业、合伙企业一样，在法律中也不宜规定'行政主管部门''执法主体'"。这次修订后第十一条第二款整体上维持原来的表述。

三、进一步规范农民专业合作社的组织和行为

（1）第十三条对成员的出资形式予以明确，除规定货币，实物、知识产权、林权等可以用货币估价并可以依法转让的非货币财产出资外，明确土地经营权可以作价出资，以及章程规定的其他方式作价出资。

（2）第十七条对年度报告制度予以明确，要求农民专业合作社向登记机关报送年度报告，并向社会公示。

（3）第二十四条和第二十六条分别对成员入社和除名的程序作了规定，明确都应经成员大会或者成员代表大会表决通过。这样规定，主要考虑：一是实践中不少农民专业合作社都是由理事会对成员变动情况进行审议，体现民主性不够，需要通过法律予以纠正；二是农民作为相对弱势的群体，在加入和退出农民专业合作社过程中有时会受到限制，需要通过具体法条保障"入社自愿、退社自由"原则的落实。

四、增设农民专业合作社联合社一章

适应实践需要，修订后的法律在总则部分明确，农民专业合作社可以自愿设立或加入农民专业合作社联合社，在第七章对联合社的成员资格、注册登记、组织机构等作出规定。

（1）第五十六条规定，三个以上农民专业合作社可以出资设立联合社。对于企事业单位和社会组织能否加入联合社，本条没有明确规定。但第六十三条作了兜底性规定，明确本章对联合社没有规定的，适用农民专业合作社的规定。

（2）第五十七条对联合社取得法人资格的方式作了规定：一是经登记取得法人资格；二是登记机关是工商行政管理部门；三是登记时应按照第十三条提交相关文件；四是登记类型为"农民专业合作社联合社"。

（3）第五十九条对联合社的组织机构作了规定，明确联合社应设立由全体成员参加的成员大会，不设成员代表大会，可以根据需要设立理事会、监事会或者执行监事，理事长、理事应当由成员社选派的人员担任。

五、完善扶持政策

（1）第六十五条中增加一款，规定县级以上人民政府应当对财政补助资金使用情况进行监督，以切实保障补助资金使用到位，提高资金使用效益。

（2）第六十六条新增第三款鼓励农村保险、互助保险的发展，提高农民防范风险的能力。国家通过鼓励农民专业合作社依法开展互助保险，实现成员互助共济，缓解商业保险难的问题。

（3）第六十八条新增用电用地方面的扶持政策，支持农民专业合作社开展农产品加工，降低生产成本，增加收入。

六、其他方面的修改

（1）第七条明确农民专业合作社享有与其他市场主体平等的法律地位，第十八条规定农民专业合作社可以向公司等企业投资，切实解决实践中一些农民专业合作社在向公司投资、从事农产品加工以及其产品进入超市销售等方面存在诸多限制的问题。

（2）第三十二条明确成员代表大会的成员代表规模，解决了农民专业合作社在规模扩大、成员分散情况下，难以召开成员大会对重大事项进行表决的问题。

（3）法律责任方面，加大了处罚力度，第七十条明确对采取欺诈手段取得登记的，可以处五千元以下罚款；情节严重的，撤销登记或者吊销营业执照。第七十一条明确对连续两年未从事经营活动的，工商行政管理部门可以吊销营业执照。强制退出机制的确立，有利于进一步整顿和清理"空壳社""挂牌社""家庭社"，引导农民专业合作社提升发展质量。

（4）第七十三条明确国有农场、林场、牧场、渔场等企业中实行承包租赁经营、从事农业生产经营或者服务的职工，兴办农民专业合作社适用本法，确保上述主体可以成为农民专业合作社成员。

三、农业经济结构现代化

改革开放以来，随着农业市场化改革的逐步深入，农业生产以市场为导向，推动了资源要素的重新组合。国际经验表明，农业结构由种植业向畜牧、渔业转变，体现了农业结构由单一向多元的方向转变，增加了农业附加值，延伸了农业产业链，带动相应的产业发展，推动国民经济生产总值的提升。据了解，经济发达国家的畜牧业和渔业产值占农业产值的50%左右，有的达70%以上。因此畜牧业的地位作用发生重大变化，畜牧业的发达程度和占农业的比重，是衡量一个国家和地区农业现代化水平、总体发展状况的重要标志。

从1978—2016年我国农林牧渔业产业结构的变化可以看出，畜牧业和渔业产值占农林牧渔总产值的比重呈不断扩大趋势，这样的产业结构变化适应了农业市场化的发展要求，是由市场需求变化引导的产业结构升级的表现。从图3-9中可知，2016年我国畜牧业产值占总产值比重为28.3%，渔业产值占总产值比重为10.4%，虽比改革开放初期有所增长，但两者相加之和才达到38.7%，距离发达国家50%~70%的水平还有不小的差距。

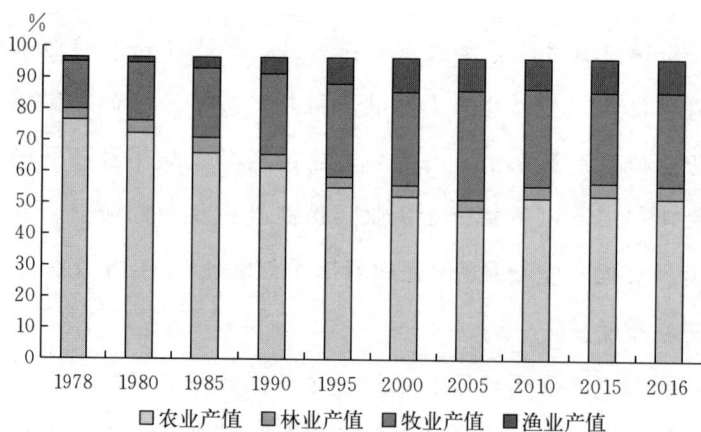

图 3-9 1978—2016年农林牧渔业产业结构

注：按当年价格计算。

从农村非农就业结构看，随着城镇化、工业化、信息化和农业现代化的快速推进，农村从事第一产业就业的人数占比呈现出逐年减少趋势。如图 3-10 所示，1990 年我国农村第一产业就业人数占到农村总数人的 60.1%，到 2017 年该比例下降到 27%，充分说明农村二三产发展势头良好，农村呈现出一二三产同步发展、互相促进的格局。

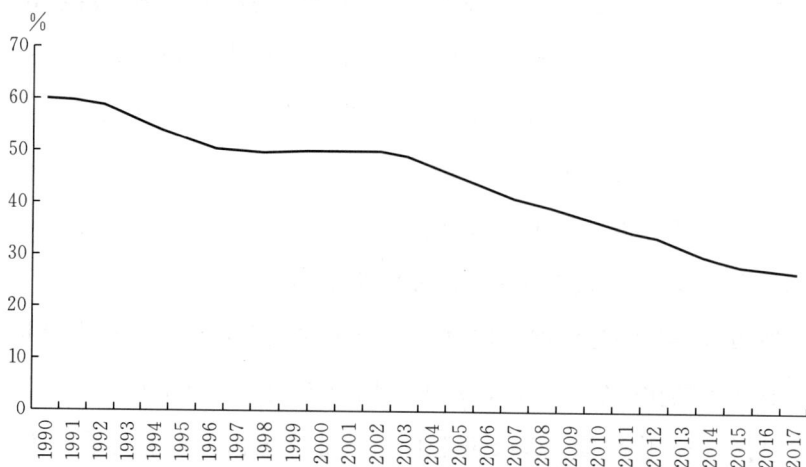

图 3-10 1990—2017年农村第一产业就业人数占比

资料来源：历年《中国统计年鉴》。

四、农业基础设施现代化

农业基础设施是农业发展的基础，农业基础设施现代化也是农业现代化的重要标志。开展农田水利基础设施建设，就是通过兴修灌溉、排水、除涝和防治盐渍灾害等水利工程，实行科学管护，以实现建设旱涝保收、高产稳产基本农田的目标。我国大部分农田水利基础设施于20世纪50年代至70年代兴建，一些农田水利工程老化失修、设备破损、效益衰减严重，难以为继。许多小型农田水利工程设计标准低，配套不全，技术落后，服务功能严重退化（图3-11）。

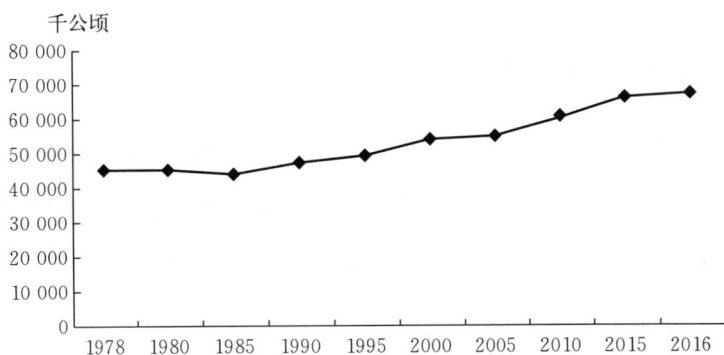

图3-11　1978—2016年耕地灌溉面积

改革开放以来，随着农业市场化进程的深入推进，农业规模化、标准化经营对农业基础设施提出了较高的要求，国家出台了一系列惠农政策，对小微型农田水利工程建设给予补助，极大地刺激了农村兴建以堰塘、机井、小型机台等为主的小型水利基础设施建设。

从图3-12可知，改革开放以来，我国耕地可灌溉面积和农村水电站装机容量均呈现出明显的上升趋势，特别是2004年以后，农村水电站装机容量与之前的年份相比出现了非常明显的增长趋势，这与我国进入新世纪以后实行的工业反哺农业、城市支持农村的战略有关，同时也与2004年以后中央连续每年发布1号文件对农业农村予以政策支持的时间节点相一致。

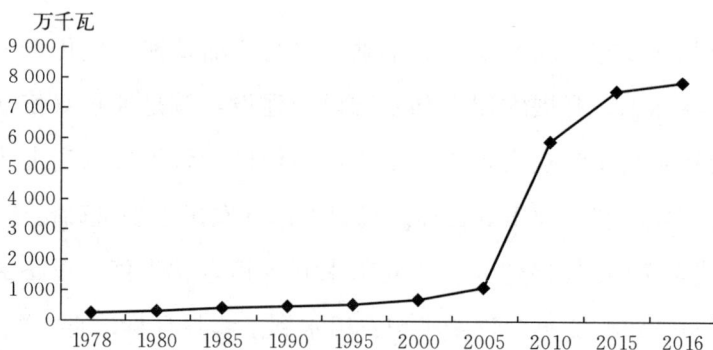

图 3-12 1978—2016 年农村水电站装机容量

五、农业资源环境现代化

农业资源环境现代化是农业现代化的重要组成部分。改革开放以来，为了保障国内农产品稳定供应，中国政府在大力完善农业基础设施的同时，加快农业的专业化、规模化和集约化发展，推动新品种、新技术、新工艺的普及应用，尤其是加大化肥和农药的施用，提高土地产出率、劳动生产率和资源利用率。由此，中国实现了粮食产量的持续提高，2016 年中国粮食总产超过 6 亿吨，蔬菜水果产量超过 7 亿吨，有效保障了国内农产品的有效供给，但这种发展方式也带来资源过度利用、生态环境遭到破坏等问题，成为影响中国农业可持续发展的突出矛盾和问题。

我国农村和农业环境问题与我国农业市场化发展相伴而生。简单地讲，就是原先基于一家一户的小规模低水平循环农业、种养结合模式被依靠化肥、农药投入的化学农业模式所打破，而新型的基于更大规模更高水平的循环农业、种养结合模式没有形成，大量粪便、秸秆等资源得不到有效利用，地力普遍下降，不得不依靠更多的化肥等投入品来保障农作物产量（图 3-13、图 3-14）。

发展农业现代化，不仅是促进农业生产和要素发展，更要将农业资

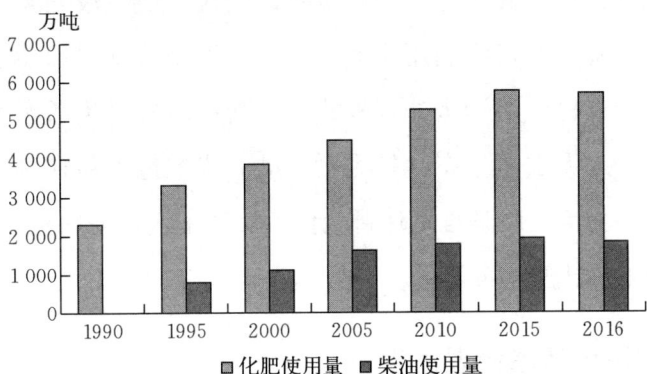

图 3 - 13　1990—2016 年化肥、柴油使用量

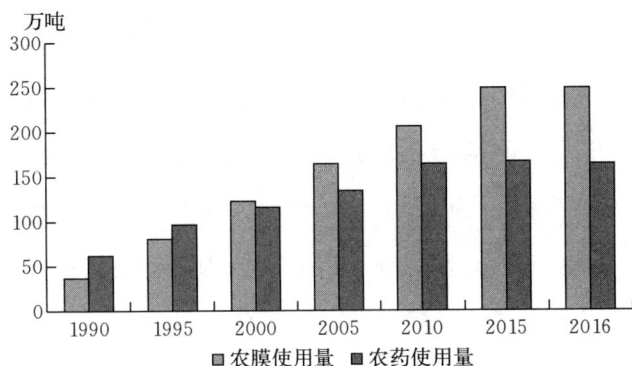

图 3 - 14　1990—2016 年农膜、农药使用量

源环境现代化作为实现农业现代化的重要标志。深化农业市场化改革，必须从引导农业生产方式和农村生活方式转变入手，推动我国农业环境问题的逐步解决。一是通过科学划定禁养区，减少规模化养殖对饮用水源、人口集中区等环境敏感点的环境压力。二是建立粪便、秸秆等有机废弃物"收集—转化—利用"三级体系，引入社会资本，引导农民参与，建立以"用"为核心、以利益共享为基础的治理体系及长效机制。三是进一步推动畜禽养殖业适度规模发展和合理布局，提高种养结合水平，促使更多畜禽粪肥实现就地就近利用，提升地力，促进化肥减量。四是采取奖励和监督相结合的方式，积极落实农村生活垃圾分类，实现农村

生活废弃物减量化、资源化，进一步降低农村生活垃圾处理成本和环境风险。五是以提高水资源利用率为核心，因地制宜地采取生态化、低成本、免维护的农村生活污水处理模式，不断提高农村生活污水处理和利用水平。六是加大农业生态保护力度，进一步推进退耕还林还湿，加大渔业资源保护力度，科学推动休耕轮作，加强土壤污染防治和耕地保护，加快解决农业突出环境问题。

六、农民生活消费现代化

改革开放以来，随着农村社会生产力的发展和生产关系的变革，农民的生活方式发生了很大变化，这些变化通过很多方面表现出来，在消费需求上则通过农村居民的恩格尔系数（人均食品支出占消费支出的比例）可以反映出农民生活消费的现代化程度。根据联合国粮农组织提出的标准，恩格尔系数在 59% 以上为贫困，50%～59% 为温饱，40%～50% 为小康，30%～40% 为富裕，低于 30% 为最富裕。从国际经验来看，发达国家或者富足国家的恩格尔系数一般在 20%～30%。

1978 年时我国农村居民的恩格尔系数为 67.7%，随着改革开放的逐步深入，农民收入不断提高，从而食品支出占总消费支出的比例也出现了下降，到 2016 年降到 32.2%，接近 30%（图 3 - 15）。这说明改革开放 40 年来，我国农村居民的生活发生了巨大变化。恩格尔系数的下降，一方面说明农村的衣、食、住、行、购等物质产品极大丰富，适合农村居民购买的消费品与以前相比更加丰富，农民可以通过市场购买到几乎所有的生活生产消费品；另一方面，说明农民总体上脱离了温饱阶段，食品支出之外的其他支出占到了生活消费的很大比例。

从我国农村居民食品支出内部比例看，粮食消费量呈减少趋势，从 1990 年人均消费 262.08 千克下降到 2017 年 154.6 千克，下降幅度达 41%；食用油和肉类消费显著增长，分别从 1990 年的 5.17 千克、12.59

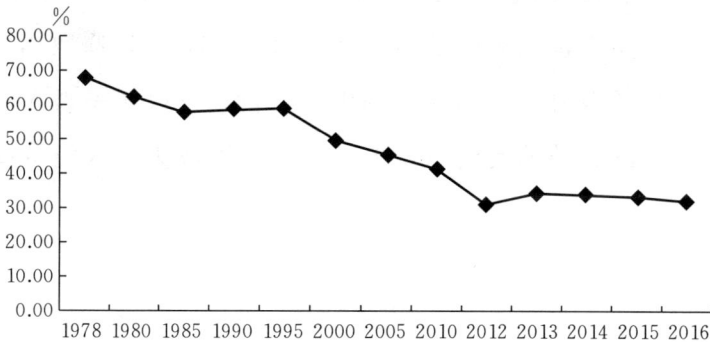

图 3-15　1978—2016 年农村居民恩格尔系数

资料来源：历年《中国统计年鉴》。

千克增长到 2017 年的 10.1 千克、23.6 千克，增幅为 95.4%、87.5%，说明我国农村居民食品消费结构也发生了显著变化（图 3-16）。

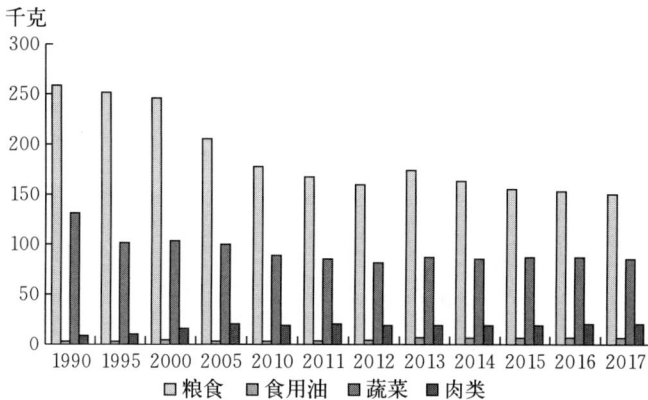

图 3-16　1990—2017 年农村食品消费水平图

资料来源：历年《中国统计年鉴》。

　　随着农业市场化的深入推进，农村交通、物流和通信等基础设施不断改善，加上农村电商的发展以及农民收入的提高，促进了农村消费市场的快速发展。2016 年，乡村社会消费品零售额达到 46 503 亿元，比上年增长 10.9%，比城镇消费品零售额增速高 0.5 个百分点；在全社会消费品零售总额中所占比重为 14.0％，比上年提高 0.1 个百分点；对全社会消费品零售总额增量的贡献率为 14.6％。这些数据说明，农业市场化带来了乡村社会消费品的极大丰富，农村居民收入的逐年增加释放了农村巨大的消费潜力，未来还将发展成为我国经济增长的重要动力。

04

第四章

深化农业市场化改革

新时代推进农业市场化改革有其必要性和紧迫性，针对当前我国农业市场化改革中面临的问题和挑战，明确目标任务和基本思路，在农业产品市场、要素市场、服务市场领域全面深化农业市场化改革。

第一节　推进农业市场化改革的重要意义

改革开放以来，我国农产品供给从严重短缺到供求总量基本平衡、农民生活从解决温饱到奔向全面小康，最为重要的经验就是坚持了农业市场化的改革方向，让市场机制在资源配置中发挥重要作用。进入新的发展阶段，面对资源要素制约，解决农业结构性失衡、生产成本过高以及资源配置不合理等突出问题，提高农业质量效益和竞争力，必须深化农业市场化改革，进一步发挥市场机制作用。

一、破除农业现代化制度障碍

农业现代化是指由传统农业转变为现代农业，把农业建立在现代科学的基础上，用现代科学技术和现代工业来装备农业，用现代经济科学来管理农业，创造一个高产、优质、低耗的农业生产体系和一个合理利用资源、保护环境、有较高转化效率的农业生态系统。农业现代化是一个牵涉面很广，综合性很强的技术改造和经济发展的历史过程。当前，我国正处于从传统农业向现代农业转型的阶段，深入推进农业市场化改革是实现农业现代化的必由之路。

第一，破除农业现代化体制机制障碍需要深入推进农业市场化改革。我国自 20 世纪 50 年代以来形成了城乡二元结构，国家通过工农业价格"剪刀差"的原始积累方式和行政手段，强制性地从农业中转移了大量的经济剩余，导致了农业比较利益的大量外流和不合理丧失，农业投入严重不足，物质技术基础薄弱，农业缺乏自我积累、自我发展、自我循环、自我扩张能力，农业长期处于贫血状态，农业生产和劳动生产率提高缓慢。例如，土地产权残缺不全、缺乏制度保障，农村劳动力外流严重、社会保障缺乏，农村金融供需严重错位等，严重阻碍了农业现代化的进程。破除当前束缚农业现代化的体制机制障碍，需要通过农业市场化改革来加以解决。要进一步改革农业要素市场，使之成为农业现代化快速推进的重要引擎，为农业现代化提供坚实的制度支撑。

第二，提高农业生产力发展水平需要深入推进农业市场化改革。农业生产力是影响我国农业现代化进程的一个最重要的因素。生产力的发展离不开农业科技，只有围绕农业提质增效目标，充分发挥现代科技在农业新成果转化应用中的载体作用、培育新型农民的纽带作用、提升农业生产力水平的支撑作用、创新农业经营体制机制的推力作用，才能顺利实现农业现代化。这就需要通过农业市场化改革，强化顶层设计，创新农业科学技术及其推广体制机制，优化科技资源布局、拓展科技创新领域、壮大农业科技力量、完善农业科技管理，构建适应产出高效、产品安全、资源节约、环境友好农业发展要求的技术体系，提升农业科技创新能力，为中国特色农业现代化建设提供强有力的科技支撑。

第三，调整经济结构培育农业现代化新动能需要深入推进农业市场化改革。具有合理经济结构和内生发展动力是农业现代化的重要内容。农业产业结构调整需要按照"品种优质化、种养区域化、经营一体化"的原则，通过市场化的深入推进来实现农业产业结构优化升级，通过市场来推动各类资源向优良农业品种、优势种养区域、优质产业企业倾斜，鼓励优良品种产品优先生产，扶持优势产业区域、优质品牌企业优先发展。鼓励农业市场经营主体，如龙头企业、农民合作社、专业农协、家庭农场、种植养殖大户等建立"公司＋基地＋农户"生产模式，推动农户小生产向社会化大生产转变。通过构建农业产业健康发展的配套产业链，调整农产品生产—加工—储运—销售等流通服务环节和过程，建立完善种养加、产供销、储运投、贸农工一体化产业链经营模式和运营体系，拉长农业产业链条，扩大农业产业辐射宽度，挖掘农副产品最大潜质。通过市场机制选择培育未来能够适应市场、引领市场的农业现代化新动能，实现新旧动能转换和农业转型升级。

第四，构建具有市场竞争力的农业产业体系需要深入推进农业市场化改革。具有国际竞争力的农业产业体系是农业现代化的重要标志。农业产业体系的培育离不开农业市场化改革的推进，用市场手段引导农民进入市场，强化农业商品意识，促进农业生产质量标准化管理。用市场手段推进农业标准化生产，按照"生产规模化、技术配套化、产品标准化"原则，加快推进农业标准化试验基地、标准化示范基地、标准化生产养殖基地、标准化产业园区建设。要用市场手段建立质量标准化体系，构建完善农业质量标准认证检疫检验体系平台，建立健全农业生产、加工、流通、销售、服务质量标准监测监管机制，加强农业生产全过程质量标准督查。

二、完善社会主义市场经济体制

习近平总书记在党的十九大报告中指出，要"坚持社会主义市场经济改革方向""加快完善社会主义市场经济体制"。要从我国国情出发，在发展中解决前进中的问题，推动新型工业化、信息化、城镇化、农业现代化同步发展。具体来说，完善市场体系要从完善产权制度、完善要素市场化配置、完善市场决定价格机制、完善公平竞争市场环境、健全各类市场主体地位、创新完善宏观调控等六个方面着手。

一是完善农村产权制度，实现产权有效激励。现代产权制度是社会主义市场经济体制的基石，归属清晰、权责明确、保护严格、流转顺畅是现代产权制度的基本特征。完善产权制度要加强产权保护，依法保护各种所有制经济产权和合法权益，依法保护各种所有制经济组织和自然人财产权。要加强对各类产权的司法保护，依法严肃查处各类侵权行为。只有夯实这个基础，才可能实现各种所有制经济依法平等使用生产要素、公平参与市场竞争。我国农村产权制度是社会主义市场经济体制下的现代产权制度不可或缺的重要组成部分，目前来看还处于严重缺位的状态，我国即将开始的农村集体产权制度改革就是为了弥补这个农业市场化改革的缺陷，只有界定清楚农村清晰的产权，才能为进一步深化农业市场化改革奠定坚实的基础，才能为我国农业更加有效地参与国际竞争提供更加强劲的动力支撑。

二是完善要素市场化配置，实现要素自由流动。我国现代市场体系已经取得了长足的进步，但与商品市场和服务市场相比，要素市场建设相对滞后，成为制约劳动力、土地、资金、技术、信息等要素自由流动的主要障碍之一。与城市相比，我国农村要素市场建设则更为滞后，突出表现在农村劳动力进城就业仍然受到城乡、地域、行业分割和身份、性别的歧视，农村劳动力在城市就业的社会保障、医疗教育等问题依然存在；农村土地市场建设滞后，城乡统一的建设用地市场仍未形成，农村家庭承包经营权权能仍需完善，农村宅基地市场仍需盘活；农村金融市场改革较为滞后，农民贷款难贷款贵的现象没有实质性突破，农村金融基础设施与城市相比差距巨大。上述问题已成为制约农业农村经济发展的重要制度障碍，也是我国现代市场体系的重要短板，进一步深化农业市场化改革，才是深化要素市场配置、实现要素自由流动的重要手段。

三是完善市场决定价格机制，实现价格反应灵活。由市场决定价格是市场经济的基本要求和市场配置资源的基本途径，只有当价格信号是真实、客观、灵敏的，才能充分有效发挥价格杠杆的调节作用。我国农产品价格已经全面放开，但政府对粮食等重要农产品建立了诸如粮食最低收购价、临时收储、目标价格等调控机制，从目前运行情况来看，这些调控手段还有很大的完善空间，需要继续加强市场的决定性作用，实现由农产品真实价格来反映市场的真实需求。只有继续深化农业市场化改革，才能让农产品价格成为有效信号引导生产和需求，从而引导我国的农业供给侧结构性改革，加快农业转型升级的步伐。

四是完善公平市场环境，实现统一开放有序竞争。公平竞争是市场机制发挥作用的必要前提。营造公平竞争的市场环境，要加强社会主义法制建设，打破地域分割和行业垄断，清除市场壁垒，加快清理废除妨碍统一市场和公平竞争的各种规定和做法，建立健全社会信用体系，营造诚实守信、公平竞争的市场环境。当前我国农村市场环境还有很大的提升空间，突出表现在农产品质量安全监管形势依然严峻，特别是跨地域安全可追溯体系亟待完善，农村社会信用体系严重滞后于城市，农产品压级压价、滞销伤农等情况时有发生，严重影响了农民生产积极性和地方农业发展。只有通过深化农业市场化改革，才能优化农村市场竞争环境，实现农业统一开放有序竞争。

五是健全各类市场主体地位，实现优胜劣汰。市场主体是社会主义市场经济的主要参与者与活力之源。当前，我国农村市场主体多样发展，农业企业、农民专业合作社、家庭农场、专业大户、农业社会化服务组织等在农业市场经济中均发挥着各自不可替代的重要作用。但是，上述这些新型农业经营主体的发展还处于初级阶段，各地发展不平衡，普遍存在着规模偏小、发育不足、人才缺乏、融资困难、运行不规范、带动能力不强等问题。社会主义市场经济就是要让各类市场主体实现充分发展和优胜劣汰，只有深化农业市场化改革，才能让各种类型的农村市场主体在市场竞争环境中实现自我发展，从而有效巩固我国社会主义市场经济的主体基础，发挥市场经济活力。

六是创新完善宏观调控，更好地发挥政府作用。经济体制改革的核心问题是处理好政府与市场关系。加快完善社会主义市场经济体制，必须通过科学、适度、有效的宏观调控，更好发挥政府作用。改革开放以来，我国初步建立了适应农业生产特点的农产品支持保护体系和宏观调控机制，但仍然存在着调控手段不当、调控目标不明、调控效果不明显等问题，导致农产品市场价格扭曲，国外农产品对国内市场造成较大冲击，农民利益受损的情况时有发生。只有加快农业市场化改革，才能倒逼政府加快健全适应国际国内农产品市场的宏观调控体系，既尊重市场作用和农业经营主体地位，又全面正确履行政府职能，既保护国内农业产业，又有效利用国际资源，实现国内国际两个市场协调发展。

三、促进现代农业转型升级

2018 年中央 1 号文件着重提出，要以农业供给侧结构性改革为主线，加快构建现代农业产业体系、生产体系、经营体系，提高农业创新力、竞争力和全要素生产率，加快实现由农业大国向农业强国转变。推进农业供给侧结构性改革，需要深化农业市场化改革，既要充分发挥市场配置资源的决定性作用，也要提高农业国际化质量水平，加快推进农业农村现代化。深化农业市场化改革是有效促进农业转型升级的迫切需要。农业的主要矛盾已由总量不足转为结构性矛盾，突出表现为阶段性供过于求和供给不足并存，矛盾的主要方面在供给侧。

一是重要农产品供求总量结构失衡，农业转方式调结构任务艰巨。在粮食多年持续增产的情况下，我国主要农产品的供需格局已经由过去供求偏紧转向供需总体平衡，部分品种供过于求，个别产品供不应求，尤其在大宗农产品供给中，供给结构矛盾问题突出。主要品种表现在玉米产得太多，库存量过大，大豆产量少，进口保持高位，农业种植业结构矛盾突出。作为主粮的小麦，产量基本稳定，但强筋、弱筋进口增加，国产优质小麦对进口小麦的替代能力仍有差距。一般品种供给多、优质品牌供应少，国外品牌名牌食品抢占国内市场的趋势越发明显。农产品品牌影响力仅停留在局部区域，跨省跨区域的不多，品牌的社会信任度不高，国际知名品牌少，农业品牌状况与农产品大国的地位不相称。当前，我国人均 GDP 已经突破 8 000 美元，城乡居民消费进入由过去追求温饱转向追求消费质量转变期。在这个时期，绿色、有机、无公害等个性化、高端高品质的农产品需求急速增加，而传统、低端、大陆货的农产品需求明显降低。这反映了我国经济发展到了新时代，人民生活水平提高，也突出反映了农产品供需结构不适应消费需求升级变化，需要提升农业市场化水平，确保农业转型升级、提质增效，这不仅要求农产品要在调结构上下功夫，更需要在全面提高产品质量上不懈努力。

二是农业发展还存在诸多短板，亟须促进农业产业融合提升农业质量效益和竞争力。农业供给侧还存在诸多短板。农业投入少农产品生产成本迅速攀升，"降成本"成为农业发展的当务之急。入世时，我国承诺农产品"黄箱"补贴不得超过产值的 8.5％，加之国内农业支持的目标对象是数以亿计的生计型农业人口，而不是商业化的农场主，我国对农业的支持程度要远远低于发达国家和地区。近年来，我国农业生产成本快速上涨，以三大主粮为例，连续增产期间，每公顷投入的年均增速均超过10%，尤其是人工成本与土地成本，两者占总成本的比例由2004年的不足50%跃升到2017年超过60%，成为最主要的成本来源，成本增长速度远快于农业投入或补贴的增长速度。农业科技、农业人才素质、基础设施建设、农业金融等"短板"日益凸显，补短板需要持续发力。种业方面的科技研发投入不足，缺乏创新产品，核心竞争力不强，难以与大型跨国种业竞争，国外品种在国内市场的份额越来越高，自主品种有被边缘化的趋势。随着老龄劳动人口逐步退出、年轻人不愿意务农人员增多，"谁来种地"的担心成为现实，农业劳动力整体质量和健康持续水平难以满足当前生产发展需要。基础设施建设和中低产田改造滞后，粮食千亿斤工程、土地治理、基本农田保护示范、小型农田水利建设等项目实施过程中衔接不畅、投资分散、重复建设、效率低下等问题突出。与此同时，受有效抵押物缺乏等因素影响，农业金融领域一直以来都是改革的难点所在。农业生产主体发展生产的金融需求不能得到有效满足，从很大程度上制约了现代农业的快速发展。市场主体组织化水平不高，农业社会化服务体系尚不能满足新型市场主体的有效需求。随着城镇化水平、城乡居民消费健康意识提升以及国内外市场深度融合，要求农村市场提供更多优质、绿色农产品。与经济发展和国内外市场对农产品需求扩充相比，我国农业市场主体组织化程度不高、专业化不强、产业化水平低，农业的规模效应和比较优势发挥不足，市场主体抵御自然风险和市场风险的保障机制尚未建立，与农产品需求大市场相差甚远。农业社会化服务是提高农村市场主体组织化程度、解决小生产和大市场矛盾的重要手段，而社会化服务机构同新型市场主体间的衔接机制仍待完善，公益性服务组织运行机制僵化，公益性职能定位不清问题尤为突出，多数经营性组织和农户之间的利益共享、风险共担的合作机制也尚未建立。同时，政府购买社会化服务有效机制仍未理顺，难以调动农村市场主体的积极性。解决这些矛盾和问题，亟须通过继续深化农业市场化改革，促进农村一二三产业融合发展，开发农业多种功能，提升农业发展质量，不断发展农村新产业新业态，延长农村产业链价值链，促进产业融合发展，提升农业发展质量效率和竞争力。

三是农业资源过度利用与生态环境状况恶化问题突出，农业可持续发展任重道远。我国人多地少水缺，人增地减水紧的国情决定了农业发展必须走农业可持续发展道路。长期以来，由于传统工业化及实行高投入、高产出的农业生产方式，导致资源过度利用，生态环境进一步恶化，带来了土地超垦过牧、土地重金属污染、水土流失严重、面源污染加剧等问题凸显，出现了资源和环境超载的现象。随着人口政策的松动和放开，我国人口规模还将会增加，根据有关机构预测，到 2030 年我国人口总规模将达到 15 亿左右；随着城镇化、工业化的推进，工业发展和城镇化建设均需占用土地，土地资源减少的趋势不可避免；在水资源比较短缺的情况下，我国水资源与农业生产的区域布局严重错配，长江以南地区占有 83％的水资源，但是我国农业主产区主要集中在北方，从而加剧了水资源紧张的局面。面对农业资源环境约束不断增强的压力，需要通过推动农业供给侧结构性改革，转变农业发展方式，推动资源永续利用，促进农业转型升级，实现农业可持续发展。

从发达国家经验看，农业市场化是实现农业农村现代化的起点和基础。我国要在社会主义市场经济条件下推进农业现代化，也必须以市场化为基础，推动土地、技术、人才、资金、管理等资源要素按照市场法则优化配置，提升农业集约化、专业化、产业化、商品化水平，以市场需求为导向调整完善农业生产结构和产品结构，以经营方式创新为抓手发展农业适度规模经营，以科技创新为支撑增强农业竞争力，以绿色发展为引领提升农业质量效益，以健全市场机制为目标改革完善农业支持保护体系，以尊重自然生态社会规律为遵循促进乡村功能多元发展，提升我国农产品的质量效益和农业产业的市场竞争力，提升满足人民对美好生活需要的能力，重点解决城乡发展不平衡农业农村现代化不充分的问题。

第二节　农业市场化改革面临的挑战与问题

中国是世界上最大的发展中国家，也是世界上人口最多的国家。新中国成立以来，我国农业市场化改革进行了曲折的探索与实践，虽然取得了不错的成绩，但在新时代推进农业市场化改革仍然面临着一些挑战和问题亟待解决。

一、农业市场化改革面临的挑战

新中国成立后，为尽快建立满足自身需求的国防和工业体系，中国效仿苏联，实行政府作为分配资源手段的计划经济，通过人民公社制度、统购统销政策、限制城乡人口户籍流动等一系列计划经济手段，优先发展重工业和城市，却导致了农业农村发展的落后局面。当时的农业生产情况是，农民生产积极性不高，粮食产不足需。直到 20 世纪 70 年代末，基层农民自发地创新农业生产经营制度，包产到户、包干到户等新型农业经营形式不断涌现，获得了各地农民的大力支持，并且逐渐得到党中央认可，最终开启了我国农业市场化改革的进程，也拉开了我国市场经济体制改革的序幕。

改革开放以来，党中央、国务院坚持将市场化作为农业经济领域改革的方向，将市场作为农业资源配置的主要手段，通过一系列改革举措，有力地推进了农业市场化的改革进程。这 40 年来，粮食产量由 1978 年的 3 亿吨，增加至目前的 6.2 亿吨，由产不足需发展到现在的总量基本平衡、丰年有余，成功解决了全国人民的温饱问题。农民收入由 1978 年的 134 元上升到 2016 年的 12 363 元，年均增长 13%。

加入 WTO 后，中国农业逐渐融入农业全球化进程，开启了农业与世界接轨的新时代，成为影响世界农产品贸易格局的重要力量。党的十八大以来，中国经济发展进入新常态，新旧动能转换，农业市场化改革进入攻坚期。当前，中国农业正处于从传统农业向现代农业转型的关键阶段，农业发展理念加快转变，农业发展方式加速转型，中国农业发展正面临着"千年未有之大变局"，转型过程中的矛盾冲突和国际国内市场的双重挑战给中国农业市场化深入推进带来了新的挑战。

一是如何处理发挥好政府作用与市场作用的关系。从国内市场看，按照中共十八届三中全会精神，要让市场在农业资源配置中起决定性作用，而目前农业上很多依靠政府支持和保护的领域如何放开，放开之后的替代支持手段如何设计与跟进；从国际市场看，世界各国均对本国农业实行不同程度的支持保护，同时又受到 WTO 贸易规则的挑战，如何平衡好对国内农业支持保护与利用国际贸易规则之间的尺度，也是中国农业市场化改革必须解决的现实问题。

二是如何处理好保障粮食安全与提高农民收入的关系。受农业资源禀赋影响，中国粮食类农产品的国际竞争力较弱，国内对粮食类农产品实行了较高程度的支持保护，以增加农民种粮收入，保障国家粮食安全和农民利益。然而，高保护必然付出高代价，除了加大国家财政压力，在国内高保护程度逐渐接近"黄箱"支持上限和开放市场条件下高保护也接近无法奏效的情况下，农业支持保护政策的转型如何兼顾保障粮食安全和稳定提高农民收入的双重目标，需要在继续深化农业市场化改革的过程中进行制度创新。

三是如何处理好农业现代化与可持续发展的关系。进入 21 世纪以来，中国现代农业加快发展，农业综合生产能力不断增强，保障了农产品的有效供给。但这种以增产为导向的农业生产方式，导致农业资源过度开发、农业投入品过量使用、地下水超采以及农业污染加重等一系列问题，农业可持续发展面临重大挑战。如何正确处理农业现代化与可持续发展的关系，将成为衡量现代农业发展和农业市场化改革成败的重要标准。

二、农业市场化改革存在的问题

中国特殊的国情、农情和发展阶段决定了中国农业市场化不可能照搬其他国家的农业市场化模式。所以，在中国从传统农业向现代农业转型的关键时期，必须坚定不移地坚持农业市场化改革方向，转变思路，锐意进取，创新体制机制，解决好改革过程中存在的突出问题，处理好改革过程中面临的复杂关系，走有中国特色的农业市场化道路。

（一）关于粮食等重要农产品价格形成机制问题

粮价是百价之基，关乎国家粮食安全和社会经济发展稳定。完善粮食等重要农产品价格形成机制，就是要进一步发挥市场机制在农产品价格形成中的决定性作用。

在我国农业市场化进程中，粮食价格形成机制问题一直是农产品市场化改革的重点和难点。当前，在中国经济进入新常态、农业发展方式迫切需要转型的形势下，国内农业生产成本快速上升，国内粮食价格普遍高于国际市场价格，加工企业倾向于进口。以最低收购价或临时收储价收购的农产品无法顺价销售，库存积压，尤其是玉米，造成了"洋货入市、国货入库"的现象。仓储费用和贷款贴息成为财政的沉重负担。上述现象的发生，一方面是中国粮食等大宗农产品缺乏竞争力，另一方面也反映出国内粮食价格政策对市场的扭曲。

种粮农民利益问题反映在宏观层面就是国家粮食安全问题。2014 年中央 1 号文件提出逐步建立农产品目标价格制度，这个文件给种粮农民的政策信号是，国家不再以托市价格敞开收购主要农产品，农民出售的农产品价格将随行就市，但在市场价格低于目标价格时，国家将按差价补贴生产者，保证农民的利益不受损失。目前，国家继续对棉花实施目标价格政策，玉米、大豆实行"市场定价、价补分离"政策，粮食价格出现下降并逐渐向市场价格回归。在价格回归过程中，对于以种粮为主业甚至是唯一收入来源的农民，尤其是对种粮专业大户或家庭农场主来说，影响巨大。种粮农民利益受损，将直接威胁到国家粮食安全。所以，现阶段粮价改革的核心问题就是如何妥善处理好保障种粮农民利益与推动粮食价格市场化之间的矛盾。

粮食价格调控政策的前提是要确保对粮食的支持不减少，对农民收益的保护不下降，国内粮食生产不出现大起大落。具体来说：完善粮食最低收购价政策。要坚持市场化的改革方向，树立最低收购价格可升可降的新理念，探索粮食最低收购价形成的新机制。配套出台农民"种粮收益补贴"政策，与农户种植粮食面积挂钩，保护农民种粮收益，确保粮食生产不出现大的波动。坚持大豆、棉花、玉米市场化改革方向。继续在新疆实行棉花目标价格补贴政策，根据改革中出现的新情况、新问题随时完善实施方案；对内地棉花实行生产环节补助政策，降低内地棉花生产成本。坚持当前玉米和大豆的"市场化收购＋固定补贴"的政策方向。完善粮食等重要农产品储备制度。按照政策性职能和经营性职能分离的原则，改革完善中央储备粮管理体制；深化国有粮食企业改革，发展多元化购销主体；借鉴国际上保障粮食安全的通行做法，合理确定我国粮食战略储备规模和水平。加快构建农产品价格保险支持政策。继续加大对农业保险的支持力度，提高中央、省级财政对农作物保险的保费补贴比例，扩大农作物保险覆盖范围，增加重要农作物保险品种；健全保险管理制度，建立再保险制度和巨灾风险保险制度；探索粮食目标价格保险、收入保险等保险险种，增强农户尤其是规模种粮户的抗风险能力。

（二）关于保持农民收入持续稳定增长问题

在农业市场化改革过程中，保持农民收入持续稳定增长是保障农产品市场有效供给和持续稳定发展的重要因素。历史经验证明，一旦农民收入出现下降或徘徊，农产品市场和农业农村经济发展就会出现波动，农业市场化改革进程就会受到影响。所以，推进农业市场化改革必须将保持农民收入持续稳定增长放在非常突出的位置。此外，农村劳动力市场的充分发育也是农业要素市场改革的核心内容之一。而且，如何在农业市场化改革进程中，为农民增收提供更多动力，增加更多潜力，激发更多活力，这不仅是农民增收的问题，更是整个国民经济健康稳定发展的问题，也是全面建成小康社会和实现中华民族伟大复兴中国梦的问题。

中共十八届五中全会审议通过了《中共中央关于制定国民经济和社会发展第十三个五年规划的建议》。《建议》提出，"十三五"时期，农民增收要实现两个目标：一是到 2020 年农民人均收入比 2010 年翻一番；二是城乡收入差距缩小。从当前及"十三五"时期我国发展环境分析，应该说实现"翻番"的把握较大，但实现"缩差"的难度不小。近年来，随着中国经济发展进入新常态，农业市场化成本加大，农业竞争力不足问题凸显，导致农民增收面临着许多困难和挑战。农民经营性收入受农业竞争力不足及农业转型等因素影响增收势头易出现徘徊。一方面，目前我国主要大宗农产品价格已普遍高于国际市场，只有下行压力，没有上涨动力。另一方面，农业生产成本持续提升的趋势已不可逆转，主要是地租、人工成本、农机作业费用等上涨较快。这种局面之下，农民收入中来自农业生产经营的收入很可能不增反降。农民工资性收入受经济环境、产业周期影响较大。农民工资性收入一直以来都是农民增收的主要引擎，而且随着中国城镇化进程的加快推进，农民工人数也在逐年增加。但近几年我国农民外出务工人数有所下降，农民工工资增长幅度有所降低，这充分反映了经济从高速增长转为中高速增长对农民工市场的不利影响。农民转移性收入的增长空间有限。财政对农业农村投入的增速减缓，同时农业补贴扩大的空间也受到限制。在新常态下，国家财政收入已从过去20%以上的超高速增长降为5%～8%的常规增长，加之我国农业补贴已经接近8.5%"微量允许"的上限，继续增加"黄箱"补贴空间很小。农民财产性收入的潜力释放尚需时日。当前，农业市场化改革逐步推进，特别是农村宅基地、集体经营性建设用地改革，将为农民增收增加新的潜力，但这些改革尚需时日，改革红利的释放还未到来。

因此，现阶段及今后很长一段时间，要保持农民收入持续稳定增长，要从市场和政府两个方面同时发力，但主要还是依靠市场的决定性作用。市场解决初次分配的问题，注重效率，核心是提高农民的经营性收入和工资性收入，这是农民收入的主要组成部分；政府解决二次分配的问题，注重公平，核心是提高农民的转移性收入和财产性收入，这是未来农民增收的潜力所在。具体来说：一是推动产业发展转型，提高农业质量效益。推进多种形式的农业适度规模经营，不断提高农业生产效率。推动一二三产业融合发展，让农民分享产业链增值收益。提升农业品牌经营水平，增加农业经营利润。二是推动农民创新创业，拓展就业增收空间。继续引导农村劳动力外出就业，持续较快增加农民务工收入。支持农民创业创新，培育农民增收新动力。三是强化农业支持保护，确保农业收入稳定。进一步加大财政对农业农村的投入力度，继续改善农村生产生活条件。加大农业补贴力度，确保转移性收入稳定增长。改进农业宏观调控，完善农产品价格形成机制。四是全面深化农村改革，夯实农民增收基础。深化农村土地制度改革，充分保障农民的土地财产权益。推进农村集体产权股份合作制改革，充分保障农民的集体股份收益权。深化农村金融改革，切实改善农村金融服务。

（三）关于农业要素市场与产品市场改革协调推进问题

农业要素市场和产品市场是农业市场的主要组成部分。要素市场是产品市场的上游市场，要素市场的资源配置情况直接影响到产品市场的供给与稳定，要素市场的发育程度关系到产品市场的运行效率。在农业市场化改革过程中，产品市场改革的进程较快，农业要素市场由于涉及土地、劳动力、资金等较为敏感的资源要素，改革较为谨慎。从目前情况看，农业要素市场的改革已大大落后于产品市场，成为农业市场化改革的掣肘，迫切需要通过加大对农业要素市场的改革力度，来破除实现农业现代化面临的体制机制障碍。例如，土地流转市场建设的滞后，影响了农业适度规模经营的发展和农业生产率的提高；农村金融市场改革的困境，影响了农业生产及现代农业建设；农村劳动力市场发育的滞后，影响了新型农业经营体系建设及传统农业向现代农业转型的进程。

因此，要从供给侧着手，改革制约我国农业要素市场化的体制机制，使之与产品市场协调推进，为实现农业现代化提供坚实的制度保障。一是赋予农业要素相应的市场权能。深化土地、劳动力、金融、科技等农业要素市场改革，用法律手段赋予农业生产要素应有的市场权能，建立城乡要素之间的平等交换关系。二是健全农业要素市场制度。深化农业资源要素价格体制改革，建立和完善能够发挥价格导向和支配作用的价格机制。推进农业资源要素市场流通体制改革，建立和完善能够促使资源要素市场供求关系趋于合理的供求机制。三是推动农业信息化加快发展。加快农业信息化基础设施和服务能力建设，提高农村信息基础设施建设和技术装备水平，培育基于信息化的农业市场新业态，建立健全相应的制度保障体系。

（四）关于现代农业建设中的可持续发展问题

改革开放以来，为保障国内农产品的持续有效供给，中国政府在大力完善农业基础设施的同时，通过农业市场化的手段来配置农业生产要素资源，不仅促进了农业分工分业的发展，而且客观上要求农业采用专业化、规模化和集约化的发展模式，推动新品种、新技术、新工艺的普及应用，尤其是加大化肥和农药的施用，来提高土地产出率、劳动生产率和资源利用率。这种发展模式，使中国实现了农产品产量的持续提高，2016 年中国粮食总产超过 6 亿吨，蔬菜水果产量超过 7 亿吨，有效保障了国内农产品的有效供给。但这种发展方式也带来资源过度利用、生态环境遭到破坏等一系列问题：一是以增产为导向的农业生产模式带来了农业资源的透支，具体表现在耕地和水资源瓶颈日趋显现，农业资源地域分布不均、质量相差悬殊，后备资源不足等方面；二是专业化规模化生产带来严重的环境污染问题，具体表现在土壤污染对食品安全构成严重威胁，农业成为水体污染物排放的重要来源，大气污染对农业生产影响严重，农业生产废弃物综合利用率低等方面；三是单一品种推广和大量化学要素投入打乱了生态自身平衡，具体表现在生物资源遭到破坏，生物多样性受到威胁，农业生态系统恶化，自然灾害频繁等方面。

农业市场化过程中对生态环境带来的负面影响还需在市场化进程中加以解决。下一步要将深化农业市场化改革与促进农业绿色发展相结合，增强农业的可持续发展能力。一是实施农业标准化战略，支持农产品开展"三品一标"认证登记，突出优质、安全、绿色导向；二是加强市场监管，深入推进化肥农药使用量零增长行动，促进农业节本增效；三是以农产品市场供需信号为依托，扩大耕地轮作休耕制度试点，制定完善轮作休耕技术方案；四是全面提升农产品质量安全水平，健全农产品质量安全监管体系，强化市场风险管理和属地责任。

第三节　深化农业市场化改革的思路和任务

作为世界上最大的发展中国家，中国农业具有自身独特的地位。从农业资源禀赋上看，中国的特点是人多、地少、水缺。当前我国人口数量为 13 亿人，居世界第一；人均耕地面积只占世界平均水平的 1/3，且耕地地块分散；人均水资源占有量仅占世界平均水平的 1/4，且时空分布不均。从工业化进程来看，目前中国正处于工业化进程的中后期，人均GDP 接近 8 000 美元，正处于超越"中等收入陷阱"进入发达国家行列的关键阶段。此外，每年还有世界独有的约 2.45 亿人口，在城乡之间"候鸟式"的大规模人口迁移活动。从农业经济发展阶段看，目前中国正处于传统农业向现代农业的转型时期，现代化农业生产和传统的小农经济将在未来很长一段时间内共存共生；农业现代化明显落后于工业化、信息化、城镇化的发展步伐。从农产品生产与贸易角度看，中国是世界农产品生产大国，生产了占世界 23％的谷物、60％的蔬菜、30％的水果和肉类、40％的禽蛋和水产品；同时，中国还是世界农产品贸易大国，中国农产品进口总额居世界第二位，出口总额居世界第六位，每年中国进口的农产品相当于在国际市场上租用了 7 亿亩土地的面积。

一、推进农业市场化的基本思路

从中国实际、农业特点、市场规律出发，推进中国农业市场化的基本思路是：坚定不移地走有中国特色农业市场化道路，发挥市场在资源配置中的决定性作用，推进农业供给侧结构性改革，妥善处理好政府与市场的关系、国内与国际的关系、稳定和放活的关系，因地制宜、分品施策，在农业产品市场、要素市场、服务市场领域，全面深化农业市场化改革。

（一）农产品市场化改革要分品种施策

我国农产品品种丰富多样，按照农产品的需求价格弹性和需求收入弹性，可将农产品分为主粮类农产品、大宗加工原料农产品、生鲜农产品和高端消费畜产品。其中，主粮类农产品主要包括稻米、小麦、玉米、马铃薯，大宗加工原料农产品主要包括大豆、棉花、食用油、食用糖，生鲜消费农产品主要包括蔬菜、水果、猪肉、禽蛋、水产品，高端消费畜产品主要包括牛肉、羊肉、禽肉、奶类。

从我国国情出发，根据对不同农产品的消费需求特征、农产品竞争力差异、未来发展潜力等因素，我国农产品市场化改革的基本原则是：以市场化改革为方向，发挥市场在价格形成中的决定性作用。改革目标是：保障国家粮食安全，保护农民种粮收益，全面提升农产品市场竞争力。

改革思路是：根据不同品种的产业格局、对国计民生的影响、产品特点分类施策。主粮类农产品，探索粮食最低收购价形成新机制，改革收储制度，坚持和完善"市场化收购＋生产者补贴"的政策方向。大宗加工原料农产品，在稳定国内有效供给和保证口粮绝对安全的基础上，坚持大豆、棉花、糖料的市场化改革方向。生鲜消费农产品，突出产品质量安全水平的巩固提升，加大国产优质品种的研发与推广，强化优势产业布局，形成区域化、品牌化、差异化的市场竞争格局。高端消费畜产品，注重本土市场品牌的培育与推广，推进标准化清洁健康生产，以高品质打造好品牌，以好品牌开拓大市场。

（二）农业要素市场化改革要实现赋权于民

农业要素市场的充分发展是农产品市场健康有序运行的基本条件。我国农业要素市场化改革的基本原则是：以市场化改革为方向，发挥市场在要素价格形成中的决定性作用，真正实现赋权于民。改革目标是：推进土地、金融、劳动力等要素在城乡之间平等交换，实现城乡统筹协调发展，让农民共享改革发展成果。

改革思路是：土地市场，完善农村集体土地产权制度，建立城乡统一公开的土地交易市场和公共信息平台，健全土地流转监管机制和土地节约集约利用考核评价机制，提高土地使用效率。金融市场，建立城乡资本市场一体化组织平台，加大政策性银行支农力度，规范农村民间金融发展，完善农业保险体系。劳动力市场，加快推进城乡公共服务均等化，建立健全统一的人力资源和劳动力市场。加快培育农业科技人员和新型经营主体，促进人力资源城乡双向流动。

（三）农业服务市场化改革要实现公益性和经营性服务协调发展

健全与发达的农业服务业是农业市场化的重要特征。改革开放以来，面对家庭承包经营制度改革后的小农户与大市场之间的矛盾，我国一直较为重视农业社会化服务体系建设。然而，受机构、人员、资金等因素影响，我国农业公益性服务组织的支撑能力逐渐弱化。此外，经营性农业社会化服务体系建设也较为滞后，市场经营主体规模偏小、服务领域不广、服务发展无序等问题，已成为我国发展农业适度规模经营和实现农业现代化的重要瓶颈。农业服务市场发展滞后于农产品市场、农业要素市场发展，需要从战略层面对农业服务市场化改革进行规划与支持。

我国农业服务市场化改革的基本原则是：以市场化改革为方向，加强农业经营性社会化服务的市场主导地位，发挥农业公益性社会化服务的基础支撑作用，把好准入关，打好创新牌。

改革目标是：加快重点领域、关键环节的农业生产性服务市场化进程，培育新型农业服务主体，扶持新业态、新商业模式等创新驱动发展方式，营造农业生产性服务业发展的良好环境。

138

改革思路是：农业公益性服务，加强服务的基础支撑能力。探索创新农业社会化服务推广新机制，强化公益性职能履行，加强对市场化服务主体的指导和服务。农业经营性服务，加快推进市场化进程，大力发展新型农业经营主体，创新农业社会化服务市场化供给机制，营造农业服务市场发展的良好环境，规范农业社会化服务市场行为，促进公益性和经营性服务协调发展。

二、推进农业市场化的重点任务

从我国 40 年的改革开放历程看，选择推进农业市场化的道路具有客观规律性和历史必然性。农业市场化顺应了时代潮流和世界经济发展方向，使我国由一个粮食短缺、农村落后、农民贫困的国家迅速发展成为粮食基本自给、农村面貌改善、农民稳步迈向小康的经济大国。农业的稳步发展为国民经济起到了重要的压舱石作用。改革深化阶段，要通过培育具有竞争力的市场主体，发育健康的产品市场，完善要素市场，拓展国际市场，发展中介组织，健全法制环境等措施，深入推进农业市场化改革，为全面建成小康社会和中华民族伟大复兴中国梦的实现提供基础支撑。

（一）培育市场主体

农业市场主体是指在市场经济条件下，具有法律意义上的独立化人格，能够根据市场价格变动和供求关系，自主做出生产经营、社会化服务、销售管理的经营组织或个人。改革开放以来，参与商品流通领域的人数日益增多，农产品商品率逐年提升，农村集贸市场逐步完善，农村市场主体已呈现多元化并存、市场化竞争的格局。中共十八大以来，我国已经初步构建起集约化、专业化、组织化和社会化相结合的新型农业经营体系，家庭农场、种粮大户、合作社、农业企业等新型经营主体迅速发展，已逐渐成为壮大农业产业的中坚力量。随着"一带一路"倡议的深入推进，有些农业企业已走出国门，参与国际竞争，在全球范围内进行配置资源，有些合作社、家庭农场等新型农村市场主体运用电商平台把产品销往海内外。

　　然而，浅层次市场外延规模的扩大，并不代表农村市场主体发育成熟。当前，我国农村市场主体发育还存在亟须解决的突出矛盾和问题：一是农村市场主体组织化水平不高，尚不能完全满足市场的有效需求。农业的总量问题得到了比较好的解决，而农业产不足需、供不应求的结构性矛盾日益突出。随着城镇化水平、城乡居民消费健康意识提升以及国内外市场深度融合，要求农村市场提供更多优质、绿色农产品。与经济发展和国内外市场对农产品需求扩充相比，我国农业市场主体组织化程度不高、专业化不强、产业化水平低，农业的规模效应和比较优势发挥不足，市场主体抵御自然风险和市场风险的保障机制尚未建立，与农产品需求大市场相差甚远。二是农业社会化服务体系尚不能满足新型市场主体的有效需求。农业社会化服务是提高农村市场主体组织化程度、解决小生产和大市场矛盾的重要手段，而社会化服务机构同新型市场主体间的衔接机制仍待完善，公益性服务组织运行机制僵化，公益性职能定位不清问题尤为突出，多数经营性组织和农户之间的利益共享、风险共担的合作机制也尚未建立。同时，政府购买社会化服务有效机制仍未理顺，难以调动农村市场主体的积极性。三是农业市场主体的整体素质有待提升。素质是人的行为过程中所具备的智能、技能、体能、思维方式、道德水准及对社会环境的适应性等因素的集中体现。推进农业市场化需要农村市场主体具有较高的文化素质、较好的技术管理素质、灵敏的市场嗅觉、高尚的道德情操及法律意识等，与协调推进农业市场化和国际化提出的要求相比，我国农村市场主体的整体素质还有较大差距。

　　为此，在培育农村市场主体过程中，要千方百计提高农村市场主体的组织化水平，不断提升农民合作社规范化水平，鼓励发展农民合作社联合社，强化农业产业化龙头企业联农带农激励机制。着力加强公益性服务体系建设，引导各类服务组织与农村市场主体形成稳定的利益联结机制，不断优化社会化服务发展的政策环境。加快构建新型职业农民队伍，将职业农民培育纳入国家教育培训发展规划，鼓励农民采取"半农半读"等方式就近就地接受职业教育。提升新型市场主体带动农户能力，促进农村人才创业就业，建立创业就业服务平台，强化信息发布、技能培训、创业指导等服务。

（二）发育产品市场

农产品市场是流通领域内农产品经营、交易、管理、服务等组织系统与结构形式的总和，是沟通农产品生产与销售的桥梁与纽带。按照产品类型主要包括大宗农产品市场和特色农产品市场。其中大宗农产品市场主要包括谷物市场、经济作物市场及畜禽鲜活品市场等，相对于大宗农产品市场来说，特色农产品市场一般具有明显的地域特色、优良品质和特殊功效。在国家不断加强政策扶持以及农业科技进步等因素的综合作用下，我国粮食生产呈现了播种面积、单位面积产量、总产量同步增加的良好局面，经济作物生产呈现全面发展、普遍增产的特点，畜禽鲜活品市场发展也步入快车道，特色农产品在出口创汇、产业扶贫、农民致富方面发挥了积极作用。

然而，各类农产品市场发展的数量和质量、总量与结构、成本与效益、生产与环境等方面的矛盾依然比较突出。主要表现在：国内农产品成本上涨过快引发价差扩大、竞争力不足；资源环境硬约束与生产发展矛盾日益凸显；农产品品质品种结构与居民消费快速升级不相适应矛盾加剧；种养结合不紧、循环不畅问题突出。仍有许多体制机制障碍制约农产品市场健康发展，一是我国农产品价格形成机制目前仍存在缺陷，

141

农产品由市场形成和决定的机制尚未完成。二是农产品市场体系不完善，多数大宗农产品没有国际定价权，全国性、统一、开放、规范、有序的农产品大市场缺乏，现有的大型农产品批发市场虽具有一定的价格形成机制，但由于数量少、分布不均衡，对整个农产品市场价格影响有限。三是监管农产品市场的法律法规仍需完善，已出台的相关法律、法规实施细则仍然缺乏，降低了法律、法规的效力。四是特色农产品集群效应低，区域品牌化建设亟须迈出新步伐。

为此，一是，加快推进农产品价补分离制度改革，尽快形成以市场定价为基础的农产品价格形成机制和以直接补贴为主的农民利益保障机制，并逐步建立产业损害补偿机制，对受到损害的农业产业、地区和农民提供必要补偿。二是，合理布局大宗农产品市场，完善农产品期货市场建设，培育国际大粮商，提升企业全球配置资源能力。三是，加强市场法律法规建设，加强市场监管，建立市场准入制度、市场竞争规则和市场交易秩序，保证公平竞争、公平交易，促使农产品市场体系建设规范化、制度化和法制化。四是，针对特色农产品市场要运用"互联网＋"、电商平台等手段走品牌化的道路。

（三）完善要素市场

农业要素市场是指在农业生产经营活动中利用的各种经济资源的统称，一般包括土地、金融、劳动力、技术和信息等。农业要素市场是现代农业市场体系中不可或缺的组成部分。农业生产要素既是农业生产的必要条件，又将在农业生产过程中发生价值转移，最终传导到产品市场，所以要素市场的发展对农产品市场会产生重要影响。世界发达国家发展现代农业的经验证明，如果没有高效有序、自由流动的要素市场，农产品市场中的供求平衡关系也会发生扭曲。

从我国农业要素市场的发展情况来看，要素市场的改革进展要落后于产品市场。随着 2015 年放开烟叶收购价格，我国农产品价格已经实现全部由市场形成，而与农产品生产密切相关的土地、资金、劳动力、技术等农业生产要素的市场发育、建立和完善，还需要通过改革不断深化。一是土地市场改革需要深化。土地是农业生产最为重要的生产要素，当前政府通过实行"三权分置"，鼓励农村土地进行流转，促进农地的适度规模经营。但是，我国农村土地流转市场体系尚未建立，农民的宅基地、集体的经营性建设用地入市尚在探索，土地要素市场化的进程还处于探索阶段。二是金融市场亟待突破。受农民居住分散、有效抵押物缺乏等因素影响，农村金融领域一直以来都是改革的难点所在。农业生产主体发展生产的金融需求不能得到有效满足，在很大程度上制约了现代农业的快速发展。三是劳动力市场改革需要全面展开。随着我国户籍制度改革的深入推进，城乡二元体制在很多地方已经取得了实质性进展，但是从总体来看，城乡统一的劳动力市场尚未形成，农民变"市民"还存在很多障碍。四是农业科技市场有待形成。农业技术作为提高农业生产力的核心要素，其市场发育还处于较为初级的阶段。农业科技创新和技术推广还面临着激励不足、推广"最后一公里"难以落地等问题。

因此，土地市场改革的主要任务就是要继续引入市场机制，在保障农业经营主体合法权益的基础上，建立健全农村土地流转市场，积极探索农民对农村宅基地、集体经营性建设用地财产权益的改革。农村金融市场化改革需要实现新的突破，加快建立健全政策性农业信贷担保体系和贷款体系制度，充分利用大数据和互联网的信息技术优势，推动致力于农村金融事业的市场力量下乡，积极探索保险和信贷相结合的金融产品创新，建立适应中国农村特点的金融市场机制。农业劳动力市场的改革要继续深化，这需要政府积极作为、有序引导，通过发展小城镇、探索积分落户制度等方式，逐步解决城乡流动人口的就业、医疗、教育以及社会保障等问题。农业科技市场的改革要从改革体制和创新机制的角度，以市场化的思维来促进农业科技市场的发育、形成和发展，使之成为我国现代农业发展的强大动力。

（四）发展中介组织

农业中介组织是在农业市场化进程中，以农业某个行业或具有比较优势的农产品为依托，采用市场制度安排结合方式，专门从事交易或以交易为主要功能，连接农户与市场、农户与政府的具有独立法人资格的各种组织。农业中介组织的出现有其合理性，对增进农业市场效率、促进市场繁荣起到了积极作用。我国在农业市场化的发展过程中，农业市场中介组织主要包括农民经纪人队伍、农民专业协会、农村合作经济组织等。这些中介组织在推动农业产业化经营、促进农业结构调整、促进农民增收、完善农业社会化服务体系等方面起到了重要作用。此外，按照世贸组织规则，在出现国际农产品贸易争端时，世贸组织既不受理单个农户的投诉，也不直接受理政府的投诉，因此积极建立各种专业协会，培养能有效保护农民利益的中介服务组织显得十分重要。

目前我国农业中介组织还普遍存在规模过小、组织化程度低、带动能力不强、服务功能较弱等问题。在参与国内国际市场竞争和解决国际贸易争端中的作用较弱。例如，农村经纪人队伍自身建设落后，多是以个体营销为主，分工协作、联合作业的少；农民专业协会发展不平衡、运行管理不规范，政府支持力度较小；农民合作经济组织多而不强，结构松散，带动农户的积极性方面还普遍缺乏。

为此，在深化农业市场化改革过程中，首先，要加强对农业中介组织的扶持，创造有利于农业中介组织建设的宏观环境。政府的作用在于提供政策供给和公共物品，为农村中介组织健康成长奠定基础。从促进地方经济持续稳定发展的角度出发，给予农业中介组织财税、金融、用地等方面的政策支持。加强宣传和培训，激发农村中介组织开展农业中介服务的积极性。其次，要鼓励机制创新，推动农村中介组织多形式、多领域发展。鼓励各种类型农业中介组织通过联合与合作，实现为农服务的专业化和组织化，必要时突破隶属关系、所有制和行政区划界限，使各行各业有机联合，形成农业社会化服务的合力。发挥好农业中介组织在农业市场经济体系中的"黏合剂"和"润滑油"作用。再次，要加大对农业中介服务组织的协调和指导，提高中介服务整体效能的发挥，鼓励社会资金投入中介组织的发展建设。

（五）健全法制环境

以法治为基础，维护农业市场秩序，形成统一开放、竞争有序的农业市场体系是农业市场化建设的重要目标。市场经济的前提是明晰的产权和可靠的信用，而法制则是维护产权和信用的必要手段。

从我国目前农业市场化的实践来看，强化农业法制建设，营造良好的农村市场法制环境至关重要。首先，良好的农村法制环境是规范农业生产经营秩序的需要。随着农业市场化程度的不断提高，农业生产经营主体日益多元化，在农产品和农资市场产销两旺的同时，如果没有良好的法制环境，农产品质量安全和市场平稳有序都会面临严重威胁。其次，良好的法制环境是维护农民权益的有效途径。农民面对市场时往往实力弱小，对于侵害自身利益的行为缺乏有效保护手段，只有健全法制环境才能有效维护农民利益，稳定农民预期。再次，良好的法制环境是深化农业市场化改革的重要保障。市场经济必须建立在法制社会的基础上，当前我国农业市场化改革面临的任务艰巨复杂，有很多的利益关系需要调整，这就要求把法治作为深化农村改革的基本方式和重要载体，在法制轨道上推进改革，这样才能保障改革的有序稳步推进。最后，良好的法治环境也是有效对接国际市场的重要条件。在与国际市场接轨的过程中，农产品及要素市场的交换和贸易，都是建立在信用的基础上，如果国内发展农业没有良好的法制环境，将会对国内农产品及农业要素的国际贸易产生负面影响。

因此，在发展农业市场化的过程中，要加快完善农业市场法制体系，使农业市场主体在共同准则下有序竞争，有法可依。要创造良好的市场法制环境，调动农业经营主体的积极性和创造性，为农业市场化建设提供源源不断的新动能。要充分研究国际贸易规则和法制基础，及时调整国内市场，为有效应对国际市场挑战提供充足的空间和手段。要以市场为导向，完善促进农业科技创新和制度建设的法制环境，为现代农业市场体系建设提供源源不断的动力和支撑。

第五章

农业国际化的演进过程

农业国际化是 20 世纪 80 年代以来伴随经济全球化出现的一个新现象，它是经济全球化在农业农村领域的具体体现。改革开放 40 年来，中国农业发展取得了重要成就，农业统筹利用国内国际两个市场两种资源的能力逐渐增强。农业国际化在不同历史阶段取得了较好的成效，并积累了诸多经验。实践证明，深化农业国际化是农业现代化的动力源泉，随着中国农业和世界农业融合程度逐步深化，中国农业国际化趋势将日益增强，农业国际化对农业现代化的推动作用将日益凸显。

第一节　经济全球化与农业国际化

经济全球化是指在科技革命尤其是信息技术革命条件下，通过国际贸易、国际金融、国际投资以及技术和人员的国际流动，世界各国和地区的经济越来越紧密地结合成一个高度相互融合、互相依存的有机整体的过程。农业国际化是经济全球化的重要体现，它是指一国或地区农业产业链条置身世界经济之中，融入国际分工，参与国际经济循环，实现资本、技术、劳动力、资源、信息等生产要素国际范围内的优化配置，促使一个国家或者地区农业经济走向世界并同世界经济融为一体的过程，其实质是世界范围内的农业社会化[①]。从欧美等发达经济体农业国际化的历程来看，农业经济真正实现国际化，需要完成一系列经济指标，其中最主要的指标包括贸易领域的农产品及以农产品为原料的加工品的国际市场销售情况、国内经济规则与国际规则接轨程度、国际分工参与度及资本流动关联和金融关联度等。

农业国际化发展的客观历史性受到国内国际经济社会发展影响，其不同于农业外向型或外向化。所谓外向型或外向化农业是指农产品外销，随着世界经济的发展，内涵更加丰富，其核心是农业资源配置的国际化。农业国际化体现了一国或地区农业经济发展的国家战略，一国和地区政府通过加强政策支持和提升服务水平，鼓励国内或地区农业市场主体参与世界分工与合作，从而实现促进本国或地区经济社会稳定发展的目标。

农业国际化具体是指农业生产国际化、农业国际投资、农产品贸易与技术交流合作以及与此相关的政策、规则、体制、技术、标准的国际化。农业生产国际化是指农业生产过程日益突破国界向国际范围的延伸，即生产过程中的分工合作超出国界在国际上的扩展，其实质是世界范围内的农业生产社会化。农业国际直接投资是指一国的法人、自然人或者其他经济组织单独或者共同出资，在其他国家（地区）境内进行绿地投

---

① 农业社会化是指农业由孤立的、封闭的生产方式，转变为分工细密、协作广泛、开放型的生产方式的过程。农业社会化是传统农业向现代农业转化的重要标志之一。

资，或者增加资本扩展原有企业，或并购（兼并和收购）其他企业，并且拥有有效管理控制权的投资行为。农产品贸易是指世界各国（或地区）之间在农产品和农业服务等方面进行的交换活动，它是各国（或地区）在国际分工的基础上相互联系的主要形式，反映了世界各国（或地区）在经济上的相互依赖关系。农业生产国际化、农业国际直接投资和农业跨国公司三者之间存在紧密联系，它们相互交织形成统一的经济运动。农业国际投资是农业生产国际化的基础，农业跨国公司是农业生产国际化的企业组织形式。农业跨国公司是农业生产国际化和世界经济发展的产物，同时它的发展也对农业生产国际化的发展产生重要作用。

【专栏 5 - 1】 世界主要粮食跨国企业

著名的世界四大粮商 ABCD，涉及大豆产业链的各个环节。在加工环节，ABCD 控股或参股的"金龙鱼""福临门""鲁花"等主要品牌，年处理油料能力高达 5 138 万吨。从 2009 年中国大豆加工的前 3 名来看，ABCD 中的 CR3 占了大豆行业的 75%。在贸易环节，对出口国，在 2001 年，美国大豆的 CR3 已经达到 65%，巴西的 CR4 已超过 60%，阿根廷则达到 85%。对进口国，2004 年欧盟的 CR4 达到 80%，中国的大豆进口对外依存度超过 70%，在这些参与企业中很多是被 ABCD 收购的企业。

邦吉、嘉吉、ADM 的利润在 2003 年之前基本稳定，但从 2003 年中国大豆生产减少开始，其利润出现了大幅持续上升。除 2008 年受经济危机影响出现短暂下滑外，增长趋势基本稳定，且较初始盈利水平翻了近 1 倍。

一、ADM（Archer Daniels Midland）

ADM 公司成立于 1905 年，总部位于伊利诺依州迪克特市，是美国国产和进口小麦、玉米、葵花籽和大豆的主要供应商，世界上最大的油籽、玉米和小麦加工企业之一，其大约 2/3 的收入来自对大豆、花生及其他油籽等的加工。目前，ADM 有 32 000 多名员工在 160 多个国家为客户服务，全球 500 个作物采购地点、250 个成分制造设施、38 个创新中心和世界一流的作物运输网络。ADM 拥有当今世界第一的谷物与油籽处理厂，美国最大的黄豆压碎处理厂。ADM 在巴西主要大豆产区有 20 座粮仓、6 个大豆加工厂、4 个榨油厂，在巴西四大港口拥有专用码头以及自己的运输车队，在流经大豆产区的河流上有货运码头。ADM 进入中国始于 2001 年益海嘉里集团的建立，益海嘉里是 ADM 在中国的重要属下集团，其大豆的日加工能力已经达到了 5 000 万～6 000 万吨。

二、邦吉（Bunge）

邦吉公司始于约翰·彼得·戈特利布·邦吉（Johann Peter Gottlieb Bunge）于 1818 年在荷兰阿姆斯特丹成立的粮食贸易公司。1859 年，邦吉公司已经成为世界主要粮食供应商，总部迁至比利时，1876 年，公司迁至阿根廷。20 世纪 70 年代，公司将总部迁至世界大豆主产地巴西，并进一步拓展北美、亚洲和大洋洲市场。1999 年，公司将总部迁至美国纽约白原市。2001 年，邦吉公司在纽约股票交易所成功上市，从一家历史悠久的私人公司转变为股份公司。邦吉通过各种方式帮助农民进入国际市场，采购、储运并在全球范围内加工销售农产品和食品。邦吉的运营主要集中在北美、南美、欧洲和亚洲等地区，同时在世界各地设有营销办公室，大豆是邦吉的主要经营品种。邦吉是巴西最大的谷物出口商，也是第一个进入巴西的跨国粮商，在巴西 16 个州拥有 226 座仓库，有批发中心、粮油加工厂等；邦吉是美国第二大大豆产品出口商、第三大谷物出口商、第三大大豆加工商，全球第四大谷物出口商、最大油料作物加工商。

邦吉在中国的历史可以追溯到 20 世纪 20 年代在上海外滩建立的贸易公司。1998 年邦吉公司在中国设立贸易代表处，开始了与中国客户的农产品贸易往来。2000 年，邦吉在中国成立国际贸易公司，向中国市场供应大豆等农作物，同时也协助中国农民和企业出口玉米和小麦。2005 年，为了更好地服务中国众多的从事养殖业的农户和企业，满足国内养殖业对蛋白饲料的巨大需求，同时为了更好地满足中国消费者对食用油的需求，邦吉公司开始在中国投资设立大豆加工厂。截至目前，邦吉分别在江苏南京、山东日照和天津运营三家大豆加工企业：邦基（南京）粮油有限公司、邦基三维油脂有限公司和邦基正大（天津）粮油有限公司。为进一步在中国拓展业务，邦吉（上海）管理有限公司成立，目前是中国最主要的大豆和油籽供应商。

三、嘉吉（Cargill）

嘉吉公司由原籍苏格兰的海运商威廉·卡基尔（William Cargill）兄弟于 1865 年在艾奥瓦创立，1868 年其将工厂迁至明尼苏达，1875 年又将其总部迁至威斯康星，是世界上最大的私人控股公司之一，也是最大的动物营养品和农产品制造商。现为中国谷物与油籽的主要供应商和贸易加工商之一，为客户提供来自全球市场的优质谷物、油籽和油脂产品。嘉吉中国有限公司成立于 2003 年，作为嘉吉全球农产品产业链的重要组成部分，在中国从事大宗农产品的采购、加工、运输和分销，涉及大豆、油菜籽、玉米、豆粕、植物油，以及非谷物饲料原料等产品。目前，嘉吉在中国共经营四家油籽加工厂，广东两家、江苏和河北各一家，江苏和广东的工厂以压榨进口大豆、生产优质豆粕和大豆油为主要业务。

四、路易达孚（Louis Dreyfus）

由法国人列奥波德·路易·达孚创建于 1851 年，总部位于法国巴黎，是一家综合性跨国集团。开创和发展了欧洲谷物出口贸易，世界第三大粮食输出商，世界粮食输往俄罗斯的第一出口商。路易达孚 General Lagos 压榨厂是目前世界上大型高效的油籽加工厂之一，日加工产能 12 000 吨。在巴西，路易达孚拥有的压榨产能也在 8 000 吨以上，并配有超过 1 000 吨的日精炼能力。

农业国际化也是一个动态发展的过程，世界各国在贸易和经济利益驱动下主动或被动参与农业国际分工，在全球范围内采取各种方式和手段最大限度地获取农业资源和市场空间，形成农业资源、要素和农产品及其加工品在国内市场流动和重组的动态过程。对发展中国家而言，虽然伴随着全球经济社会发展，世界各国在农业投资贸易领域会出现诸多挑战，农业国际化也会在一定程度上加剧南北差距，使发展中国家发展不足，增加其农业经济发展的不确定性，加剧全球环境污染和生态危机，但世界农业大融合的势头不可阻挡，任何一国农业都不可能独立于世界经济体系之外封闭发展，一国农业生产力的提高必然要求更大范围的国际协作和分工并不断学习国外先进技术经验，农业的持续发展必须充分利用国际农业资源和市场，突破国内资源市场瓶颈，提高资源要素配置效率，一国实现农业现代化，增强市场主体实力必须在国际市场竞争中实现。

第二节　农业国际化的演进过程及其结果

中国农业发展取得了世人瞩目的成就，一方面得益于国内体制机制改革，这也是农业市场化的过程；另一方面得益于打开国门融入世界，不断提升农业统筹利用国内国际两个市场两种资源能力，这也是农业国际化的过程。中国农业发展在不断融入世界农业经济体系的进程中，实现了从农产品出口到进出口并重，从利用外资到对外投资和利用外资并重的两大转变。

一、农业国际化的演进过程

一是农业国际化起步探索期（1978—1992 年）。改革开放以前，中国主要通过在外援建农场、试验站、生物制药厂等农业设施、对外提供设备和技术支持、接受受援国人员在中国实习和培训等方式，进行农业对外援助，实现农业跨境交流。改革开放以后，中国对外援助工作的范围持续扩大，由蒙古、越南、非洲等地进一步延伸到拉美地区和南太平洋地区，农业"走出去"从单一的援助形式逐渐转变为探索性的开展农业对外直接投资。自 1978 年实行改革开放政策以来，中国经济发展战略逐步调整为农、轻、重协调发展，农业领域统购统销的贸易管制制度逐渐调整为定购和超购。贸易管制范围的缩小使市场机制日益成为农业资源配置的主要手段。1979 年 8 月，国务院颁布了《关于经济改革的十五项措施》，第一次把出国办企业、发展对外投资作为国家政策。《1980 年经济计划的安排（草案）》提出，"从闭关自守或半闭关自守状态，转为积极地引进国外先进技术，利用外国资金"。1985 年，中国第一支远洋船队起航开赴西非海岸，揭开了中国远洋渔业历史的第一页，开启了中国涉农企业对外合作新篇章。

二是农业国际化提档增速期（1992—2001 年）。此阶段农业国际化特点是由主要强调农业"引进来"转变为"引进来"与"走出去"同步进行。邓小平南方谈话后，中国进入改革开放深化期。党的十四大报告提出"进一步扩大对外开放，更好地利用国外资金、资源、技术和管理经验。积极开拓国际市场，促进对外贸易多元化，发展外向型经济"。

党的十四届三中全会审议并通过了《中共中央关于建立社会主义市场经济体制若干问题的决定》，社会主义市场经济体制初步确立，对外贸易政策进行深入调整，在吸引外资、扩大出口的同时，提出充分利用国际和国内两个市场、两种资源，优化资源配置。赋予具备条件的生产和科技企业对外经营权，发展一批国际化、实业化、集团化的综合贸易公司。积极扩大我国企业的对外投资和跨国经营。1995 年中国发布了《外商投资产业指导目录》第一版，农业利用外商直接投资在有章可循的路径上稳步发展，"引进来"的规模与内容不断扩大。1996 年江泽民在河北唐山考察时提出："要加紧研究国有企业如何有重点有组织的走出去，做好利用国际市场和国外资源这篇大文章。"在国家层面"走出去"战略作为一个指导思想首次提出。2000 年党的十五届五中全会审议并通过了"十五"计划建议，首次明确提出实施"走出去"战略，努力在利用国内外两个市场两种资源方面有新的突破。加入世界贸易组织（WTO）是中国农业融入世界经济主流的战略选择，中国做出了有关农产品市场准入的承诺，农业保护手段主要限于关税和关税配额。中国农业同世界农业的融合程度日益增强，农业国际化进入了一个新的发展阶段。

三是农业国际化全面发展期（2001 年至今）。这个阶段的农业国际化进入全面发展的阶段，更加注重"引进来"和"走出去"的质量和效率。为促进中国农业"走出去"，国家出台了多项扶持政策。2002 年，党的十六大报告提出要合理利用两个市场、两种资源，全面提高对外开放水平。2005 年，《中华人民共和国国民经济和社会发展第十一个五年规划纲要》提出，支持有条件的企业进行对外直接投资和跨国经营，以优势产业为重点，引导企业开展境外加工贸易，促进产品原产地多元化，通过跨国并购、参股、上市、重组联合等方式，培养和发展中国的跨国公司。2006 年，国家商务部、农业部和财政部联合发布了《关于加快实施农业"走出去"战略的若干意见》，正式确立了农业"走出去"战略。同年，商务部、农业部研究设计了示范中心这一新型农业合作模式，加大农业对外援助。2007年，党的十七大提出把"引进来"和"走出去"更好结合起来，形成经济全球化条件下参与国际经济合作和竞争新优势。从2010年起，特别是党的十八大以来，党中央、国务院对统筹利用两个市场两种资源，推进农业国际化进行了一系列部署和安排。2014年，农业部牵头建立了农业对外合作部际联席会议制度，有21家成员单位参与进来。2016年4月，出台了《国务院办公厅关于促进农业对外合作的若干意见》，这是在国家层面制定的第一个指导农业对外合作的政策性文件。2017年5月，在"一带一路"国际合作高峰论坛期间，农业部、发改委、商务部、外交部联合对外发布《共同推进"一带一路"建设农业合作的愿景与行动》，提出在"一带一路"框架下与沿线各国及相关国际组织等开展深度农业合作、实现双赢多赢的中国方案。2017年10月，农业部、发改委、商务部共同印发了《农业对外合作"十三五"规划》，为推动农业对外合作制定了路线图和时间表（表5-1）。

表5-1　2014—2018年中央1号文件关于农业国际化的主要内容

时间	内　容	举　措
2014	合理利用国际农产品市场	抓紧制定重要农产品国际贸易战略，加强进口农产品规划指导，优化进口来源地布局，建立稳定可靠的贸易关系。有关部门要密切配合，加强进出境动植物检验检疫，打击农产品进出口走私行为，保障进口农产品质量安全和国内产业安全。加快实施农业走出去战略，培育具有国际竞争力的粮棉油等大型企业。支持到境外特别是与周边国家开展互利共赢的农业生产和进出口合作。鼓励金融机构积极创新为农产品国际贸易和农业走出去服务的金融品种和方式。探索建立农产品国际贸易基金和海外农业发展基金。

（续）

时间	内 容	举 措
2015	提高统筹利用国际国内两个市场两种资源能力	加强农产品进出口调控，积极支持优势农产品出口，把握好农产品进口规模、节奏。完善粮食、棉花、食糖等重要农产品进出口和关税配额管理，严格执行棉花滑准税政策。严厉打击农产品走私行为。完善边民互市贸易政策。支持农产品贸易做强，加快培育具有国际竞争力的农业企业集团。健全农业对外合作部际联席会议制度，抓紧制定农业对外合作规划。创新农业对外合作模式，重点加强农产品加工、储运、贸易等环节合作，支持开展境外农业合作开发，推进科技示范园区建设，开展技术培训、科研成果示范、品牌推广等服务。完善支持农业对外合作的投资、财税、金融、保险、贸易、通关、检验检疫等政策，落实到境外从事农业生产所需农用设备和农业投入品出境的扶持政策。充分发挥各类商会组织的信息服务、法律咨询、纠纷仲裁等作用。
2016	统筹用好国际国内两个市场两种资源	完善农业对外开放战略布局，统筹农产品进出口，加快形成农业对外贸易与国内农业发展相互促进的政策体系，实现补充国内市场需求、促进结构调整、保护国内产业和农民利益的有机统一。加大对农产品出口支持力度，巩固农产品出口传统优势，培育新的竞争优势，扩大特色和高附加值农产品出口。确保口粮绝对安全，利用国际资源和市场，优化国内农业结构，缓解资源环境压力。优化重要农产品进口的全球布局，推进进口来源多元化，加快形成互利共赢的稳定经贸关系。健全贸易救济和产业损害补偿机制。强化边境管理，深入开展综合治理，打击农产品走私。统筹制定和实施农业对外合作规划。加强与"一带一路"沿线国家和地区及周边国家和地区的农业投资、贸易、科技、动植物检疫合作。支持中国企业开展多种形式的跨国经营，加强农产品加工、储运、贸易等环节合作，培育具有国际竞争力的粮商和农业企业集团。

（续）

时间	内 容	举 措
2017	创造良好农产品国际贸易环境	统筹利用国际市场，优化国内农产品供给结构，健全公平竞争的农产品进口市场环境。健全农产品贸易反补贴、反倾销和保障措施法律法规，依法对进口农产品开展贸易救济调查。鼓励扩大优势农产品出口，加大海外推介力度。加强农业对外合作，推动农业走出去。以"一带一路"沿线及周边国家和地区为重点，支持农业企业开展跨国经营，建立境外生产基地和加工、仓储物流设施，培育具有国际竞争力的大企业大集团。积极参与国际贸易规则和国际标准的制定修订，推进农产品认证结果互认工作。深入开展农产品反走私综合治理，实施专项打击行动。
2018	构建农业对外开放新格局	优化资源配置，着力节本增效，提高中国农产品国际竞争力。实施特色优势农产品出口提升行动，扩大高附加值农产品出口。建立健全中国农业贸易政策体系。深化与"一带一路"沿线国家和地区农产品贸易关系。积极支持农业走出去，培育具有国际竞争力的大粮商和农业企业集团。积极参与全球粮食安全治理和农业贸易规则制定，促进形成更加公平合理的农业国际贸易秩序。进一步加大农产品反走私综合治理力度。

二、农业国际化发展的结果

随着农业国际化的深入推进，中国统筹利用两个市场、两种资源的能力逐渐增强，农产品贸易额持续快速增加，农业利用外资规模不断扩大，农业对外直接投资发展势头良好，农业技术交流合作日益丰富，中国参与全球粮农治理的能力逐步提升。

（一）农产品贸易额持续快速增加，农产品对外贸易依存度上升

农产品贸易是农业国际化的重要基础。加入 WTO 以来，中国农产品进出口贸易额迅速增加，贸易规模不断扩大，在世界农产品贸易中占有举足轻重的地位。2001—2017 年，中国农产品贸易总额由 279 亿美元

增长到 2 014 亿美元，年均增长 13％；其中，进口额由 118 亿美元增长到 1 289 亿美元，年均增长 16％；出口额由 161 亿美元增长到 755 亿美元，年均增长 10％（图 5-1）。2017 年农产品出口额和进口额占全国货物贸易出口额和进口额的比例分别为 3.3％和 6.8％。农产品出口额和进口额与第一产业增加值的比例分别为 7.8％和 13％。

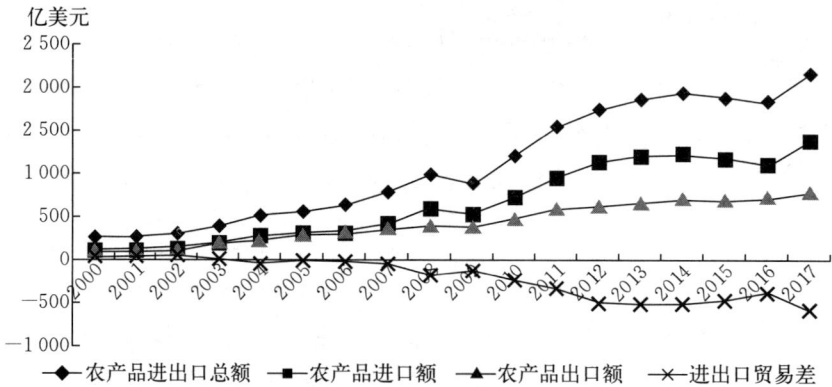

图 5-1　入世以来中国农产品贸易情况

资料来源：海关总署。

中国农产品贸易结构日趋合理。土地密集型的油料、棉花等产品缺乏比较优势，国际竞争力不高，进口增加。由于中国劳动力资源丰富其价格相对欧美等发达国家较低，水产品、园艺等劳动密集型农产品具有较强国际竞争力，出口扩大。

国内外市场融合度达到了相当高的水平。2017 年中国农产品贸易额相当于当年农业增加值的比重已达到 20.8％。从 2011 年开始，中国已超过美国成为世界最大农产品进口国，目前中国农产品进口已占世界农产品贸易额的 1/10 以上。按耕地播种面积当量计算，2016 年、2017 年粮棉油糖和肉类奶类产品进口相当于 10 亿亩以上耕地播种面积的产出，相当于国内农作物播种面积的 40％。

大豆、棕榈油、食糖和棉花等农产品进口居世界贸易首位，进口量占国内产量的比重远远超过"余缺调剂"范畴，进口来源国较为集中。以粮食为例，2001—2017 年间，粮食进口呈现缓慢上升的态势，进口量从 2001 年的 1 838 万吨增加为 2017 年的 12 113 万吨，年均增长 12.5％（图 5 - 2）。

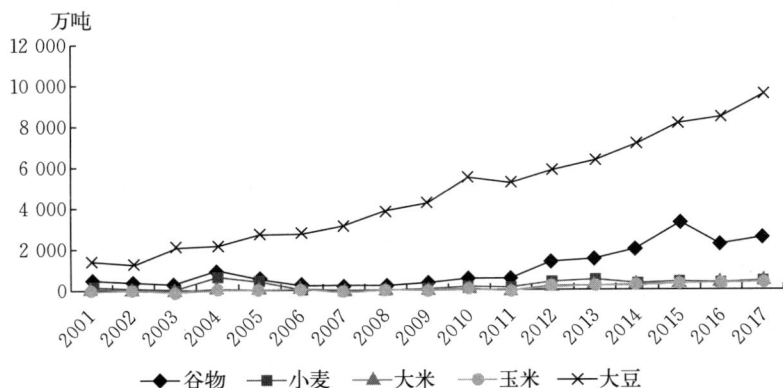

图 5 - 2　2001—2017 年主要粮食作物进口数量

资料来源：海关总署。

从粮食和谷物的进口结构看，谷物进口量从 2001 年的 344 万吨增加到 2017 年 2 560 万吨，年均增长 13.4％。其中，小麦、大米、玉米三大主粮进口量分别由 2001 年的 69 万吨、27 万吨、3.9 万吨增加到 2017 年的 442 万吨、403 万吨和 283 万吨，年均增长率分别为 12.3％、18.4％和30.7％。2001 年以来，大豆是进口增长最快的粮食作物，进口量从 2001 年的 1 394 万吨增长为 2017 年的 9 553 万吨，年均增长率为 12.8％，占粮食进口总量的 79％。

展望未来，在人口增长和城镇化发展等因素的推动下，粮食消费总量将呈现刚性增长态势。农产品贸易的作用已不再限于"余缺调剂"和"品种调剂"，逐步成为农产品供给的重要组成部分。从 2004 年开始，中国农产品贸易持续出现赤字。到 2017 年，中国农产品贸易赤字达到 503亿美元，大量土地密集型大宗农产品进口量快速增加，中国已步入农产品对外依存度长期上升的通道（表 5-2）。

表 5-2　中国重要农产品自给率

单位：%

农产品	1995	2000	2005	2010	2011	2012	2013	2014	2015	2016	2017
大米	106.16	102.1	104.6	100.22	99.97	102.26	107.72	100	101	98	98
小麦	95.2	93.54	98.42	104.93	94.36	97.57	97.35	108	116	106	104
玉米	102.31	91.25	105.8	104.45	103.87	103.01	102.58	106.7	103	122	99
大豆	103.64	65.3	41.08	23.21	21.72	18.07	15.92	13.93	12.4	13	14
棉花	86.89	105.8	69.04	67.84	66.38	57.19	60.34	88.24	62.8	63	72
食糖	89.05	97.72	83.17	82.38	88.25	80.31	77.54	69.93	57.2	57	62
牛奶	101.32	103.3	101.9	92.1	91.41	88.67	83.27	79.9	77.6	75	72
猪肉	101.02	99.84	101.3	100.05	99.27	99.13	99	98.9	98.6	97	98
羊肉	99.99	99.49	99.67	98.93	98.13	97.12	94.1	93.9	95.2	95	95
禽肉	100.47	97.37	100.3	99.69	100.77	100.18	99.89	99.9	100	99	100

注：数据来源于 FAO，不含港澳台数据，自给率为当年产量/当年消费量。

（二）农业利用外资明显增加，但规模相对较小且区域分布不均衡

农业生产周期长、风险大，农业领域投资不足是世界许多国家尤其是广大发展中国家面临的共同难题，积极吸引和利用外资是世界各国和地区促进农业发展与产业升级的重要举措。

农业利用外资规模明显增加。农业实际利用外资金额由 1997 年的 6.28 亿美元增加到 2017 年的 10.8 亿美元，年均增长 3.4%。而农业实际利用外资金额占总利用外资金额的比例却由 1997 年的 1.39% 下降到 2016 年的 0.79%。1997—2017 年间，外商投资农业企业数由 814 个下降到 706 个，外商投资农业企业数占外商投资总企业数的比重由 3.88% 下降到 1.98%。加入 WTO 以来，农业利用外资占比远低于农业产值对 GDP 的贡献率。农业利用外资规模与农业利用外资占比变化趋势一致，

2002—2006 年逐年减少，2006—2012 年逐年上升，2012—2015 年又呈现出下降的趋势，但总体而言，利用外资规模较改革开放之初有所增加，外资占比较开放之初有所下降。2017 年农业利用外资总量为 10.8 亿美元，仅占利用外资总规模的 0.79%，与同期 7.9% 的第一产业增加值占比、4.8% 的第一产业对 GDP 的贡献率不成正比。

农业利用外资领域和范围不断拓宽。现已涉及农、林、牧、渔等各行业，涵盖农业综合开发、水利灌溉、土壤改良、农产品加工、粮食流通等几十个领域。外商直接投资的重点主要集中在引进优良种植品种、畜牧业养殖与加工和农产品深加工等方面。对农业技术研发、农业生物制品生产、农产品品种改良等高技术含量和高附加值的项目投资也在增加。中国农业累计兴办利用 FDI（国际直接投资）的项目 12 609 个，合同金额达到 214.3 亿美元，平均每个合同的金额由 2005 年 67.9 万美元/个，上升到 2017 年 251.9 万美元/个，但与总体 FDI 平均每个合同金额 475.1 万美元/个相比，差距较大。2017 年外商投资的农业产业领域的企业数量为 706 家，同比增长 26.5%，实际投资金额 10.8 亿美元，同比下降 43.4%。按农林牧渔业分类，农业企业数 451 个，实际利用外资 3.5 亿美元，其中谷物种植企业 23 家，实际利用外资 0.40 亿美元；林业企业数 23 家，实际使用外资 0.3 亿美元；畜牧业企业数 40 家，实际利用外资 3.8 亿美元；渔业企业数 65 家，实际利用外资 0.3 亿美元。2016 年外商直接投资农副产品加工企业 131 家，实际投资金额 5.0 亿美元。其中，其他谷物磨制 4 家，实际利用外资 0.1 亿美元；屠宰及肉类加工企业 20 家，实际利用外资 0.7 亿美元；水产品加工企业 38 家，实际利用外资 0.8 亿美元[1]（表 5 - 3）。

---

[1] 数据来源商务部外资统计《中国外资统计 2017》。

表 5-3　中国农业利用外资情况

单位：亿美元，个，%

年份	农业实际利用外资金额	实际使用外资金额	农业企业总数	企业总数	农业利用外资占比	农业企业数占比
1997	6.28	452.57	814	21 001	1.39	3.88
1998	6.24	454.63	876	19 799	1.37	4.42
1999	7.10	403.19	762	16 918	1.76	4.50
2000	6.76	407.15	821	22 347	1.66	3.67
2001	8.99	468.78	887	26 140	1.92	3.39
2002	10.28	527.43	975	34 171	1.95	2.85
2003	10.01	535.05	1 116	41 081	1.87	2.72
2004	—	606.30	—	43 664	—	—
2005	7.18	603.25	1 058	44 019	1.19	2.40
2006	5.99	630.21	951	41 496	0.95	2.29
2007	9.24	747.68	1 048	37 892	1.24	2.77
2008	11.91	923.95	917	27 537	1.29	3.33
2009	14.29	900.33	896	23 442	1.59	3.82
2010	19.12	1 057.35	929	27 420	1.81	3.39
2011	20.09	1 160.11	865	27 717	1.73	3.12
2012	20.62	1 117.16	882	24 934	1.85	3.54
2013	18.00	1 175.86	757	22 819	1.53	3.32
2014	15.22	1 195.62	719	23 794	1.27	3.02
2015	15.34	1 262.67	609	26 584	1.21	2.29
2016	18.98	1 260.01	558	27 908	1.51	2.00
2017	10.80	1 363.20	706	35 662	0.79	1.98

注：从 2001 年起，外商投资合同金额和实际使用外资额均不包括对外借款。从 2007 年起商务部不再对外公布外资合同金额数据。

农业跨国公司所在国家和地区对中国农业 FDI 投资极少，现有农业 FDI 投资大多来自周边港澳台地区及新加坡。2016 年，香港有 333 家企业将 10.8 亿美元的资金投资于大陆的农业产业，企业占总外资企业比例 55.78%，同比下降了 25.84%，资金占总利用外资比例 65.72%，同比下降 3.58%；台湾有 167 家企业将 1.17 亿美元的资金投资于大陆的农业产业，企业占比 27.42%，同比增加了 28.46%，资金占比 7.64，同比增加了 29.86%。另外，新加坡有 10 家企业将 0.96 亿美元的资金投资于中国大陆的农业产业，排在第三位。

外商投资农业的区域分布不均衡，项目多集中在东南沿海经济发达地区，广大中西部和东北地区农业利用 FDI 的金额相对较少。2016 年我国农业利用外商投资总规模为 18.98 亿美元，其中东部地区为 11.6 亿美元，占比 75.62%，同比增加 9.38%，企业个数为 377 个；中部地区为 2.36 亿美元，占比 15.37%，同比减少 31.23%，企业个数为 157 个；西部地区为 1.38 亿美元，占比 8.01%，同比增加 16.04%，企业个数为 75 个。东中西部地区外资流入规模差异显著，东部最大，中部次之，西部最小；在东部和西部同比例增长的情况下，中部地区同比下降幅度较大，中部地区农业领域对外资的吸引力在下降。

（三）农业对外直接投资势头良好，仍存在很大提升空间

农业对外直接投资规模逐步扩大。落实"一带一路"倡议，极大地促进了企业开展农业对外投资的积极性，逐步形成了行业类别齐全、重点区域突出、投资主体多元的农业对外合作格局。投资区域逐步向"一带一路"沿线国家聚集，投资模式涉及国际直接投资、间接投资、绿地投资和并购等，经营主体具有独资、合资、合作、民营等多种形式，投资领域覆盖农业产业链产前、产中、产后等各环节。2004—2017 年间，中国农林牧副渔对外直接投资存量从 8.3 亿美元增长到 165.6 亿美元，年均增长率为 25.9%；流量从 2.9 亿美元增长到 25.1 亿美元，年均增长率为 18.1%。中国农业 ODI 流量占全年非金融类 ODI 流量比重，由 2004 年 5.25% 下降至 2017 年的 1.60%，同期农业 ODI 存量占全年非金融类 ODI 存量比重由 1.86% 下降至 0.9%（表 5-4）。

表 5 - 4　中国农业对外直接投资情况

单位：亿美元，%

年份	对外直接投资流量	农业对外直接投资流量	农业占比	对外直接投资存量	农业对外直接投资存量	存量占比
2004	55.0	2.9	5.25	447.8	8.3	1.86
2005	122.6	1.1	0.86	572.1	5.1	0.89
2006	211.6	1.9	0.87	750.3	8.2	1.09
2007	265.1	2.7	1.03	1 179.1	12.1	1.02
2008	559.1	1.7	0.31	1 839.7	14.7	0.80
2009	565.3	3.4	0.61	2 457.6	20.3	0.83
2010	688.1	5.3	0.78	3 172.1	26.1	0.82
2011	746.5	8.0	1.07	4 247.8	34.2	0.80
2012	878.0	14.6	1.66	5 319.4	49.6	0.93
2013	1 078.4	18.1	1.68	6 604.8	71.8	1.09
2014	1 231.2	20.4	1.65	8 826.4	96.9	1.10
2015	1 456.7	25.7	1.77	10 978.6	114.8	1.05
2016	1 961.5	32.9	1.68	13 573.9	148.9	1.10
2017	1 582.9	25.1	1.60	18 090.4	165.6	0.90

资料来源：《中国统计年鉴》。

农业对外直接投资方式趋于多元化。各国企业更加注重以褐地投资的形式，即并购或者收购的形式参与海外农业生产活动。在经历全球次贷危机和粮食危机后，国外许多大型公司受到冲击估值变低，国内一些资金实力雄厚的企业积极通过并购、股权投资等形式参与跨国农业投资合作。据不完全统计，2010 年到 2016 年中国涉农海外并购累计高达187.6 亿美元，除传统的资本巨头高盛、摩根斯坦利进行涉农资金的运作外，私募股权资金进行海外农业投资大量涌现。对外涉农金融类的中方控制力仍然较强，2006 年到 2016 年，在 54 起有详细记载的海外并购实践中，中方在并购之后的控股份额平均数 68%，高出中方平均并购数的19%，显示出中国在农业并购的控制权高于其他行业。

对外农业投资的区域分布比较集中，投资领域逐步向全产业链方向发展。中国农业企业 ODI 的区位选择首选是亚洲，其次是大洋洲、欧洲、南美洲和非洲，北美洲投资相对较少。2016 年对亚洲投资 17.1 亿美元，占比 52.1%；大洋洲 8.1 亿美元，占比 24.8%；欧洲 3.3 亿美元，占比 9.9%；非洲 1.8 亿美元，占比 5.5%；南美洲 2.3 亿美元，占比 6.9%；北美洲 0.3 亿美元，占比 0.8%。从国家（地区）来看，新加坡、新西兰、俄罗斯、澳大利亚等国是主要目标地区。2016 年，对新加坡投资 7.7 亿美元，占比 23.5%；对新西兰投资 4.5% 亿美元，占比 13.6%。

中国境外农业企业对外投资主要集中在"一带一路"沿线国家。据统计，2016 年，中国在"一带一路"沿线国家投资的农业企业占中国境外农业企业总数的 54.5%。中国企业对沿线国家或地区的农业累计投资额为 68.6 亿美元，占中国企业对外直接投资存量总额的 52.9%。新加坡、俄罗斯、印度尼西亚、柬埔寨、老挝、缅甸和泰国这七个国家的投资存量占"一带一路"投资总量的 91.4%，企业个数占比 77.6%。

"一带一路"国家农业合作不断扩大。截至 2016 年年底，中国已同沿线 48 个国家签署 101 个农业合作协议，400 余家农业企业在"一带一路"沿线 31 个国家和地区开展了农业重点项目投资，建设重点项目 258 个，占全部重点项目数量近一半；累计投资金额近 100 亿美元，占全部投资金额的 37%。中粮集团全资收购来宝农业和尼德拉农业，"十三五"期间将在沿线国家新增投资 100 亿元。

（四）农业技术对外合作内容日益丰富，农业对外合作机制逐步完善

国际经验表明，发达国家开展农业科技对外合作，是培育农业国际竞争优势的主要手段。改革开放以来，中国与一些发达国家签署了农业科技合作协议，与美国、日本等国分别成立了科技合作混合委员会或农业科技合作工作组，与澳大利亚、丹麦、新西兰、比利时等 90 多个国家和地区开展农业技术合作。中国已在亚洲、非洲、拉丁美洲、太平洋的

100多个国家和地区，建立农业技术示范中心、农业技术试验站和推广站。在育种、植物保护、畜牧医药、农用机械等领域，联合亚非国家的优势农业科研机构加强科技合作研究，共同攻关形成适应当地环境的新技术和新产品。先后派遣万余名农业专家和技术人员帮助东道国培养了大批农业科技人员。

【专栏5－2】 农业科技已成功走出国门

为落实"一带一路"倡议，开展农业科技对外合作，中国农业科学院充分发挥农业科技优势，积极推动农业科技对外合作，并取得了明显的成效。截至2018年4月，中国农业科学院已与"一带一路"沿线23个国家建立了农业科技合作关系，与全球150多个国家在培育品种、植物保护、畜牧医药、农用机械等领域的61项新技术和新产品开展了对外合作。

一是绿色超级稻为维护粮食安全做出积极贡献。利用绿色超级稻分子育种技术，为亚非目标国家培育第二代绿色超级常规稻和杂交稻。在亚非目标国家和地区，共有38个绿色超级常规稻和26个杂交稻通过品种审定。在目标国家参加区试的绿色超级稻品种有128个，其中东南亚96个、非洲32个。绿色超级稻在亚非目标国家的推广总面积达到210万公顷，其中非洲45万公顷，东南亚170万公顷，预计农民增收5.46亿美元。

二是"中棉系列"棉花新品种助力中亚农民增产增收。通过在吉尔吉斯斯坦建立"中吉棉花科技园区"，在塔吉克斯坦建立"中棉银海科技有限公司"，在当地推广"中棉系列"品种和配套栽培技术。其中"中棉系列"品种已通过吉尔吉斯斯坦审定，成为当地主栽品种，推广面积超过1万公顷，有效提高棉花单产60%以上。通过与国内企业合作，成功将棉花新品种向苏丹和坦桑尼亚等非洲国家推广应用。

三是生物防治产品开启海外市场新航道。针对缅甸和老挝农业现状建立起以生物防治为主的水稻、玉米害虫综合治理技术体系，各建设 14 个赤眼蜂大规模生产设施，具备为 0.33 万公顷水稻及玉米供应赤眼蜂卡的能力，累计推广示范水稻、玉米综合治理技术各 0.67 万余公顷。与美国爱利思达生命科学公司（ALS 公司）成功签署植物免疫蛋白质生物农药（阿泰灵）海外代理战略合作协议，获得 1 000 万元人民币全球代理费，正式开辟生物农药海外市场。

四是动物疫苗开拓海外市场效果显著。利用埃及高致病性 H5 N1 禽流感病毒毒株，研制了针对埃及特异性毒株的灭活疫苗（Egy/PR8 - 1 株），效果显著优于埃及原有疫苗。该疫苗自 2010 年起成功投放埃及市场，已累计出口近 5.7 亿多羽份，创汇金额约 627 万美元。高致病禽流感疫苗已稳定出口埃及和东南亚等国家和地区。

随着改革开放的深入推进，中国与其他国家的农业经贸合作深度交融，农业对外合作机制逐步建立。农业合作已成为国家领导人外交活动的优先和重点议题，习近平主席访问阿根廷、古巴、哥斯达黎加、荷兰、美国、英国等国时，农业外交、农庄外交成为一大亮点。构建双边农业合作交流平台，举办中非、中国—东盟、中俄、中波等农业合作论坛，促进双边农业交流合作。中国已与全球 150 多个国家和地区建立了长期稳定的农业合作关系，与 70 多个国家成立了农业合作联合委员会或工作组，形成了中日韩—东盟（10＋3）农业合作、上海合作组织农业合作、"一带一路"倡议下农业合作、南南农业合作等长效机制。

【专栏5-3】　共同推进"一带一路"建设农业对外合作机制

为保障"一带一路"建设农业对外合作顺利实施，以现有合作机制为基础，不断完善和创新方式，促进"一带一路"农业对外合作蓬勃发展。

加强政府间双边合作。开展多层次、多渠道沟通磋商，推动双边关系全面发展，为农业合作提供有力保障。在"一带一路"建设政府间谅解备忘录下推动签署农业合作备忘录或编制农业合作规划。充分发挥现有双边高层合作机制作用，推动更多沿线国家和地区以及相关国际和地区组织建立高水平、常态化农业合作机制。强化政府间条法磋商，加快商签"一带一路"沿线双边投资贸易协定，加强政府间交流协调，加强投资保护、金融、税收、通关、检验检疫、人员往来等方面合作，促进企业实践与政府服务有效对接，为开展"一带一路"农业国际合作创造更佳环境、争取更好条件。

强化多边合作机制作用。深化与国际机构的交流与合作，充分利用二十国集团、亚太经合组织、上海合作组织、联合国亚太经社会、亚洲合作对话、阿拉伯国家联盟、中国—东盟、澜沧江—湄公河合作等现有涉农多边机制，深化与世界贸易组织、联合国粮食及农业组织、世界动物卫生组织、国际植物保护组织、国际农业发展基金、联合国世界粮食计划署、国际农业研究磋商组织等交流合作，加强与世界银行、亚洲开发银行、金砖国家新开发银行、亚洲基础设施投资银行、丝路基金合作，探索利用全球及区域开发性金融机构创新农业国际合作的金融服务模式，积极营造开放包容、公平竞争、互利共赢的农业国际合作环境。

发挥重大会议论坛平台作用。充分利用中非合作论坛、博鳌亚洲论坛、"10＋3"粮食安全圆桌会议、中国—东盟博览会、中国—南亚博览会、中国—亚欧博览会、中国—中东欧经贸论坛、中国—中东欧进出境动植物检疫暨农产品质量安全合作论坛、中国—阿拉伯博览会等重大会议论坛平台，加强"一带一路"农业合作交流。在"一带一路"国际合作高峰论坛框架下，逐步建立"一带一路"农业合作对话机制、农业规划研究交流平台，依托"一带一路"网站建立农业资源、产业、技术、政策等信息共享平台。

共建境外农业合作园区。推动沿线国家企业合作共建农业产业园区，形成产业集群和平台带动效应，降低农业合作成本，增强风险防范能力。引导和支持企业参与农业合作园区建设和运营，围绕种植、养殖、深加工、农产品物流等领域加强基础设施建设，优化农业产业链条，为实现经济走廊和海上通道互联互通提供支撑。结合"一带一路"沿线国家的意愿和基础条件，共建一批农业合作示范区，构建"一带一路"农业合作的新载体和新样板。

（五）积极参与国际投资规则制定，粮农治理能力逐步增强

改革开放以来，中国积极参与国际投资规则制定，除双边投资保护协定外，还积极参与自由贸易协定、区域一体化以及多边协定制定。根据联合国贸易与发展会议编写的《2017 世界投资报告》，目前构成国际投资法律体系的各类国际投资协定总计已达 7 000 多个，过去几年里平均每周至少有 3 个这样的协定签署。这类协定已经成为各种国际规则制订中数量增长最快的规制。中国积极适应这样的发展形势，逐步扩大国际投资协定网络的范围，不断提升国际投资协定的作用，为"引进来"和"走出去"创造良好的制度环境。

1. 双边投资保护协定

自 1982 年 3 月开始，截至 2017 年 1 月，中国已经签订了 117 个双边投资保护协定，涉及 104 个国家。其中绝大部分是在 1982—1998 年间签订的，已与德国、法国、比利时与卢森堡、芬兰、荷兰、瑞士、斯洛伐克、葡萄牙、西班牙、乌兹别克斯坦、韩国、尼日利亚、古巴等 14 个国家重新签订了双边保护协定。在中国加入世界贸易组织前后，双边投资协定的谈判停止。2003 年后，中国开始商谈或重新修订某些先前签订的双边投资协定。与 1998 年前的双边投资协定相比，新一代协定有了许多新的变化，更加适应新的国际投资规则以及中国新时期的对外经济贸易政策。

2. 自由贸易协定

目前，中国已经与东盟、智利等 24 个国家和地区签署了 16 个自由贸易协定，其中与东盟、智利、新加坡分别签署了自由贸易区升级协定。中国是《亚太贸易协定》的成员之一，与香港、澳门签署了《更紧密经贸关系安排》，与台湾签署了《海峡两岸经济合作框架协议》。2009 年 8 月，中国与东盟签署了《投资协议》，进一步促进双方投资便利化和贸易自由化。在中国与新西兰、中国与秘鲁的自由贸易协定中，也涉及了双向投资问题，承诺双方相互给予对方投资者及其投资准入后国民待遇、最惠国待遇和公平公正待遇。同时，中国与海合会、《区域全面经济伙伴关系协定》、挪威、南部非洲关税同盟和巴拿马等国家和地区的 14 个自贸区的谈判正在进行中；中国与哥伦比亚、斐济、尼泊尔、巴新、加拿大和蒙古国等 8 个自由贸易区的谈判正在研究中（表 5-5）。

表 5-5　中国已签署协定的自贸区

国家或地区	协定名称	签订时间	实施时间
内地与港澳	《关于建立更紧密经贸关系的安排》	2003—2006 年	2006 年 1 月 1 日
中国—东盟	《中国—东盟全面经济合作框架协议》	2002 年 11 月 4 日	2010 年全面建成
	《中国—东盟关于修订〈中国—东盟全面经济合作框架协议〉及项下部分协议的议定书》	2015 年 11 月 22 日	2018 年 11 月 14 日

（续）

国家或地区	协定名称	签订时间	实施时间
中国—巴基斯坦	《中国—巴基斯坦自由贸易协定》	2006 年 11 月 18 日	2007 年 7 月 1 日
中国—智利	《中国—智利自由贸易协定》	2005 年 11 月 18 日	2006 年 10 月 1 日
	《中国—智利自由贸易协定升级议定书》	2017 年 11 月 11 日	待定
中国—新西兰	《中华人民共和国政府与新西兰政府自由贸易协定》	2008 年 4 月 7 日	2008 年 10 月 1 日
中国—新加坡	《中国—新加坡自由贸易协定》	2008 年 10 月 23 日	2009 年 1 月 1 日
	《中国—新加坡自由贸易协定升级议定书》	2018 年 11 月 12 日	
中国—秘鲁	《中国—秘鲁自由贸易协定》	2009 年 4 月 28 日	2010 年 3 月 1 日
中国、孟加拉、印度、老挝、韩国和斯里兰卡	《亚太贸易协定》	2005 年 11 月 2 日	2006 年 9 月 1 日
中国—哥斯达黎加	《中国—哥斯达黎加自由贸易协定》	2010 年 4 月 8 日	2011 年 8 月 1 日
中国—冰岛	《中国—冰岛自由贸易协定》	2013 年 4 月 15 日	2014 年 7 月 1 日
中国—瑞士	《中国—瑞士自由贸易协定》	2013 年 7 月 6 日	2014 年 7 月 1 日
中国—韩国	《中国—韩国自由贸易协定》	2015 年 6 月 1 日	2015 年 12 月 20 日
中国—澳大利亚	《中国—澳大利亚自由贸易协定》	2015 年 6 月 17 日	2015 年 12 月 20 日
中国—马尔代夫	《中国—马尔代夫自由贸易协定》	2017 年 12 月 7 日	待定
中国—格鲁吉亚	《中国—格鲁吉亚自由贸易协定》	2017 年 5 月 13 日	2018 年 1 月 1 日

资料来源：中国自由贸易区服务网。http://fta.mofcom.gov.cn/。

3. 避免双重征税协定

截至 2018 年 12 月底，中国已对外正式签署 107 个避免双重征税协定，其中 100 个协定已生效，同香港、澳门两个特别行政区签署了税收安排，与台湾签署了税收协定。

中国坚持均衡、互惠、共赢原则，反对贸易投资保护主义，积极参与全球粮农治理，大力推动全球粮农治理体系创新。持续巩固 G20 农业部长会议机制，呼吁主要国家改善全球农业投资环境，推动和扩大对发展中国家和地区的农业投资，实现投资方和东道国"双赢"。在全球性粮农议题上，主动提出新主张、新倡议和新行动方案，国际粮农规则和标准制定中的话语权逐步增强。

第三节　农业国际化发展的成效及其经验

在推进农业国际化过程中，中国注重国内国际两个市场、两种资源的统筹利用，农业国际化取得了明显的成效，并积累了诸多经验。

一、农业国际化发展的成效

农业国际化使得中国农业融入世界农业，在全球范围内配置农业资源。通过扩大农产品对外贸易，吸引外资和加大农业对外直接投资，开展国际援助和农业科技合作等措施，不仅增加了农产品有效供给，也提升了农民收入水平，不仅促进了国内农业现代化的发展，也对全球农业发展做出了重要贡献。

（一）维护了多边贸易体制，农业全面对外开放格局已经形成

在农业国际化进程中，中国严格履行入世承诺，逐步消减农产品关税，成为世界农产品关税水平最低的国家之一，不断推进贸易和投资自由化便利化。维护了多边贸易体制，为世界经济贸易发展创造良好环境。作为农产品贸易大国，中国不断扩大农业领域对外开放，主动融入经济全球化大潮，积极参与并推动贸易谈判，维护了多边贸易体制的权威性和有效性，改善了国际农业贸易环境，为世界经济贸易发展和全球民众福祉改善做出了重大贡献。中国不断改善营商环境，鼓励农业利用外资，健全和完善外资监管审查体系，农业利用外资的质量和水平不断提升。结合"一带一路"倡议，中国不断完善支持农业对外合作的政策体系和制度框架，引导国内农业机械、农资、技术等富足产能走出去，提高发展中国家农业整体发展水平，并逐步建立持续、稳定、合理的全球资源性农产品供应链，为世界粮食安全和地区稳定做出了积极贡献。由此可

见，中国农业已经融入世界经济体系，对外开放的广度和深度不断增加，农业全面对外开放的格局基本形成。

（二）促进了农业产业结构调整，提升了农业竞争力水平

改革开放以来，尤其是加入世界贸易组织后，中国农业国际化加速推进。随着贸易保护措施的相对减少，国际农产品市场对国内市场的影响增强，面对国际农产品市场竞争激烈、贸易摩擦频发和国际农产品市场剧烈波动等外部压力，中国主动适应国内需求变化和国际市场竞争要求，变压力为动力，不断优化调整农业产业结构，全面提升农产品品质，促进农业综合竞争力提升。一是农业综合生产能力和可持续发展能力不断提升。面对人多地少水缺的国情以及农业生产成本上升、比较利益下降等困难挑战，农业国际化促使中国注重农业高质量发展，不断推进农业供给侧结构性改革，更加注重农业绿色发展，不断提升农业可持续发展能力。二是农业生产布局更加合理。中国各省份各地区根据农业对外开放情况，立足当地资源优势和产品生产优势，不断调整农业区域结构，农业生产布局调整取得重大进展，主要农产品生产向优势区域集中的格局逐步形成。三是农业科技进步贡献率逐年提升。在农业国际化过程中，中国鼓励外资开展农业综合开发、农产品加工流通、农业科技研发等，推动了现代农业发展，促进了农产品加工业结构升级、提高了农产品质量安全水平。四是促进农产品品质提高，增强农业国际竞争力。农业国际化促使中国结合本国实际，参照国际标准，不断制定和完善农产品卫生安全标准，促使经营主体全面实行标准化和规范化生产，提升了农产品质量安全水平，增强了农业国际竞争力。

（三）促进了农业市场经济体制完善，激活了农业市场活力

农业国际化促使中国参照国际规范和规则，不断深化农村经济体制

改革，建立符合市场经济规则的宏观调控体系，增强了农业市场活力。为适应入世承诺，中国政府主动作为，加快清理了同 WTO 规则相冲突的法律法规，不断修改和完善农业法律法规，形成了同农业国际化相符合的法律体系，农业市场经济秩序不断规范。农业国际化的过程也是中国不断完善农业支持保护政策的过程，发达国家在农业国际化的过程中非常注重对本国农业保护。不同国家由于农业实际情况、所处的发展阶段、总体竞争力和产业结构的不同，其保护和调控措施的重点和强度不尽相同，总体而言，各国农业的有效保护水平呈不断强化态势，保护和调控措施日趋多样。中国根据世贸规则、保护农民利益和支持农业发展的原则，不断调整和改进"黄箱"政策，扩大"绿箱"政策使用范围，按照发挥市场机制作用取向，不断完善农业补贴政策。适应农业市场经济发展需要，提升政府服务水平。农业国际化促使政府按照市场经济需要，加快政府审批制度改革，进一步减少了行政审批事项，不断深化"放管服"改革，增强了农业市场活力。

（四）增强了农业与世界市场的关联程度，提升了农民收入水平

农业国际化促使不同国家和地区的农业经营主体，依据农业比较竞争优势的原则参与国际分工，在此基础上调整和重组全球农业资源，实现了资源和农产品的双向流动，形成相互依存、相互联系的全球经济整体。中国农业贸易依存度由 2001 年的 15% 增加到 2017 年的 20.8%，农产品出口依存度虽然只有 7.8%，但农产品进口依存度日益提高，由 2001 年的 6.4% 上升到 2017 年的 13%。在融合的过程中，中国较好地发挥了自身比较优势，实现了内外优势互补，增强了农产品有效供给能力。面对农产品需求增长对资源环境的压力，中国不断提升统筹利用两个市场、两种资源的能力，一方面加大油籽、植物油、棉花等土地密集型农产品的进口，为农业结构调整、保障粮食安全提供了空间和余地，使得

国内能更好地利用有限资源来重点发展粮食生产，确保中国人的饭碗牢牢端在自己手里。另一方面，加大园艺和水产品等劳动密集型优势产品出口，相比欧美发达国家，劳动力资源具有比较优势，出口此类产品，经济效益较高，带动了种养、加工、包装、运输、营销等整个产业链的发展，拓宽了农民就业和增收渠道，促进了农业增值增效。

二、农业国际化积累的经验

当前尽管单边主义、贸易保护主义和逆全球化思潮不断有新的表现，但经济全球化依然是当今世界经济的一个基本特征和发展趋势，农业国际化是不可逆转的世界潮流。中国在农业国际化进程中，经历了诸多磨炼，积累了许多经验。

一是协调好"走出去"与"引进来"的关系，统筹利用两个市场、两种资源。中国坚持"引进来"与"走出去"相结合，通过"走出去"拓展农业发展空间，提升国际农产品供给能力，以"引进来"提升农业现代化水平，扬长避短、趋利避害，切实保障全球粮食安全和主要农产品供求平衡。树立全球义利观，积极利用国际农业资源，提升全球农业资源配置力及使用效率，在发挥农产品贸易大国作用的同时，坚持绿色生态发展导向，更好兼顾生态和生产的关系。充分利用世贸规则，提高农产品贸易调控能力，鼓励适度进口，防止过度进口冲击国内生产、影响农民就业和增收。

二是注重把农业国际化作为国家间共建利益共同体和命运共同体的结合点。解决全球粮食安全问题，是确保中国粮食安全的基础。其核心在于增强发展中国家的粮食供给能力。实践证明，由于供给结构的不平衡、价格高涨，导致世界粮食危机，威胁广大发展中国家特别是贫困国家的粮食安全。依靠增强发达国家的粮食供给能力，其本质上并不能有效解决发展中国家的粮食供给与安全问题，广大发展中国家只有立足自身解决粮食供给问题，才能有效应对世界粮食危机、确保本国粮食安全。尽管国际市场可贸易粮源的供给潜力仍在发达国家，但增加发展中国家粮食供给能力，也相当于减少发展中国家对市场可贸易粮源的需求。部分发展中国家通过完善农业基础设施、普及先进适用的农业技术、开发农业资源等，完全能够依托本国农业资源实现主要农产品自给，甚至可能会由农产品进口国转变为出口国。中国注重将境外农业投资与农业国际合作有机结合，在双边关系、经贸合作、对外援助等工作中，统筹布局、系统规划，形成服务于国家粮食安全总体战略、互惠互利共赢的新型国际农业合作战略，支持发展中国家提高粮食安全保障能力与农产品供给能力。

三是注重协调处理好国外农业资源利用和国际风险防范的关系。目前中国主要农产品进口来源地相对集中，对国际市场供求和价格的影响较显著，贸易大国双刃剑效应日益凸显。特别是，大豆进口来源过于集中，中国选择进口来源地的余地越来越小，大国之间的贸易摩擦常态化趋势明显，贸易摩擦对国内会带来诸多不利影响，中国正加快探索实施农产品进口多元化战略，适度增加农产品加工品和替代性产品进口，以部分替代初级农产品或农业原料进口，既可以实现由多个国家、多种渠道的多元化进口，进一步分散进口风险，又可以最大程度减少集中大量进口对国际国内市场及相关产业的影响。在农业海外投资方面，政府动态调整顶层设计，建立农业海外投资信息服务平台，完善金融、保险、海关等政策设计，提高服务企业水平，鼓励企业开展风险评估及制度设计，最大限度的降低企业走出去风险。

【专栏 5-4】 日本促进农业国际化的做法

日本农业自然资源贫乏，粮食自给率仅为 40% 左右，政府高度重视通过农业海外投资构建全球农业产业链，保障境外农业资源输入的稳定性和自主性及粮食安全供给。日本农业海外投资政策经历了从战后至20世纪60年代限制粮食进口时期，70年代至80年代寻求海外粮食供应时期，20世纪90年代推动世界范围粮食安全时期，21世纪后多角度推动国际合作确保本国粮食安全等四个历史时期的变迁。在投资来源上，企业直接投资、政府开发援助（ODA）、国内政府公共财政支出是日本海外农业投资的最主要来源，其中企业是最重要的主体。在投资方式上以联营、并购、租赁和订单形式为主。

　　日本农业海外投资高效可持续的发展，得益于其独特的官民协力的农业海外投资模式。该模式确立于2011年并将海外农业投资行动原则、官方参与主体与职能划分，以及农业海外投资政策支持工具等，系统地整合在一个完整的框架之下。从其主体及职能来看，它是由农林水产省与外务省共同牵头，通过与财务省、经济产业省、日本国际协力机构、日本国际协力银行、日本贸易振兴机构、日本贸易保险公司等进行通力合作，综合利用财政金融、税收和保险等支持工具，促进农业海外投资。在财政金融支持上，日本对外直接投资的大量外汇资金来源于政府和金融机构提供；农林水产省下设的海外农业开发协会每年有一定的政府预算用于开发海外农场；设立农业海外财政开发基金；对于有意海外投资的日本民间企业，其投资环境调查费的50％由国库提供；制定海外投资的外汇贷款制度，进行长期的低息贷款等。在税收政策上，日本政府采取了体现资本输出中性为原则的税收抵免法，减轻投资企业的税负；制定海外投资损失准备金制度，使企业和政府共同承担风险。在保险制度上，制定了《贸易保险法》和贸易保险制度，以国家输出信用保险制度为基础，以政府财政作为理赔后盾，采取单边保险制度，境外投资保险的范围包括外汇险、征用险和战乱险，保险费用收取较低，有效降低了日本企业对外贸易以及对外投资的风险。

日本农业国际化的主要经验：一是日本政府主动适应国际国内环境，动态修正农业海外投资的战略目标，避免政治上的敌意和猜忌。日本政府在农业海外投资的各阶段依据不同时期需求，分别确立了20世纪70—80年代的资源获取、90年代的全球粮食安全和保障日本粮食安全，以及21世纪的多角度推动国际合作以解决全球食品保障的农业海外投资战略目标，避免国际社会和被投资国的敌意和猜忌。二是借助国际农业援助，提高国际社会地位与话语权。通过政府间的良好合作关系，为企业创造良好的农业海外投资环境；建立官民协力的高效合作机制，完善金融、税收和保险支持。三是农业海外投资方式的多样化，海外农业开发成功模式的积极推广。日本根据不同国家和地区的政治、社会及农业状况，因地制宜，关注具有农业潜力的发展中国家，实施联合经营、订单生产、收购农业企业和设施、购买或租赁土地及农场等多样化的投资方式，积极推广海外农业开发成功模式，致力于构建完整的农业产业链，有效地规避了政治及投资风险。

【专栏 5-5】 韩国促进农业国际化的做法

韩国的海外农业开发活动，始于以20世纪60年代《海外移居法》的出台而开展的南美洲地区农场开发，有着50余年的历史。早期政府主导农业移民形式的海外农业开发活动均以失败告终。进入80年代后，虽出现社会力量主导的小规模海外农业直接投资活动，但其成效并不尽如人意。进入21世纪后，在国际货币危机、国际谷物价格突变的市场环境下，粮食安全与海外农业资源开发成为韩国社会关注的热点问题。2009 年韩国农林水产部依据《海外资源开发事业法》第 4 条规定制定了《海外农业开发 10 年基本规划》，2012 年制定并实施了《海外农业开发协作法》，从而正式启动企业主导、政府提供政策及资金支持的海外农业开发事业，韩国海外农业开发事业由此成为具有制度及法律保障的国家工程。

韩国的海外农业开发可分为三大领域。第一个领域是韩国的农产品相关企业为企业发展而开展海外农业直接投资，即农业直接投资（FDI）。第二个领域是为解决国际社会日益突出的粮食供给失衡问题，确保韩国粮食进口供应稳定而展开的海外农业开发活动，即政府层面上支持推行的海外农业开发事业。第三个领域是为解决发展中国家贫困问题、提高韩国在国际社会的地位，针对发展中国家的以帮扶农业与农村发展为主的具有开发援助色彩的海外农业开发活动，即农业官方开发援助（ODA）。上述三大领域间并不是各自孤立存在的，而是有着紧密的联系。海外农业开发事业是一项政府事业，以应对世界和韩国粮食危机，实现粮食安全为目的，并以已走出去及计划走出去的企业为对象，政府提供政策及资金支持。农业对外直接投资虽是民间企业以追求经济利益为目的的活动，但也有不少民间投资将其投资方向指向政府海外农业开发事业支援的项目。农业领域的 ODA 在一定程度上解决发展中国家的贫困与饥饿问题，在经济开发中占据重要地位。与海外农业直接投资和农业 ODA 相比，韩国的海外农业开发事业居海外农业开发活动的核心地位。政府对海外农业开发事业的 2016 年财政投入预算规模，从 2009 年的 210 亿韩元增加到为 427.5 亿韩元。不仅如此，韩国海外农业开发事业的法律和制度框架不断完善：2009 年农林水产食品部依据《海外资源开发事业法》第 4 条的规定制定了《海外农业开发 10 年基本规划》，韩国的海外农业开发成为具有制度及法律保障的国家工程。该规划要求，农林水产食品部每3年建立以10年为周期的海外农业开发长期综合规划。2011年韩国政府通过了《海外农业开发协力法》，对海外农业开发及国际农业协力事业做出了更具针对性的法律规定。新法将农畜产品及林产品从《海外资源开发事业法》中剥离出来，农林水产食品部自主开展海外农业开发事业。

韩国有效推进农业对外投资得益于：一是健全和完善农业对外直接投资法律及制度保障。从《海外资源开发事业法》到《海外农业开发协力法》，在制定具体的《海外农业开发10年基本规划》中，韩国为海外农业开发提供了法律保障。在实施过程中，注重从整体上监管相关业务的专门主管部门（农林水产食品部）进行一元化管理的模式，降低了农业对外投资过程中部门间的协调成本，使之更为有效。二是注重耦合农业对外投资企业及对外援助之间的纽带关系，实现协同效应。对外援助发展中国家农业农村的行为必然会提高两国间信赖度，并有助于农业对外投资的发展。通过ODA在发展中国家进行现金技术普及和专门人才培养，对发展中国家的援助和与发展中国家合作的项目取得了事半功倍的效果，这必然会给支援国家和受援国家创造共同的价值，从而促进以企业为主体的农业对外投资的持续发展。

第四节　农业国际化对农业现代化的作用及其影响

随着中国农业和世界农业融合程度的日益深化，农业国际化对农业现代化具有重要的推动作用，农业现代化的前景和出路在于国际化，农业现代化进程加快又有利于提高农业国际化的质量和水平，两者存在着相互依存、相互影响、相互促进的互动机制。

一、优化资源要素配置提升农业国际竞争力

经济学的存在是由资源的稀缺性引起的，即需求的无限性和生产有限性的矛盾。农业国际化促使一个国家（地区）立足本国特点，在更大范围、更宽领域、更高层次上，主要通过国际贸易和国际投资等形式，参与全球范围内农业资源配置和利用，实现资源配置效率的最大化。

要素禀赋理论认为，由于国与国之间在要素禀赋上存在着差异，使得要素价格也产生差异，进而导致生产成本和产品价格的差异。一国应该出口那些在生产中需要密集使用该国相对丰裕和廉价的生产要素的产品，而进口那些在生产中需要密集使用该国相对缺乏和昂贵的生产要素的产品。要素禀赋理论表明，产品的竞争力主要来自于其生产要素价格方面的竞争力。农业国际化是相对农业贸易保护主义而言的，其要点是主张农产品贸易自由化，取消对农业领域特别是农产品贸易领域的一切干预造成的竞争和贸易扭曲，在充分发挥本国经济比较优势、提高国内资源配置整体效益的基础上，实现农业生产、流通、消费与国际对接，从而使全球农业资源配置最优、经济福利增长较多。

中国是世界上农产品生产大国，同时也是消费大国，但相比欧美等发达国家还不是生产强国，主要农产品的竞争力仍较低，从 2011 年开始，中国粮棉油糖和肉蛋奶等重要农产品均实现净进口。运用显示性比较优势指数（Revealed Comparative Advantage Index，简称 RCA 指数）比较分析中国同其他主要农产品生产国的农业综合竞争力。经过比较，可以看出中国农业原材料的 RCA 指数长期处于下降状态，其国际竞争力相对较弱，土耳其与中国具有相似的变化情况；日本、西班牙、法国和韩国农业原材料的 RCA 指数也长期低于 0.8，具有相对较弱的国际竞争力；马来西亚农业原材料的 RCA 指数虽然整体上处于下降状态，但其数值常年高于 1.25，具有很强国际竞争力；荷兰、美国和奥地利的农业原

材料 RCA 指数长期高于 0.8，且荷兰和美国在该指数上均呈现出不同程度的增长，表明这两个国家在农业原材料市场上的国际竞争力逐渐增强（表 5 - 6）。

表 5 - 6   农林渔业 FDI 前十位国家农业原材料的 RCA 指数

年份	中国	马来西亚	日本	西班牙	荷兰	美国	法国	奥地利	韩国	土耳其
1985	1.406 5	5.046 7	0.174 7	0.542 1	1.010 0	1.163 7	0.681 6	1.248 6	0.211 1	1.266 0
1990	1.139 8	4.504 7	0.181 1	0.683 1	1.381 6	1.446 1	0.606 8	1.435 8	0.414 3	0.992 8
1995	0.630 8	2.305 6	0.208 9	0.613 0	1.459 2	1.440 1	0.542 9	1.234 5	0.493 5	0.541 9
2000	0.588 2	1.414 7	0.251 9	0.726 7	1.480 7	1.244 2	0.591 3	1.304 8	0.518 4	0.607 1
2005	0.329 9	1.557 1	0.325 2	0.730 1	1.748 1	1.596 8	0.591 1	1.157 2	0.505 5	0.326 0
2006	0.305 6	1.752 7	0.332 6	0.732 1	1.702 8	1.581 3	0.587 4	1.130 7	0.466 7	0.327 1
2007	0.297 4	1.590 2	0.358 6	0.708 7	1.722 9	1.562 4	0.584 9	1.274 6	0.515 4	0.290 2
2008	0.304 2	1.643 8	0.393 5	0.748 4	1.758 0	1.601 8	0.576 6	1.184 1	0.610 6	0.270 9
2009	0.311 2	1.422 2	0.468 2	0.659 8	1.986 3	1.604 8	0.583 1	1.170 1	0.582 3	0.267 5
2010	0.280 7	1.623 8	0.435 4	0.689 2	1.635 3	1.617 5	0.573 7	1.116 8	0.573 7	0.268 4
2011	0.298 7	1.769 2	0.434 0	0.663 1	1.838 2	1.565 9	0.567 6	0.962 0	0.659 3	0.308 2
2012	0.281 2	1.460 1	0.484 7	0.729 0	1.780 7	1.495 6	0.580 5	0.938 6	0.692 7	0.276 8
2013	0.275 2	1.345 3	0.544 0	0.725 3	1.805 5	1.512 4	0.590 0	0.995 8	0.622 6	0.279 1
2014	0.294 9	1.156 6	0.567 1	0.713 6	1.969 8	1.519 8	0.631 4	0.998 9	0.610 2	0.283 9
2015	0.267 0	1.239 1	0.571 6	0.614 5	—	1.529 7	0.629 7	1.051 6	0.559 7	0.302 5
2016	0.278 9	1.229 1	0.567 2	0.605 6	—	1.531 3	0.637 8	1.045 6	0.548 9	0.316 5

资料来源：根据世界银行 WITS 贸易数据库整理计算。

农产品国际竞争力的高低影响着国与国之间的农业资源配置，具有较高竞争力的农产品其全球市场份额和影响力越高。在中国人多、地少、水缺，人增、地减、水紧的基本国情条件和劳动力、土地、资金三大要素价格显化且不断攀升的经济制约下，随着国内消费水平和转型升级，土地密集型农产品的进口规模日益增加。

基于以邓宁提出的"国际生产折中理论"与"一般投资周期理论"为主要代表的经典国际直接投资理论认为，一国的对外直接投资发展具有以下基本假设：一是资本流向假设。根据新古典贸易理论及增长理论

（E. Heckscher，B. Ohlin，1919；Paul A. Samuelson，W. Stolper，1941；R. Solow，1956），各国要素禀赋的差异会引导要素流向边际产出更具有比较优势的国家。这代表着资本会流向资本边际回报更高且具有资本比较优势的国家，从历史经验来看，资本往往会由资本富裕国流向资本匮乏国，由发达国家流向发展中国家。二是基本要素假设。通常来说企业进行对外直接投资时一般会参考三个基本要素（Dunning，1980）：所有权优势（Ownership)(Stephen H. Hymer，1960），区位优势（Location），市场内部化优势（Internalization）（Buckley，Casson，1976），这三个要素也合称为 OLI 要素假设。三是动机假设。企业进行国际投资时往往出于四个基本动机（Vernon，1966；Buckley，2007；Crossn Voss，2008；Dunning，1992，2009，2012）：市场寻求型、自然资源获取型、效率获取型（降低成本型）、战略性资产获取型（技术获取型）（Dunning，1994）。

从发达国家农业国际化进程看，基于以上对外投资理论假设，各国除了通过农产品贸易参与农业国际分工，最主要的途径是通过跨国公司进行海外投资，在全球范围内配置资源，促进国内农业现代化进程。经历了 40 年的改革开放，中国农业技术和资金优势明显，一方面，积累了大量的先进适用的农业技术，如作物栽培、土壤改良、节水灌溉、农业机械、农副产品深加工等；另一方面，在"一带一路"倡议下，亚投行、丝路基金等已投入运行，将为农业国际化提供急需的资金。

农业贸易规模的扩大和农业对外直接投资的发展，推动国家（地区）参与国际农业分工，提升其统筹利用国内国际两个市场两种资源的能力，促进了一国农业国际化水平提升，推动了农业现代化的发展。

二、促进科技进步提升现代农业技术水平

舒尔茨提出改造传统农业的关键是要引进新的现代农业生产要素，实际上就是许多经济学家反复强调的、促进经济增长的关键因素——技

术变化，因为"'技术变化'这一概念在实质上至少是一种生产要素增加、减少或改变的结果"。不同国家间科学技术发展是不平衡的，农业技术的作用也是如此。农业国际化能有效解决这种不平衡，促进先进农业技术向技术落后地区流动，增加落后地区技术供给源，提升其农业现代化水平。

农产品贸易、农业资本的跨国流动、农业科技合作，为农业技术国际间转移提供了渠道。首先，农产品贸易能够产生一种技术外溢效应，有助于农业技术内源供给能力提高。农产品国际贸易的发展，对农业部门的技术提出了更高要求。当前，国际贸易中的技术性贸易壁垒和人为障碍日益增多，发达国家对本国农产品市场保护力度加大，促使后发国家向高质、生态、安全方向发展，倒逼产品出口国提升其农业技术水平，要想打破别国的技术壁垒，拓展国际市场，必须依靠技术创新。农业国际化带来竞争性贸易增强，提高了技术进步的收益率，使技术进步更为有利可图。其次，资本是技术传播的载体，处于技术相对落后的国家通过吸引外资引进技术领先国家的高技术含量的新产品，通过"干中学"①，模仿先发国家的科技，推动本国技术升级，实现经济增长。"东亚奇迹"就是技术后发优势的明显例证。后发国家一般不需要投入巨大资源重新研究和开发这些已经存在的先进农业技术，通过国际化方式，引进外资和国际技术转让，只需要很少的成本就可以将这些先进科技直接运用到生产中去。后发国家在技术模仿的同时还可以适时推动科技自主创新，在一定条件下跨越科技发展的某些阶段直接进入某些科技前沿领域与先发国展开竞争。第三，农业科技合作和农业对外援助是农业国际化的重

---

① 假定把经济增长过程中的要素投入分为有形的要素投入与无形的要素投入两类的话，学习与经验本应是无形的要素投入，阿罗用"干中学"模型把技术进步用累积总投资来表述，也就是把学习与经验用物质资本来表述，于是学习与经验这些意味着技术进步的无形要素投入就以有形的要素投入表现出来，即人力资本作为一个有形的要素投入表现出来。阿罗认为随着物质资本投资的增加，"干中学"会导致人力资本水平相应的提高。技术进步内生化的设想得以实现。

要体现，也是促进农业技术转型升级的重要渠道。据专家测算，国际合作使中国农业科技研发时间平均缩短了 10～15 年，节约研发经费 30%～50%，引进的国际农、牧、渔业先进技术几乎涵盖了农业产业链所有环节。中国不断加强国际农业科技合作，提升农业产业发展科技支撑能力。通过建立农业科技国际合作平台，例如澳大利亚、比利时建立了"中—澳可持续农业生态联合实验室"（2014 年）、"中—比全球变化与粮食安全联合实验室"（2015 年），稳步推进全球农业科技布局，为农业更好地利用两种资源两个市场奠定了坚实的科技支撑。中国在加强同别国农业技术合作的同时，也加大对外技术援助的力度，通过建立农业技术示范中心①、"南南合作"等方式，推动农技示范项目建设，加强科技人员派出和对外人力资源培训，帮助其他发展中国家发展农业生产、改善粮食安全，提高农业生产效率，促进受援国加快农业现代化进程。

三、推进制度变迁促进农业高质量发展

制度是一系列被制定出了的规则、服从程序和道德、伦理的行为规范，诺斯称之为"制度安排"，其主旨是在提供一种使其成员的合作获得一些在结构外不可能获得的追加收入，或提供一种能影响法律或产权变迁的机制，以改变个人或团体可以合法竞争的方式。从发达国家实现农业现代化的经验来看，因其具备较为完善的市场经济制度，农业现代化所赖以存在的制度环境日益成熟。而在多数发展中国家农业仍是市场化程度较低的传统产业，农业现代化所要求的制度仍在孕育中。农业国际化在某种程度上就是现代市场经济体系逐渐在发展中国家农业部门取得主导地位的过程，也就使市场在资源配置中起决定性作用和更好地发挥

---

① 中国已建成 14 个农业技术示范中心，分别是援赞比亚、坦桑尼亚、喀麦隆、刚果（布）、卢旺达、贝宁、多哥、利比里亚、埃塞俄比亚、苏丹、莫桑比克、乌干达、南非、津巴布韦农业技术示范中心。

政府作用的过程。在农业国际化的过程中，农业分工在全球范围内不断深化，交易链条不断加长，供应链的全球化加快形成，信息不对称问题增多，交易成本上升，需要制度创新来降低交易成本，从而实现日益复杂的交易活动。

农业国际化主要通过发挥市场机制和竞争机制作用，推动本国农业制度优化，提升制度的经济绩效，参与全球范围内的资源配置。具体来讲，①农业国际化促进了农业市场的全球化。在全球化的市场中，原有在一国之内或者封闭市场条件下实行的局部性交易规则，都需要适应国际化的统一要求，形成统一的交易规则来规范交易行为。②农业国际化的过程是农业领域中市场关系充分发展的过程。农业市场关系的发展，必然推动农业产权制度趋向完善。随着国际化深入发展，原有的农业市场交易范围不断扩大，交易成本随之发生变化，在交易成本发生变化的情况下，提高产权界定的明晰度，促进产权向更有效率的用途转移，同时有效降低产权交易过程中的契约执行成本，是实现农业现代化的内在要求。③确保国家粮食安全是农业国际化发展的底线，实现农业高质量发展是农业国际化发展的方向。粮食安全始终是国家（地区）发展的头等大事，这也是实现农业现代化的基础。农业国际化可以缓解国内资源压力，保障国内农业供给侧结构性改革，有利于在更大范围更有成效地维护国家粮食安全。农业现代化的路径是通过推动农业高质量发展实现的，农业国际化让国家（地区）认清发展的短板和不足，带来了挑战和问题，发达国家通过跨国公司打造全球供应链，高效整合的国际供应链，促使产业分工越来越细，对高质量发展要求越来越严格。

06

第六章

扩大农业高水平对外开放

经过 40 年的改革开放，中国农业国际化成效显著，在农业国际化的过程中也积累了诸多经验。进入新时代，农业国际化赋予了新的历史使命，在推进农业国际化过程中仍面临诸多问题和挑战，需要以开放促改革、促发展，推进农业高水平开放，促进农业高质量发展。

第一节　推进农业国际化的重要意义

一、拓展农业现代化发展空间

在全球化迅速发展的时代，农业生产要素跨国流动速度加快，以自身的开放性为特征的国际化，构成了现代化的外部环境和重要内容。农业国际化对农业现代化提供持续推进的动能，实现由传统农业向现代农业转变，实现农业现代化必须加快推进农业国际化，推动农业高质量可持续发展。

（一）农业国际化是推进农业现代化发展的重要引擎

就经济发展一般规律来说，任何国家都不可能拥有自己需要的所有资源和技术、生产需要的所有产品、消费自己生产的全部产品，必须参与国际分工、协作与竞争，借鉴国外的经验与技术，利用国外的市场和资源，在世界范围内实现生产要素的优化配置，促进本国经济发展、改善并提升国民福利。20 世纪中叶以来，随着科学技术和社会生产力的迅速发展，以及国际分工的不断扩大和深化，农产品贸易、农业投资、农业科技合作与人才的跨国流动快速增加，各国农业间的相互依赖关系日益加深。特别是随着以信息技术为代表的新科技革命的迅速发展、以贸易自由化为宗旨的多边贸易体制的建立和完善、农业跨国公司的不断发展和壮大、经济全球化进程呈快速发展态势。尽管近年来世界金融危机的发生，导致贸易保护主义和逆全球化趋势的抬头，但经济全球化依然是当今世界经济的基本特征和发展趋势，是不可逆转的世界潮流。

在经济全球化过程中，任何一国都不可能独立于世界经济体系之外封闭发展。农业作为经济基础部门，不可避免地要融入到经济全球化浪潮中。世界农业多边管理体制框架和管理规则的形成和完善，为全球农产品市场一体化发展奠定了基础，推动了世界农产品贸易规模不断壮大，经济技术合作日益深入，世界各国农业国际化加快推进。农业生产力的提高，农业生产效率的提升，农业现代化的发展，必然要求更大范围的国际协作和分工并不断学习国外先进技术经验，农业的持续增长必须充分利用国外农业资源和市场，突破国内资源市场瓶颈，提高资源要素配置效率，农业现代化的推进和市场主体实力的提升，也只能在国际竞争中才能实现。

（二）农业国际化是突破农业资源和市场约束的必然要求

进入 21 世纪以来，受人口增长、城镇化、膳食结构升级等因素影响，中国主要农产品需求呈刚性增长。人均农业资源短缺，农业发展日益受到环境和资源的刚性约束，制约着农业现代化的进程。首先是农业资源有限性的制约。其次是既有农业资源利用强度的制约。第三是工业等非农部门污染造成的制约。由于许多工业污染毒性大、难以降解，其对农业的制约更具刚性和持续性的特征。第四是可持续发展需要带来的制约。农业可持续发展模式下，发展方式的转变、农业资源的休养修复以及对农业环境投入的增加，将进一步推高生产成本并制约国内农产品供给能力的增长。在资源环境对农业生产的刚性制约日益增强、农产品需求刚性增长情况下，要突破农业资源瓶颈约束，加快推进农业现代化，必须统筹利用国际市场和资源。日本、韩国等农业资源禀赋与我们相近国家的经验证明，耕地资源相对紧缺的国家在农业现代化过程中，通常会加大对世界农业资源的利用，通过促进海外农业投资和进口满足部分农产品需求。

（三）农业国际化是推动现代农业产业转型的客观需要

以开放促改革促发展是中国农业改革发展的成功实践。改革开放以来，中国国农业，一方面利用国外资源和市场实现了快速发展，另一方面吸收国际先进经验和技术加快发展，主动适应国际标准和规则，深度参与国际竞争，推动了农业现代化发展。入世之后，为减少与发达国家的差距，针对农业生产规模小、农产品质量标准低、农业支持总量不足、农产品市场体系不健全等问题，中国围绕全面提高农业竞争力，开展了大量工作。入世以来，中国农业政策调整和体制改革力度之大和影响之深前所未有。针对入世后凸显的农业基础薄弱问题，切实加强了对农业的重视和支持，初步建立了符合世贸组织规则的强农惠农富农政策体系；针对入世带来的竞争压力，积极推进生产力区域布局和农业产业化发展等重大举措，切实提高了农业竞争力；利用入世带来的有利环境，加快了国外资金、技术和品种等现代农业要素引进，积极促进农产品出口，带动了现代农业发展。

当前，中国农业发展改革进入攻坚克难关键时期，有不少难啃的"硬骨头"，如农业大而不强、环境超载、农业及农民收入增长动能衰减、新型农业经营主体培育问题等。这些问题的解决迫切需要加快农业国际化进程，扩大农业高水平对外开放，加强两个市场的融合与统筹，通过竞争和相互借鉴，为农业发展和改革提供经验启示、回旋空间、活力源泉和动力支撑。

二、构建开放型经济新体制

当前，世界经济复苏进程仍然曲折，保护主义、单边主义、民粹主义以及逆全球化思潮抬头，面对新形势新挑战新任务，只有实现中国经济的高质量发展，构建开放型经济新体制，才能推动经济建设再上新台阶。农业是国民经济的基础性、战略性产业，农业国际化在构建开放型经济新体制中发挥着支撑和引领作用。农业与国际接轨已是大势所趋，为有效应对来自国际市场的竞争与挑战，只有推进农业国际化，积极探索农业对外经济合作新模式、新路径、新体制，才能加快形成全方位开放新格局，实现开放型经济治理体系和治理能力现代化。

（一）构建全球农业资源配置新机制

开放条件下，要促进国际国内要素有序自由流动、资源全球高效配置、国际国内市场深度融合，需要加快推进与开放型经济相关的体制机制改革，建立公平开放、竞争有序的现代市场经济体系。农村市场是中国社会主义市场经济的重要组成部分，是构建开放型经济新体制的重要环节。改革开放以来，中国农村市场从封闭走向开放，资源配置从计划走向市场，经历了反复和曲折的历史过程，当前仍然处于不断调整和完善阶段，只有深化农业国际化改革，扩大农业高水平对外开放，才能让农村市场要素更好的自由流动，市场资源更加高效的配置，从而适应构建开放型经济新体制和建设现代市场体系发展的要求。

（二）探索农业经济运行管理新模式

开放条件下对经济运行管理方式提出了更高的要求，只有按照国际化、法治化的要求，营造良好法治环境，依法管理扩大开放，建立与国际高标准投资和贸易规则相适应的管理方式，形成参与国际宏观经济政策协调的机制，才能推动国家经济治理结构不断完善。在农业经济领域，只有推进农业国际化，才能有效推进政府行为法治化、经济行为市场化，建立健全农业市场主体履行自身责任、政府依法监管和社会广泛参与的管理机制，才能健全对外开放中有效维护国家利益和安全的体制机制。

（三）形成农业高水平对外开放新格局

开放型经济新体制重在开放，只有坚持自主开放与对等开放，加强走出去战略谋划，实施更加主动的自由贸易区战略，才能拓展开放型经济发展新空间。农业作为国民经济的重要组成部分，在国家对外开放战略中起到了举足轻重的作用。推进农业国际化有利于促进中国农产品与国际市场互联互通，扩大中国和世界其他国家的贸易往来，深化农业科研领域的跨国交流合作和农业国际投资，推动中国优势农产品走向世界，形成中国农业对外开放新格局。

（四）形成农业国际竞争新优势

构建开放型经济新体制，要求巩固和拓展传统优势，加快培育竞争新优势。受资源禀赋影响，中国农业在国际上的竞争优势并不明显，有些农产品在开放条件下甚至受到了国际市场的严重冲击，只有推进农业国际化，以创新驱动为导向，以质量效益为核心，大力营造竞争有序的市场环境和公平正义的法治环境，才能加速培育农业产业、区位、营商环境和规则标准等综合竞争优势，不断增强创新能力，全面提升中国农业在全球价值链中的地位，推动农业产业转型升级。

三、落实"一带一路"倡议

随着经济全球化趋势的加强，中国与世界经济的联系越来越紧密，以和平、发展、合作、共赢为主题的新时代已经到来，面对当今世界正在发生复杂而深刻的变化，国际金融危机深层次影响继续显现，世界经济复苏缓慢、发展分化，国际投资贸易格局和多边投资贸易规则酝酿深刻调整，传承和弘扬丝路精神[①]显得尤为重要。2013 年 9 月至 10 月，国家主席习近平在出访中亚和东南亚国家期间，先后提出共建"丝绸之路经济带"和"21 世纪海上丝绸之路"（以下简称"一带一路"）[②] 的倡议，得到国际社会高度关注。同年，国务院总理李克强参加中国—东盟博览会时强调，要加快"一带一路"建设。"一带一路"贯穿亚欧非大陆，一头是活跃的东亚经济圈，一头是发达的欧洲经济圈，中间广大腹地国家

---

① 丝绸之路作为人文社会的交往平台，多民族、多种族、多宗教、多文化在此交汇融合，在长期交往过程中各个国家之间形成了"团结互信、平等互利、包容互鉴、合作共赢，不同种族、不同信仰、不同文化背景的国家可以共享和平，共同发展"的丝路精神。

② 2013 年 9 月 7 日，国家主席习近平在哈萨克斯坦纳扎尔巴耶夫大学作题为《弘扬人民友谊 共创美好未来》的演讲，提出共同建设"丝绸之路经济带"。2013 年 10 月 3 日，习近平主席在印度尼西亚国会发表题为《携手建设中国—东盟命运共同体》的演讲，提出共同建设"21 世纪海上丝绸之路"。"丝绸之路经济带"和"21 世纪海上丝绸之路"简称"一带一路"。

经济发展潜力巨大。沿线各国资源禀赋各异，经济互补性较强，彼此合作潜力和空间很大。共建"一带一路"顺应世界多极化、经济全球化、文化多样化、社会信息化的潮流，是国际合作以及全球治理新模式的积极探索。

（一）"一带一路"倡议为扩大农业高水平对外开放提供了重要机遇

农业交流和农产品贸易自古以来就是丝绸之路的重要合作平台。在"一带一路"倡议下，农业国际合作已成为沿线国家共建利益共同体和命运共同体的最佳结合点。借古丝绸之路，中国从西方引入了胡麻、石榴、苜蓿、葡萄等作物品种，并把掘井、丝绸、茶等生产技术和产品带到了中亚，促进了沿线国家间农业技术和产品的传播交流，亚欧非的农业文明沿着古丝绸之路交流互通，不断发扬光大。扩大对外开放新时期，农业发展仍然是"一带一路"沿线国家国民经济发展的重要动能，沿线大部分国家对解决饥饿和贫困问题、保障粮食安全与营养的愿望强烈，开展农业合作是沿线国家的共同诉求。经过40年改革开放，中国农业技术和资金优势明显，一方面积累了大量先进适用的农业技术，如品种培育、作物栽培、土壤改良、节水灌溉、小型农机具、农副产品深加工等；另一方面，亚洲基础设施投资银行、丝路基金等已投入运行，不少中国涉农企业已经开始实施国际化发展战略，可为沿线国家提供农业发展急需的资金。当前，"一带一路"农业合作，既受到合作国领导人的重视，也得到普通群众的欢迎，有利于带动当地农业农村发展，是实实在在的民心、民生工程。"一带一路"倡议为统筹利用国内国际两个市场两种资源，扩大农业高水平对外开放提供了难得的历史机遇，有利于为国内农业转方式、调结构赢得更多的空间，有利于缓解资源环境约束，实现产业发展质量和经营效益的提高，增强农产品保障能力，扩展国内余缺调剂空间。

（二）扩大农业高水平对外开放是落实"一带一路"倡议的重要举措

"一带一路"是促进共同发展、实现共同繁荣的合作共赢之路，是增进理解信任、加强全方位交流的和平友谊之路。沿线各国资源禀赋各异，经济互补性较强，彼此合作潜力和空间很大。"一带一路"倡议以政策沟通、设施联通、贸易畅通、资金融通、民心相通为主要内容，积极利用现有双多边合作机制，推动"一带一路"建设，促进区域合作蓬勃发展。农业是世界经济社会发展的"稳定器"和"压舱石"，中国农业与世界农业高度关联，共同推进"一带一路"建设农业合作意义重大。既是中国扩大和深化对外开放的需要，也是世界农业持续健康发展的需要，有利于推动形成全球农业国际合作新格局，有利于沿线各国发挥比较优势，促进区域内农业要素有序流动、农业资源高效配置、农产品市场深度融合，发展战略有机衔接，推动沿线各国实现经济互利共赢发展。深化农业国际化改革，扩大农业高水平对外开放，是落实好"一带一路"倡议的重大举措。

1. 构建农业政策对话平台，加强与沿线国家政策沟通

通过完善与沿线国家间多层次农业政策对话机制，就农业发展战略充分交流对接，探索建立沿线国家政府、科研机构、企业"三位一体"的政策对话平台，共同制定推进农业合作的规划和措施，协商解决合作中的问题，共同为务实合作及大型项目实施提供政策支持。

2. 优化农产品贸易合作，促进与沿线国家贸易畅通

推动共建"一带一路"农产品贸易通道，合作开展运输、仓储等农产品贸易基础设施一体化建设，提升贸易便利化水平，扩大贸易规模，拓展贸易范围。鼓励建设多元稳定的"一带一路"农产品贸易平台，发展农产品跨境电子商务。加强"一带一路"沿线国家农产品检验检疫合作交流，共建安全、高效、便捷的进出境农产品检验检疫监管措施和农产品质量安全追溯系统，共同规范市场行为，提高沿线国家动植物安全卫生水平。

3. 拓展农业对外投资合作，促进设施联通和资金融通

发挥沿线国家农业比较优势，充分利用相关国际金融机构合作机制与渠道，加大农业基础设施和生产、加工、储运、流通等全产业链环节投资，推进关键项目落地。提升沿线国家间企业跨国合作水平，采取多种方式提升企业跨国投资能力和水平，促进沿线国家涉农企业互利合作、共同发展。鼓励企业参与沿线国家农业发展进程，帮助所在国发展农业、增加就业、改善民生，履行好社会责任。

4. 强化农业科技对外合作，加强能力建设和民间交流

突出科技合作的先导地位，多渠道加强沿线国家间知识分享、技术转移、信息沟通和人员交流。结合各国需求并综合考虑国际农业科技合作总体布局，在"一带一路"沿线国家或地区共建国际联合实验室、技术试验示范基地和农业科技示范园区，开展动植物疫病疫情防控、种质资源交换、共同研发和成果示范，促进品种、技术和产品合作与交流。共建"一带一路"农业合作公共信息服务平台、技术咨询服务体系、高端智库和培训基地，推动区域农业物联网技术发展，提升"一带一路"沿线国家农业综合发展能力。加强以农民为主体的能力建设，共同开展"一带一路"沿线国家农民职业教育培训，提高农民素质以及农民组织化水平，增进沿线国家间交流互信。加强"一带一路"沿线国家农耕文化交流合作，共建跨国经营管理人员培训基地，培养复合型跨国经营管理人才。

共建"一带一路"是中国的倡议，也是中国与沿线国家的共同愿望。面向未来，必须进一步深化农业国际化改革，完善多双边合作机制，有效解决掣肘多双边农业对外合作的体制机制障碍，在兼顾各方利益基础上，推动农业国际化向更大范围、更高水平、更深层次发展，共同为提高全球粮食安全与营养水平，推进全球农业可持续健康发展。

第二节　农业国际化面临的挑战和问题

农业国际化是促进农业现代化的重要动力，在新时代焕发出新的动能，但仍有诸多因素，制约着农业国际化深入推进。

一、农业国际化面临的挑战

（一）农产品贸易不确定因素增多

1. 全球化"不可能三角"

当前，全球经济出现了稳中向好的趋势，但世界经济增长依旧乏力，贸易保护主义、孤立主义、民粹主义等思潮抬头，国际投资贸易格局和全球经贸规则体系都在重构之中，世界经济发展不稳定、不确定因素增多，世界和平与发展面临的挑战越来越严峻。总体上看，在当今世界正处于大发展大变革大调整之中，全球治理体系和国际秩序变革加速推进中，全球化"不可能三角"① 正在世界主要大国上演。美国以捍卫民主制度和国家主权治理为借口，共和党总统候选人特朗普开出"逆全球化"和美国"孤立主义"的药单。英国为了回避全球化带来的移民冲击，及其对民主制度和国家治理的负面影响，主动通过公投脱离欧盟。当今，世界全球化进程遇到重大挫折。特朗普当选美国总统后，不愿承担国际领导责任和义务。一是扛起贸易保护主义大旗，强调"美国优先"。从2008 年到 2016 年，美国对其他国家采取了 600 余项歧视性贸易措施，在

---

① 全球化的资本人员流动，西方坚持的民主制度以及国家的主权治理，这三者之间存在矛盾。最多只能满足两个条件。

其贸易保护主义影响下，全球贸易急速下跌。二是采用规则修正主义，企图以制度霸权维护既得利益。经济实力的相对衰落使美国更加依赖国际规制，以制度霸权维护自身在国际事务中的主导地位。在降低多边机制的管控成本、提高控制效率的同时，美国尽力减损竞争对手在规则体系中的收益，增加中国等新兴经济体在规则体系中获益的难度。三是滑向政治孤立主义，逃避国际责任。特朗普上台后退出气候变化《巴黎协定》、退出联合国教科文组织，一再展现出孤立主义倾向。如同过去在军事上不负责任地干预一样，美国不负责任地收缩和逃避国际责任加剧了国际金融市场动荡、地区冲突升级、恐怖主义蔓延、民粹主义盛行，给世界带来新的威胁和不确定性。当前，美欧等发达国家正在抢夺规则制定权，一些国家已经开始对外国资本投资农业加大限制力度。以土地为主的资源保护主义在全球范围内越来越浓重，这对中国农业对外合作未来发展，以及统筹利用"两个市场、两种资源"以保障实现粮食安全战略，都提出了重大挑战。发达国家依托跨国公司的垄断力量，不断强化全球粮源、物流、贸易、加工、销售全产业链布局，对资源型、战略型等重要农产品市场的掌控力度加大，全球范围内对农业资源的争夺越来越激烈。

2. 中美经贸摩擦持续

2017 年 8 月，美国贸易代表署发布公告，以"中国对美国知识产权存在侵犯行为"为由正式对中国启动调查。本次调查是美国第六次针对中国发起"301 调查"，根据 1974 年贸易法案第 301 条款启动。2018 年 3 月 9 日，特朗普正式签署关税法令，"对进口钢铁和铝分别征收 25％ 和 10％ 的关税"。2018 年 3 月 22 日，特朗普政府宣布"因知识产权侵权问题对中国商品征收 500 亿美元关税，并实施投资限制"。2018 年 4 月 4 日，美国政府发布了加征关税的商品清单，将对我国输美的 1 333 项 500 亿美元的商品加征 25％ 的关税。

美方这一措施违反了世界贸易组织规则，严重侵犯中国合法权益，威胁中国国家发展利益。根据《中华人民共和国对外贸易法》和《中华人民共和国进出口关税条例》相关规定，经国务院批准，国务院关税税则委员会决定对原产于美国的大豆、汽车、化工品等14类106项商品加征25%的关税。实施日期将视美国政府对我国商品加征关税实施情况，由国务院关税税则委员会另行公布。

2018年4月5日，美国总统特朗普要求美国贸易代表办公室依据"301调查"，额外对1000亿美元中国进口商品加征关税。这一做法严重违反国际贸易规则。2018年4月17日，美国商务部部长罗斯宣布，对产自中国的钢制轮毂产品发起反倾销和反补贴调查（即"双反"调查）；美商务部还初裁从中国进口的通用铝合金板存在补贴行为。2018年5月29日，美国白宫宣布将对从中国进口的含有"重要工业技术"的500亿美元商品征收25%的关税。其中包括与"中国制造2025"计划相关的商品。最终的进口商品清单将于2018年6月15日公布，并很快对这些进口产品征收关税。2018年6月15日，美国政府发布了加征关税的商品清单，将对从中国进口的约500亿美元商品加征25%的关税，其中对约340亿美元商品自2018年7月6日起实施加征关税措施，同时对约160亿美元商品加征关税开始征求公众意见。2018年7月6日00:01（北京时间6日12:01），美国开始对第一批清单上818个类别、价值340亿美元的中国商品加征25%的进口关税。作为反击，中国也于同日对同等规模的美国产品加征25%的进口关税。2018年7月10日，美国政府公布进一步对华加征关税清单，拟对约2000亿美元中国产品加征10%的关税，其中包括海产品、农产品、水果、日用品等项目。这一轮关税措施将经公众评论，并在8月20日至23日举行听证会。美国政府将在8月30日公共评论结束后决定下一步行动。2018年8月2日，美国贸易代表声明称拟将加征税率由10%提高至25%。2018年8月8日，美国贸易代表办公室

（USTR）公布第二批对价值 160 亿美元中国进口商品加征关税的清单，8月 23 日起生效。最终清单包含了 2018 年 6 月 15 日公布的 284 个关税项目中的 279 个，包括摩托车、蒸汽轮机等产品，将征收 25％关税。2018年 8 月 23 日，美国在"301 调查"项下对自中国进口的 160 亿美元产品加征 25％关税。

在美国不顾反对使中美贸易摩擦持续升级的背景下，中国国务院新闻办在 2018 年 9 月 24 日发布《关于中美经贸摩擦的事实和中方立场》白皮书，旨在澄清中美经贸关系事实，阐明中国对中美经贸摩擦的政策立场，推动问题合理解决。这份长达约 3.6 万字的文件，用翔实的数据和案例澄清了中美经贸中的关键事实，有力驳斥了美国政府一系列站不住脚的论调，充分阐明了中国的立场和态度。白皮书除前言外，共包括六个部分，分别是中美经贸合作互利共赢、中美经贸关系的事实、美国政府的贸易保护主义行为、美国政府的贸易霸凌主义行为、美国政府不当做法对世界经济发展的危害、中国的立场。

中美经贸摩擦是中美经济关系中的重要问题。贸易争端主要发生在两个方面：一是中国具有比较优势的出口领域；二是中国没有优势的进口和技术知识领域。前者基本上是竞争性的，后者是市场不完全起作用的，它们对两国经济福利和长期发展的影响是不同的。中美经贸摩擦对农产品贸易带来了非常重要的影响。中美贸易摩擦以来，导致农产品贸易的重新洗牌，对全球农产品贸易环境带来不确定性。一是对全世界大宗农产品市场价格造成冲击。因中美贸易摩擦导致大豆、玉米、猪肉等农产品供应链出现重大变化，从而导致重要农产品价格非正常波动，严重影响市场预期，造成农产品贸易市场的极度不稳定。二是对全球农产品贸易格局带来重塑，增加企业的进口成本和不确定性。中美经贸摩擦后，双方均采取了加征关税的措施，以大豆为例，在加征 25％关税后，美国大豆因进口成本提高，中国企业只能去南美的巴西、阿根廷采购大豆，在中美经贸摩擦作用下，南美大豆出口价格上涨，增加了中国企业进口大豆的成本，对企业的正常生产经营活动带来不确定性。

【专栏6-1】 历次中美经贸摩擦回顾

美国自1991年4月以来，已经对中国动用过6次301条款①，前5次都通过双边谈判得以化解。加入WTO前，美国曾4次对中国进行"特别301调查"，分别是1991年4月和10月、1994年6月和1996年4月。入世后，2010年10月，美国贸易代表办公室宣布，应美国钢铁工人联合会申请，按照《美国贸易法》第301条款，对中国政府所制定的一系列新能源政策和措施展开调查。这是美国自中国加入WTO以来首次动用"301条款"对其他经济体贸易行为进行调查，最终中国与美国在WTO争端解决机制项下进行磋商，同意修改《风力发电设备产业化专项资金管理暂行办法》中涉嫌禁止性补贴的内容。

表6-1 美国"301调查"历史

时 间	事 件	结 果
1991.4—1992.1 （历时9个月）	针对中国知识产权领域发起特别"301调查"。调查主要涉及中国专利法缺陷，尤其是美国作品著作权、商标权在华保护的缺乏。	1992年1月签订第一个有关知识产权保护的协议。
1991.10—1992.10 （历时12个月）	针对中国市场准入问题发起"301调查"。调查主要涉及美国产品在中国市场遇到的不公平壁垒问题。	1992年10月签署《中美关于市场准入的谅解备忘录》。

---

① "301"是指《1974年贸易法》第301条，简称301条款，分为一般301、超级301、特别301条款，美国贸易代表办公室可以利用这个条款中的规定，对美国的贸易伙伴国家进行调查，基于301条款的调查，简称"301调查"。

（续）

时　　间	事　　件	结　　果
1994.6—1995.2（历时 8 个月）	针对中国知识产权领域发起特别"301 调查"。调查主要涉及知识产权法律的实施问题，要求中国开放知识产权产品。	1995 年 2 月达成中美知识产权的第二个协议。
1996.4—1996.6（历时 2 个月）	针对中国知识产权领域发起特别"301 调查"。调查主要涉及美国产品在中国市场遇到的不公平壁垒问题。	1996 年 6 月中美双方达成知识产权的第三个协议。
2010.10—2010.12（历时 2 个月）	针对中国清洁能源补贴问题发起"301 调查"。调查主要关注对华能源政策问题，并提请在世贸组织争端解决机制措施。	2010 年 12 月双方在 WTO 争端解决机制项下磋商解决。

资料来源：中国商务部网站资料整理。

　　除动用"301 条款"发动贸易摩擦外，美国对华还采取了诸多贸易保护主义措施，按时间顺序如下：2009 年，美国钢铁工人联合会向美国国际贸易委员会提出申请，对中国产乘用车轮胎发起特保调查。随后，美国国际贸易委员会以中国轮胎扰乱美国市场为由，建议美国在现行进口关税的基础上，对中国输美乘用车与轻型卡车轮胎连续三年分别加征 55％、45％和 35％的从价特别关税。2011 年 10 月 3 日，美国参议院不顾中方坚决反对，以 79：19 的投票结果，程序性通过了《2011 年货币汇率监督改革法案》立项预案。此案以所谓"货币失衡"为借口，将汇率问题进一步升级，采取贸易保护主义措施，严重违背世贸组织规则。2012 年 9 月底，奥巴马签署了 22 年来第一个禁止外国投资的总统命令，否决三一重工的关联公司在美国的风电投资。2012 年 10 月 8 日，美国众议院发布调查报告，以国家安全为由，阻止中国两家通信设备制造商华为和中兴进入美国系统设备领域。

2012 年 10 月 10 日，美国商务部终裁判定，中国向美国出口的晶体硅光伏电池及组件存在倾销和补贴行为。2012 年 10 月 13 日，美国太阳能公司 Solyndra 向中国最大的三家光伏制造企业尚德、英利和天合提起"反垄断"诉讼。2018 年 1 月，特朗普政府宣布"对进口大型洗衣机和光伏产品分别采取为期 4 年和 3 年的全球保障措施，并分别征收最高税率达 30％和 50％的关税"。2018 年 2 月，特朗普政府宣布"对进口中国的铸铁污水管道配件征收 109.95％的反倾销关税"。2018 年 2 月 27 日，美国商务部宣布"对中国铝箔产品厂商征收 48.64％～106.09％的反倾销税，以及 17.14％～80.97％的反补贴税"。

近年来，中美双方在经贸合作中有各自的关切，中方关切美方履行中国加入世界贸易组织议定书第十五条义务（在对华反倾销调查中全面停止使用"替代国"做法）、对华高技术出口限制、滥用贸易救济措施和歧视中国企业对美投资等问题。美方关切货物贸易逆差、知识产权保护、产能过剩、产业政策等问题。过去，两国通过谈判磋商，回应对方关切，解决经贸摩擦，推动双边经贸合作向前发展。

（二）农业国际投资规则变化与境外投资风险

1. 农业国际投资规则变化

在国际投资协定谈判中"准入后国民待遇＋正面清单"的传统规则将被"准入前国民待遇＋负面清单"的国际投资规则新体系所取代，这将对中国农业开展农业对外合作带来影响。国有企业在对外直接投资中占据较大比例，关于国有企业开展国际投资的"竞争中立"问题①将来有

---

① 竞争中立核心内容是"要求无论其他国家采用什么样的经济政治体制，本国政府都需要确保任何主体在经济活动中享有平等竞争的地位"。

望磋商达成，将改变现有的安全审查制度与国际投资规则体系。从国际规则变化的影响来看，一种是对等性影响，另一种是不对等性影响。对等性影响，是给所有国家都带来影响的国际投资规则变化，比如普遍将农业资源占有型投资列入负面清单，或普遍对东道国国内的特色农产品及工艺等采取限制性投资政策，这种变化趋势对所有国际农业企业ODI都会带来影响。不对等性影响，是指只会给单方面国家带来影响的国际投资规则变化，比如为了尽快达成多双边投资协定或者是争取在国际投资规则新体系形成过程中的话语权，有可能再次出现将农业部分领域的单边开放作为还价筹码，造成不对等性影响。比如中国在加入WTO时就放弃了对大豆的关税配额以争取在全局开放问题上尽快达成一致，直接导致了中国大豆产业沦陷。当前中国农业已经退无可退，本来就举步维艰的农业对外直接投资发展更需要避免不对等性冲击。

2. 境外各类自然、社会及政治等风险频发

农业项目本身周期长、风险高。近年来，发达国家黑天鹅事件频发，从英国脱欧到特朗普上台，贸易保护主义和反全球化潮流正在兴起。在发展中国家，农业对外合作则易受到东道国政权更迭、基础设施落后、投资法律保障不足、土地政策和经济政策不稳定等因素干扰。例如，中国东北很多企业在俄罗斯搞农业开发，俄一些地方政府将原已签订合同的土地租赁改为所有权重新发包，等于变相提高地租。澳大利亚、巴西等国家也开始在购买和租赁土地的问题上设限。

【专栏6-2】　农业对外合作企业经历的风险案例

在阿罗约政权时期菲律宾与中国非常友好，企业在菲成立北大荒（菲律宾）农业投资股份有限公司、开展农业试验示范等项目建设都十分顺利，菲方也给予了较高评价。后由于黄岩岛事件等问题，企业

境外扩大生产经营规划受到较大影响，目前发展一直较为缓慢。北大荒种业集团在乌克兰首都基辅市注册成立了北大荒（乌克兰）农业投资股份有限公司，计划开展土地综合开发、农业科技合作、种子经营和国际贸易等业务。后由于乌方政局动荡，北大荒种业集团在乌所有工作都处于停滞状态。这两项投资由于目标国政局变动，给"走出去"企业造成了极大影响。据黑龙江农垦在俄企业反映，俄罗斯农业对外投资政策不稳定，也增加了外资企业在俄投资风险、影响了投资者信心。俄罗斯对外国劳工实行新的"准入"政策，除俄罗斯联邦政府认可的高等专业技术人才外，前往俄罗斯务工的外来人员必须通过俄语、俄罗斯历史及法律基础知识三门考试，否则将不予签发劳务签证。安徽农垦在津巴布韦的农业合作开发也同样面临潜在的政局风险，穆加贝的个人状况及其执政前景对赴津投资企业有着极大的影响。穆加贝领导的民盟和茨万吉拉领导的民革政治分歧无法化解导致穆加贝下台，两党摩擦与矛盾对赴津投资产生较大影响。

（三）农民收入与产业安全受到威胁

农业是高度依赖自然资源和自然条件的产业，农业生产过程是自然和经济过程的结合，资源禀赋和农业生产规模对农业竞争力，特别是资源集约型大宗农产品的竞争力具有决定性作用。农业国际化有助于引入竞争机制，有助于促进农业竞争力的提高，同时也会对本国农民收入和产业安全带来重要影响。中国家庭农地平均规模仅 0.5 公顷，是美国的 1/350、欧盟的 1/30、日本的 1/6、韩国的 1/3。中国农业与国外农业的基础竞争力存在巨大差异。

由于入世时农业做出的重大承诺，中国已成为世界上农产品市场开放度最高的国家。中国取消了数量配额、许可证等所有非关税措施，农产品平均关税水平仅 15.2%，只有世界平均水平的 1/4。这与世界上绝大多数国家平均关税水平高、关税上含有较多"水分"有很大不同，这意味着中国任何关税的削减都是实质性利益，都会对进口和进口价格，继而对农民收入、国内产业产生不同程度的影响。在当前国内外价差持续存在的情况下，企业进口动力强劲，超正常产需缺口之上的"非必需进口"大量增加，导致"洋货入市，国货入库"，产品库存积压严重，价格大幅下跌，甚至跌破成本，给农民收入和产业安全带来严峻挑战。

随着贸易自由化的推进，目前中国有限的关税政策和国内支持政策空间面临进一步减让的巨大压力。在 WTO 多哈回合 15 年谈判中，主要出口成员一直要求中国在入世基础上作进一步实质性减让。2013 年的 WTO 巴厘岛部长会议议题之一就涉及到美国等发达成员要求中国改变现行关税配额管理制度，使中国一度成为谈判的焦点。2015 年的 WTO 内罗毕部长会议之前的谈判中许多成员的提案就是要求中国进一步削减 8.5% 的国内支持微量许可水平、削减重要农产品关税水平。自贸区建设也要求中国农业在入世承诺的基础上再进一步开放国内市场。在这种情况下，国外低价农产品进入中国市场，势必会部分替代国内农产品，在缺乏有效贸易手段的情况下，产业基础会受到严重削弱，并波及到农民的就业，影响农民收入。

二、农业国际化存在的问题

(一) 农业对外直接投资政策支持不够，政府服务水平有待提升

1. 缺少国家强有力的政策支持

中国农业对外合作整体规模偏小，缺乏行之有效的政策支持。目前，针对农业对外投资的补贴项目不多，包括前期费用、资源回运、人员人

身意外伤害保险费用、外派劳务人员的适应性培训费用、境外突发事件处置费用、企业投保海外投资保险等 6 项，而且补贴金额不大。支持农业对外合作的相关配套政策和公共服务还不健全，中国参与国际粮农事务及国际农业规则制定的深度不够，在国际粮食等大宗农产品贸易中缺少话语权和定价权。

2. 融资难、融资贵、海外保险产品少等问题突出

国内金融机构对农业对外合作企业贷款条件要求较高、期限较短、利息远远高于国外融资成本。境外资产无法抵押贷款、企业自筹资金来源不稳定、国内短期贷款难以持续。"外保内贷"或"外保外贷"难以有效操作。政府专项资金支持不够、金融机构信贷优惠力度不够，企业面临资金链断裂、付息压力大等融资难题。很多发展中国家没有国内银行分支机构，境外企业在资金往来、业务结算、股利汇回等方面存在较多困难。中国专门针对海外投资的保险产品不多，特别是针对农业对外投资的保险险种有限。税收也存在返销产品双重征税的现象。

3. 政府公共服务水平亟须提升

现阶段中国服务农业对外合作的顶层设计亟须完善，海外农业投资信息发布、基础数据资料统计提供等公共服务缺失。海外驻外使馆中没有设立农业处，农业外交官人数少，难以为企业提供东道国的资源禀赋、法律法规、产业政策等重要信息。如美国农业部在全球各国设置了 102 个农业处，仅在中国大陆就有 1 个农业处和 5 个农产品贸易办公室。政府对相关协会组织缺乏引导和扶持措施，海外投资协会、学会等服务型中介组织少。部分管理制度难以适应企业的要求。如对国企领导出境手续、时间、次数有严格限制，导致难以深入了解东道国情况和开展投资谈判，容易造成投资失误；海外农业基地所需的种子、农药、化肥、农机等物资和设备办理出关手续繁琐。

（二）农产品贸易话语权缺失，贸易管理体制亟待完善

中国作为世界最大的农产品进口国并没有取得与贸易地位相对应的话语权，巨大的购买力未能改变中国企业被动接受国际市场价格的尴尬局面。以大豆市场为例，少数几家跨国粮商掌握着美国、巴西、阿根廷等主产国大豆的收购、仓储和码头等设施，控制着全球70％的大豆货源，世界大豆贸易基本被跨国粮商垄断。中国是世界上第一大豆进口国，但中国参与大豆国际市场交易的企业在交易价格上的话语权较弱，不得不接受不公平的定价机制。从全球大宗农产品基准价格看，定价权是由期货市场决定的，而国际期货市场基本分布在欧美等国外市场。目前，国际市场上几乎所有的大宗农产品都已形成定价中心，如大豆、玉米、小麦的价格主要由芝加哥期货交易所确定，棉花价格形成于利物浦，天然橡胶定价权主要以日本价格为基准等。近些年来，中国期货市场建设取得了一定进展，如大连已成为芝加哥之外重要的玉米期货市场，郑州的小麦和棉花期货交易在一定程度上构建了"中国价格"，但距离全球定价中心还有很长的路要走。

农产品贸易管理体制亟待调整完善，特别是国营贸易配额使用、农业补贴"爆箱"问题面临更大压力。中国农业支持保护体系中很多政策，都是属于WTO规则中的"黄箱"范畴。随着财政对农业支持的逐年增加，"黄箱"政策的支持已经接近上限。2016年，美国先后对中国大米、小麦、玉米市场价格支持、进口关税配额管理，两次向世贸组织提起诉讼，质疑中国农业补贴"爆箱"和国营贸易配额使用问题。进口关税配额和国营贸易管理为主的贸易调控机制，是中国农产品进口调控的主要手段。在国内外粮食价差较大的情况下，"挡进口"减缓了对国内产业的冲击，但也造成进口配额没有足额使用，配额使用率低的问题。在与国际接轨的过程中，上述农产品价格支持政策和国营贸易配额等政策的弊

端将全面暴露，亟待通过改革和转型来适应国际国内统一市场的需要。调整完善农产品贸易管理体制，创新农业补贴机制是农业政策调整的紧迫性课题。

（三）农业对外合作体制机制仍需优化，利用外资的质量效益亟须提升

为了进一步促进农业对外合作，加快培育中国农业国际竞争新优势，2014年年底，国务院决定由原农业部牵头建立农业对外合作部际联席会议制度，现有21家成员单位参与进来。一方面农业对外直接投资项目管理权限分布在多个行政部门，多头管理、沟通不畅等问题导致项目审批程序繁琐、耗时长、延误商机；另一方面缺乏有效的沟通协调机制，在政策制定中，部门间仍存在各自为战、缺乏有效沟通的现象，信息共享机制有待完善，涉农对外合作资金整合亟须提上日程。

农业利用外资虽然取得积极进展，在绿色农业、有机农业、食品营养等方面的合作，引进了大量的农业种质资源、技术装备、管理经验和智力资源，缩小了农业科技与国际先进水平的差距，提高了农业生产效益。据测算，国际合作使农业科技研发时间平均缩短了10~15年，节约研发经费30%~50%，几乎涵盖了农业产业链所有环节。但是，一方面农业利用外资相比其他行业仍较为滞后，区域发展不平衡。农业利用外资总体规模较小，多数外资项目投资额小于50万美元。农业利用外资流向不合理，区域分布不平衡。东部因基础设施较完善，市场经济较为发达，成为外商投资的重点区域，而亟须资金、技术支持的中、西部地区，外商投资农业的比例相对较小。另一方面农业利用外资的增加对企业自主创新能力提升、民族品牌保护，以及农业产业链各环节带来不利影响和风险，内外资法律法规仍不完善，仍存在和国家对外开放大方向、大原则不符的法律法规和条款，外商投资企业投诉机制尚未建立，准入前国民待遇加负面清单管理制度仍不健全，外商投资事前事中事后监

管与服务体系有待强化，营商环境亟须优化。对比之下，与世界农业大国美国、加拿大、澳大利亚、巴西、法国等国家的农业投资往来规模较小。

（四）农业对外合作企业内生动力亟须加强，企业国际竞争力有待提升

总体来看，中国缺乏真正具有国际竞争力的大型农业企业集团，在全球农业产业链控制、物流和贸易渠道、品牌建设、产品分销等方面的国际竞争优势不强。首先，缺少复合型国际人才。由于企业开展对外投资要涉及国际经济、金融、法律和语言等领域，需要一支具有全球视野和国际化战略思维、熟悉国际投资规则、精通跨国投资经营管理和国际市场开拓、外语熟练的复合型人才队伍，中国企业这方面的储备还较为不足。其次，开展对外投资的层次较低，没有从战略上建立农产品加工、仓储、物流和贸易一体化的全球农产品供应链。由于多数企业还没有建立起完整的自主技术研发和推广体系，企业在技术应用上成本较高且适应能力较差，农业对外直接投资项目主要集中在附加值不高、技术含量较低的劳动密集型行业和传统的生产环节，甚至很多企业开展对外合作的目的就是单纯的种地。此外，企业间协作机制尚没建立。由于地缘和文化等因素影响，目前中国农业对外合作投资地点和领域高度集中。企业间缺乏沟通协作机制，投资存在一定的盲目性，缺乏核心竞争力和差异化竞争优势，开展对外合作的企业之间存在无序发展、恶性竞争的状况，大大增加了企业海外投资成本和投资风险，也影响到中国企业在国际市场的形象和地位。

企业开展农业对外合作需要面对不同的投资环境、政策法规、社会文化，容易受到东道国贸易保护、政治动荡、自然条件、法律制裁、劳资纠纷等不利影响，多数企业尚未构建起有效的农业对外合作风险防范机制。

第三节 扩大农业高水平对外开放

中国已成为世界经济贸易投资大国。随着"一带一路"倡议的深入推进，农业融入全球经济的深度、广度、宽度等各个层面不断拓展，对外开放进入了高质量、高水平发展阶段。农业国际化需要由初期的单纯强调开放转向注重开放的内涵，由消除自身障碍、适应既有规则为主转向促进对等开放、争取有利外部环境和规则为主，由自主性的可纠错的开放转向基于多双协定之上的约束性的开放。

一、推进农业国际化的基本思路

（一）总体要求

推进农业国际化的总体要求是，围绕实施乡村振兴战略、服务"一带一路"倡议和外交大局，树立和平合作、互利共赢的发展理念，坚持使市场在资源配置中起决定性作用和更好地发挥政府作用，坚持改革开放，坚持引进来和走出去相结合，坚持统筹国内发展和参与全球治理相结合，强化投资贸易协同，建立健全支持农业国际化的公共服务和政策支持体系，以立足为国内实现谷物基本自给、口粮绝对安全的国家粮食安全保障体系提供基础支撑，以企业为主体积极探索农业对外合作新模式、新路径、新体制，构建持续、稳定、安全的全球农产品供应网络，在扩大开放中树立正确义利观，切实维护国家利益，保障国家粮食安全，推动中国与世界各国共同发展，构建互利共赢、多元平衡、安全高效的新型农业国际合作关系，打造农业对外开放新格局，维护全球和区域粮食安全。

（二）基本原则

推进农业国际化的基本原则，一是以提高国内粮食综合生产能力为基础，完善粮食支持保护政策，加强和优化粮食储备体系，健全农产品进口调节机制和现代粮食市场体系，探索形成多元化农产品进口调节机制，建设全球农产品进口供应链，构建"立足国内、适度进口"的国家粮食安全新构架。二是以市场为导向、企业为主体、政府支持为保障，以"一带一路"沿线及中南半岛等国家（地区）为重点区域，以开发利用境外农业资源为突破口，加快全产业链布局，逐步形成内外相联、产销衔接、优势互补、相互促进的一体化产业发展格局。鼓励企业加大境外农业投资力度，积极参与国际农业贸易与合作，加快培育一批国际大粮商和农业企业集团。三是深化和拓展农业国际合作，重点加强对发展中国家或地区的农业援助、科技合作，共同打造农业新技术、农业新业态、农业发展新模式，稳定全球农业生产和农产品供给，减少生物能源对全球农产品市场供求和价格的冲击，保障全球人口的基本食物获取权力。四是坚持同舟共济、合作共赢，走开放融通、互利共赢之路，大力倡导"全球责任"的食物权力保障理念，倡导农业资源大国及农产品出口大国承担与之匹配的责任和义务，推动贸易和投资自由便利化，积极参与国际贸易投资规则谈判，维护多边贸易体制。

（三）需要处理好的几个关系

在推进农业国际化过程中需要协调处理好几组关系：一是统筹处理好国内国际两个市场两种资源的关系。树立全球义利观，积极利用国际农业资源，提升全球农业资源配置力及使用效率，在发挥农产品贸易大国作用的同时，坚持绿色生态发展导向，更好兼顾生态和生产的关系。提高农产品贸易调控能力，鼓励适度进口，防止过度进口冲击国内生产、影响农民就业和增收。二是农业"引进来"与"走出去"的关系。必须坚持"引进来"与"走出去"相结合，通过"走出去"拓展农业发展空间和提升国际农产品供给能力，以"引进来"提升农业现代化水平，扬长避短、趋利避害，切实保障全球粮食安全和主要农产品供求平衡。三是国外农业资源利用和国际风险防范的关系。目前中国主要农产品进口来源地相对集中，对国际市场供求和价格的影响比较显著，贸易大国双刃剑效应日益凸显。特别是大豆进口来源过于集中，中国选择进口来源国的余地越来越小，大国之间的贸易摩擦常态化趋于明显，贸易摩擦对国内会带来诸多不利影响。农业对外合作还面临很多风险，农业对外合作风险防范机制仍未建立。四是商业投资与国际合作的关系。解决全球粮食安全问题，是确保我国粮食安全的基础。其核心在于增强发展中国家的粮食供给能力。实践证明，由于供给结构的不平衡、价格高涨，导致世界粮食危机，威胁广大发展中国家特别是贫困国家的粮食安全。依靠增强发达国家的粮食供给能力，其本质上并不能有效解决发展中国家的粮食供给与安全问题，广大发展中国家只有立足自身解决粮食供给问题，才能有效应对世界粮食危机、确保本国粮食安全。尽管国际市场可贸易粮源的供给潜力仍在发达国家，但增加发展中国家粮食供给能力，亦相当于减少发展中国家对市场可贸易粮源的需求。发展中国家通过完善农业基础设施、普及先进适用的农业技术、开发农业资源等，完全能够依托本国农业资源实现主要农产品自给，甚至可能会由农产品进口国转变为出口国。因此，应将境外农业投资与农业国际合作有机结合，在双边关系、经贸合作、对外援助等工作中，统一布局、系统规划，形成服务于国家粮食安全总体战略、互惠互利共赢的新型国际农业合作战略，支持发展中国家提高粮食安全保障能力与农产品供给能力。

二、推进农业国际化的对策措施

从构建人类命运共同体的高度出发，立足国内产业发展的现实和长远需要，提出深化农业国际化的总体思路、主攻方向和重点内容。区分贸易、投资、服务、技术合作等不同领域，从政策法规、支持力度、现实发展不同层面，把握对外双向合作进来和出去两个方面存在的障碍和问题，明确对外开放和对外谈判中我们需要保护的底线。根据国家战略部署和整体布局稳步推进，要确保谈判取得平衡对等、符合各自产业实际的结果。为了走好农业国际化这条路，在当前和今后一个时期，要重点完善以下几个方面的政策措施。

（一）加强顶层设计，多措并举促进农业对外合作

积极将农业纳入双边和多边经贸谈判框架中，深化并完善与东道国的双边合作机制，建立政府层面的农业合作沟通协商机制、农业贸易和投资仲裁协商机制、农业产业对接机制、农业科技和人才交流机制、农业合作风险防范机制等。抓紧制定农业对外合作立法，动态调整和完善农业对外合作战略规划，引导企业参与全球农业资源开发利用和全球农产品供应链建设。制定一套充分发挥市场机制的有针对性的支持政策框架，从财政、金融、保险、税收等方面对企业进行强有力的"组合式"政策支持。强化公共服务能力建设，在重点国别增设农业参赞或农业外交官。建立和完善国别农业投资导向目录，指导企业开展农业对外投资；建立农业涉外项目监测评价体系，跟踪了解农业对外投资的状况和特点；建立完善农业投资、技术合作和农产品出口摩擦报告制度和农产品争端应诉机制；推进农业对外直接投资立法工作，保障海外企业合法利益。建立海外信息服务平台，组建中国农业对外直接投资行业协会，加强协会在行业自律、价格协调、应对纠纷、抵御海外风险等方面的作用，为

企业开展农业对外直接投资创造良好环境。

【专栏6-3】 农业走出去现有扶持政策

一是外经贸发展专项资金和中国境外经贸合作区建设。2006年以来，中央财政在外经贸发展专项资金中安排对外投资合作事项，采取资本金投入、贷款贴息、保费补助等方式引导中国企业开展境外投资业务，农业对外投资合作是支持领域之一。外经贸专项资金支持方式有直接补助和贷款贴息两种。直接补助用于补贴法律技术咨询、勘测调查、可研编制等前期费用，以及资源回运保费、外派劳务人员适应性培训费、驻外人员人身意外伤害保险等。贷款贴息对企业或单位从事境外农业投资，用于项目经营的贷款利息予以一定比例的补贴，从实际运行情况看，农业对外合作企业申请项目资金较为困难。中国企业在境外投资建设的境外经贸合作区（简称合作区），以企业为主体，以商业运作为基础，以促进互利共赢为目的，主要由投资主体根据市场情况、东道国投资环境和引资政策等多方面因素进行决策。投资主体通过建设合作区，吸引更多的企业到东道国投资建厂，增加东道国就业和税收，扩大出口创汇，提升技术水平，促进经济共同发展。中国政府支持有实力的企业到境外开展多种形式的互利合作，以促进与东道国的共同发展。由中国投资主体在境外设立并通过商务部确认考核的合作区共20个，分布在"一带一路"及非洲国家，成为中国企业参与"一带一路"及中非工业化合作战略和对外投资的重要平台。作为中国企业"走出去"的重要平台和有力抓手，境外合作区可为入园投资企业提供包括信息咨询服务、运营管理服务、物业管理服务、突发事件应急服务等。截至2018年6月，中国印度尼西亚聚龙农业产业区、吉尔吉斯斯坦亚洲之星农业产业合作区、华信中俄（滨海边疆区）现代农业产业合作区等3个以农业产业为主的境外经贸合作区获得商务部确认考核。

二是农业走出去企业保费补贴、贷款贴息及农机购置补贴境外延伸。2015年，农业部组织开展农业走出去企业保费补贴试点，对企业投保海外投资险的保费给予一定比例的补贴。支持内容为在境外实施粮食作物、经济作物、资源紧缺型农产品以及牛、羊肉等生产、加工、仓储物流等项目。2015年选择天津聚龙集团、中兴能源作为项目试点。2015年，农业部组织开展农机购置补贴政策境外延伸试点，对在国内购置农机具，并用于境外农业项目的企业农机购置费用进行补贴，原则上参照国内补贴比例予以补贴。农业部、财政部农业综合开发办对在境内银行或中国企业在境外设立的控股企业从中国银行在境外的分支机构取得的贷款给予贴息，重点扶持在境外实施的粮食作物、经济作物、资源紧缺型农产品及牛、羊肉等生产、加工、仓储物流等项目。

三是农业技术示范中心和农业基础示范中心建设。为引导和扶持国内优秀的农业企业走出去，实现农业援助项目可持续发展，2006年，商务部、农业部研究设计了示范中心这一新型农业合作模式，示范中心以"政府引导、企业主体、科技支撑、市场运作"为指导原则，以示范推广和人才培训为核心功能，分基本建设、技术合作和商业运营三个阶段。中国政府援款先行投入，用于建设基础设施和开展为期3年的技术合作；商业运营期由实施企业自主投资，依托示范中心和受援国开展产业化合作。合作期间，实施企业利用示范中心平台作用和孵化器功能，开展公益性示范培训，与国内和当地企业在受援国创业和发展，逐步实现产业化经营。中国已在亚非等地区援建28

215

个示范中心，包括亚洲 2 个、非洲 25 个、南太地区 1 个。为促进中国农业富足产能转移，推动杂交水稻和杂交玉米种子生产，农药兽药生产，水产养殖及动植物疫病防控、医疗生产、山水园艺、农业机械和沼气等优势技术在"一带一路"共建国家推广应用。中国已在"一带一路"共建国家援建了 25 个农业基础示范中心。

四是境外农业合作示范区和农业对外开放合作试验区（以下简称"两区"）建设。为促进农业双向开放，形成促进中国农业对外开放合作的战略支点。在农业对外合作部际联席会议制度框架下，积极探索"两区"建设。在境外建设农业合作示范区，是推动企业抱团走出去的重要形式，有利于形成境外产业集群和平台带动效应，优化分工、延长产业链，构建开放型农业对外投资合作的新载体和新样板，提升农业境外投资效率和风险应对能力。在境内建设农业对外合作试验区，有利于整合国内资源和开放条件，发挥现代农业高新技术产业示范区、自由贸易试验区等各类园区优势，带动农业优势产能国际合作，吸引消化吸收国际先进经验、技术和模式，促进国内农业转型升级。2017 年 8 月认定塔吉克斯坦—中国农业合作示范园等 10 个境外园区为首批境外农业合作示范区建设试点，认定海南省琼海市等 10 个试验区为首批农业对外开放合作试验区建设试点。详见表 6-2、表 6-3。

表 6-2　境外农业合作示范区

序号	项　　目	组织实施企业
1	塔吉克斯坦—中国农业合作示范园	新疆利华棉业股份有限公司
2	莫桑比克—中国农业技术示范中心	湖北省联丰海外农业开发集团有限责任公司
3	江苏—新阳嘎农工贸现代产业园（坦桑尼亚）	江苏海企技术工程股份有限公司
4	乌干达—中国农业合作产业园	四川友豪恒远农业开发有限公司

（续）

序号	项　目	组织实施企业
5	亚洲之星农业产业合作区（吉尔吉斯斯坦）	河南贵友实业集团有限公司
6	苏丹—中国农业合作开发区	山东国际经济技术合作公司
7	老挝—中国现代农业科技示范园	深圳华大基因科技有限公司
8	柬埔寨—中国热带生态农业合作示范区	海南顶益绿洲生态农业有限公司
9	斐济—中国渔业综合产业园	山东俚岛海洋科技股份有限公司
10	赞比亚农产品加工合作园区	青岛瑞昌科技产业有限公司

表6-3　农业对外开放合作试验区

序号	名　称	组织实施单位
1	琼海农业对外开放合作试验区	海南省琼海市人民政府
2	热带农业对外开放合作试验区	中国热带农业科学院
3	连云港农业对外开放合作试验区	江苏省连云港市人民政府
4	吉林中新食品区农业对外开放合作试验区	吉林（中国—新加坡）食品区管理委员会
5	吉木乃农业对外开放合作试验区	新疆维吾尔自治区吉木乃县人民政府
6	饶平农业对外开放合作试验区	广东省饶平县人民政府
7	潍坊农业对外开放合作试验区	山东省潍坊市人民政府
8	东宁农业对外开放合作试验区	黑龙江省东宁市人民政府
9	荣成农业对外开放合作试验区	山东省荣成市人民政府
10	滨海新区农业对外开放合作试验区	天津市滨海新区人民政府

（二）优化调控体制机制，完善农产品贸易政策

要围绕"国内保什么、保多少、怎么保，国际进什么、进多少、怎么进"等问题，提高农业宏观调控的前瞻性、预见性和主动性，做到谋定而后动。在加强对进口有效调控的同时，采取有效措施促进优势农产

品出口，切实提高统筹国内外两个市场两种资源的能力。采取多种途径有效降低农产品出口的非关税壁垒，推动进出口市场多元化。结合中国农业资源特点，增强优势出口农产品供应能力，巩固农产品出口传统优势，扩大特色和高附加值农产品出口。鼓励支持优势农产品出口示范基地建设，推进出口基地转型升级，支持农产品出口企业加强保鲜、储藏、加工和物流设施建设，努力优化农产品对外出口环境，加大国内特色优势农产品海外宣传推介力度。鼓励企业积极参加国际认证和注册，推进农产品认证结果互认工作，促进形成一批农产品出口龙头企业和一批拳头出口产品，落实出口退税政策，稳步提高产品附加值和出口效益。在新一轮多双边贸易谈判中，立足于保障粮食安全、产业安全和农民利益，坚持现行农产品关税税率不降低、关税配额不扩大、"黄箱"支持"微量允许"空间不缩小。充分发挥边境措施的"门槛"作用。利用关税、关税配额管理以及非关税措施，尤其是强化检验检疫措施，避免大量低价农产品进口对国内农业产业发展形成严重冲击。加强贸易救济、贸易补偿和外资监管。加强对农产品进口的跟踪预警，加强产业损害调查和国外贸易壁垒调查，充分利用反倾销、反补贴和保障措施等手段，有效实施贸易救济。探索建立产业损害补偿机制，加强对国内产业的贸易补偿。尽快建立和实施外资进入农业产业的安全审定制度，加强对外资进入农业产业的监管。把贸易促进作为多双边农业国际合作的重要内容，健全国内商会、信息等支持服务体系，提高优势农产品国际市场竞争力，支持优势农产品出口。加强与沿线及周边国家和地区的农业贸易合作，按照重点领域、重点产品和主要国家，通过签订双边政府协议或贸易备忘录等方式，拓宽进口来源渠道，形成中国长期稳定的供应基地。长期来看，应针对沿线国家合作和贸易平衡需要，通过签署自贸协定等安排对中亚和俄罗斯等国家采取更加宽松的农产品进口管理措施。

【专栏6-4】　农产品和农业技术进口是首届进口博览会的亮点

2018年11月5—10日，首届中国国际进口博览会在上海虹桥国际会展中心举行。会期为6天，参展主体多样、博览会活动丰富。作为世界上第一个以进口为主题的大型国家级展会，中国国际进口博览会包括展会和论坛两个部分。展会即国家贸易投资综合展和企业商业展，论坛即虹桥国际经贸论坛。国家展是首届中国国际进口博览会的重要内容，共有82个国家、3个国际组织设立71个展台，展览面积约3万平方米，各参展国展示国家形象、经贸发展成就和特色优势产品。企业展分7个展区、展览面积27万平方米。国家展中，印度尼西亚、越南、巴基斯坦、南非、埃及、俄罗斯、英国、匈牙利、德国、加拿大、巴西、墨西哥等12个主宾国均设立了独具特色的展馆。作为东道主，中国设立了中国馆，包括港澳台展区。中国馆以"创新、协调、绿色、开放、共享"的新发展理念为主线，重点展示中国改革开放的巨大成就，以及中国发展、共建"一带一路"给世界带来的新机遇。在参展的境外企业中，世界500强和行业龙头企业200多家，带来众多首发产品。

食品及农产品展区报名火爆，展区面积从此前的1个展馆扩充到2个展馆，展区面积达6万平方米。根据不同食品品类，展馆内分为乳制品、蔬果农产品、肉制品和水产品、休闲食品甜食调味品、酒类和饮料等五大专业展区。有全球最大猕猴桃种植商及出口商新西兰佳沛公司和全球新鲜果蔬及制品的生产、销售龙头都乐集团等众多果蔬企业；包括雀巢、达能等在内的全球知名乳制品龙头企业；还有巴西JBS公司、美国肉类出口协会、西班牙肉类协会等肉制品和水产品方面的公司和协会。博览会期间，来自100多个国家的一千余家企业展示有机、健康的土特产品和融合现代科技的各类加工食品和农产品，是首届博览会参与国家数量和企业数量最多的展区。数据显示，2017年中国农产品进口突破1200亿美元，2018年农产品进口继续保持增长，中国已经成为名副其实的农产品进口大国。国际知名农产品企业带着产品参加中国首届国际进口博览会，表明了中国进一步扩大开放，重视农产品进口的态度和行动。作为全球最大的农产品消费国，中国增加农产品进口，能提高国内市场有效供给、增加消费选择，对普通消费者来说是一件好事。

总部设在法国巴黎的路易达孚公司，是世界第三及法国第一粮食输出商。作为首批接受进博会邀请的厂商，2017年就签署了协议。在首届进口博览会上，路易达孚展示一些现在跟中国有贸易尤其是未来会有贸易的产品，其中包括一些小包装的产品，以及专门为这次进博会设计的产品。从20世纪60年代开始，路易达孚在饲料、谷物、羊毛、畜产品等多个农产品领域逐步加强和中国的贸易往来。近年来，路易达孚洞察到中国消费升级的趋势，努力从原粮及原材料的供应和加工商逐步向高附加值的食品、农产品生产和加工商方向转变，从而满足中国新生代消费者的需求。路易达孚将目光锁定在中国飞速发展的果汁消费市场，希望借助首届进口博览会更好地向中国市场推介新产品。该公司把一些浓缩汁或者果汁的原材料产品出口到中国，关注到了中国的消费升级是未来发展的重点，而且食品消费也处在这个转型升级的过程中，所以更加贴近消费者以及提供消费者的消费产品是路易达孚未来的发展方向。路易达孚想通过这个平台了解中国的消费趋势，寻找更多的合作机会，通过展示其产品，了解消费者喜好，同时为将来更好地做好贴近消费者的服务奠定基础。

（三）营造良好引资环境，提升农业利用外资质量和效益

深化国内行政管理体制改革，改善农业对外开放环境。推进农业管理体制改革，从根本上消除部门分割、管理多头与缺位并存的体制性矛盾，建立健全统筹管理农业对外开放的体制机制。利用外资的资金与技术，推广产后储藏、保鲜等初加工技术与装备，全面系统梳理和完善中国农业利用外资政策和制度体系，减少政府行政审批事项，简化办事程序，改善投资环境；加强对外资的监督和管理，对从事资产评估、财务审计、查验资工作的机构加强监督。积极主动利用中美中欧农业 BIT 模式谈判制定国际农业投资规则，尽快做好从《外商投资产业指导目录》向"准入前国民待遇加负面清单"的外资管理模式转型的探索和准备工作。进一步解放思想，学习和接受"负面清单"理念和管理模式，通过先行先试的实践去摸索经验，通过深化研究来制定好外商投资负面清单。落实全面依法治国的战略部署，立足农业产业安全和行业管理需求，尽快完善相关法律法规。对于没有上位法依据又确需保留监管措施的，尽快启动立法程序。建立全程监管体系，构筑产业安全立体网络。根据维护产业安全的需要，抓紧完善规范严格的外商投资安全审查制度，对关系粮食安全和产业安全的重要领域，要在负面清单之外再设置一道"玻璃门"。加强对外资进入农业的事中事后监管，与有关部门之间信息共享、协同监管、及时应对，在"准入前国民待遇加负面清单"的新模式下守住产业安全的底线。

（四）加快企业自身能力建设，提升企业发展内生动力

企业是开展农业国际化的主体，要充分发挥企业市场主体作用。鼓励和支持现有企业做大做强，特别是支持其健全完善全球粮油生产、购销、物流、加工全产业链建设。支持企业结合国内外市场需求，按照市

场规律，实行市场化运作，采取国际农产品贸易、境外投资与合作等方式，深入主要产粮国和全球主要粮食贸易网络，构建全球农产品进口供应链。完善企业境外投资的公司治理模式，合理选择境外投资的进入模式，鼓励企业加快建立现代企业制度，做好企业境外投资法律层面工作，提高企业境外投资的文化适应能力，完善企业境外投资的纠纷处理。加大培养和开发符合国际化要求的人才，通过建立各种培训中心、委托专业机构或去国外考察学习等方式加强对人才的培养。构建各部门联合培养、部省和重点市三级覆盖的农业国际化人才培训体系，重点培育复合型跨国经营管理人才。加大农业外交官和国际组织人才的培养推送力度。逐步健全企业风险防控体系，在关注市场风险的同时，更加关注目标国的自然风险和政治社会风险，做好项目规划、可行性论证和风险控制预案。鼓励企业参与和承担国家援外农业示范中心的建设和运营，支持企业将援外农业示范中心与对外农业投资相结合，进一步发挥援外农业示范中心的示范推广和舆论宣传作用。

07 第七章

农业农村管理体制改革

中国农业农村现代化的顺利推进，既得益于对内深化改革，持续推进农业市场化，又得益于对外扩大开放，持续推进农业国际化，更得益于深化政府机构改革，完善农业宏观调控政策。随着农业市场化和国际化的深入推进，加快农业农村现代化，迫切需要加快转换政府职能，更好地发挥政府作用。行政管理体制改革与政府职能转变不是一个阶段性命题，自政府产生的那一刻起，它的职能就随着经济和社会的发展而不断调整变化。

第一节　党和国家机构改革与政府职能转换

改革开放以来，为更好地适应党和国家工作中心转移、发展社会主义市场经济的需要，党和国家机构改革不断推进，政府职能逐步转变。

自 1981 年以来，党中央部门先后于 1982 年、1988 年、1993 年、1999 年、2018 年进行了 5 次改革，国务院机构先后于 1982 年、1988 年、1993 年、1998 年、2003 年、2008 年、2013 年、2018 年进行了 8 次改革。

1982 年党和国家机构改革，提高政府工作效率。这次改革力求为深化经济体制改革提供有利条件，较大幅度撤并了经济管理部门，并将其中一些部门改为经济组织。国务院工作部门由 100 个减为 61 个。党中央部门也进行了改革，主要是解决各级党的机构和人员编制快速膨胀、各级领导班子人员过多、年龄老化的问题。

1988 年党和国家机构改革，合理配置职能。首次提出了"转变政府职能是机构改革的关键"的要求。通过机构改革，国务院部委由原有的 45 个减为 41 个，直属机构由 22 个减为 19 个，非常设机构由 75 个减到 44 个。党中央部门改革也同时推进。这次改革的重点是抓定职能、定机构、定编制的"三定"工作，实施党政职能分开，理顺党的工作部门和行政部门、党的工作机构和政府机构、党的群团组织和党务工作部门之间的关系，精简机构和人员编制。

1993 年党和国家机构改革，适应市场经济需要。这一轮机构改革是在建立社会主义市场经济体制的要求下进行的，主要任务是建立适应社会主义市场经济体制的行政管理体制。经过机构改革，国务院组成部门为 41 个，加上 18 个直属机构、办事机构，共 59 个，比原有 86 个减少 27 个。党中央部门机构改革，按照转变职能、理顺关系、精兵简政、提高效率的原则，确立了新时期中共中央工作部门的基本格局。

1998 年国务院机构改革，消除政企不分的组织基础。这一轮机构改革的目标是建立办事高效、运转协调、行为规范的政府行政管理体系，完善国家公务员制度，逐步建立适应社会主义市场经济体制要求的、有中国特色的行政管理体制。改革后，政府职能转变有了重大进展，撤销了几乎所有的工业专业经济部门。除国务院办公厅外，国务院组成部门由原有的 40 个减少到 29 个。

1999 年党中央部门机构改革，这一轮机构改革的指导思想是，要有利于坚持、加强、改善党的领导，有利于巩固党的执政地位和提高党的执政水平，有利于全面加强党的思想建设、组织建设和作风建设，减少职责交叉。

2003 年国务院机构改革，这一轮机构改革的目标是实现行为规范、运转协调、公正透明、廉洁高效，提出了决策、执行、监督三权相协调的要求。改革的重点是，深化国有资产管理体制改革，完善宏观调控体系，健全金融监管体制，继续推进流通体制改革，加强食品安全和安全生产监管体制建设，进一步转变政府职能。改革后，除国务院办公厅外，国务院组成部门为 28 个。

2008 年国务院机构改革，优化组织结构。这一轮机构改革的主要任务是，围绕转变政府职能和理顺部门职责关系，探索实行职能有机统一的大部门体制，合理配置宏观调控部门职能，加强能源环境管理机构，整合完善工业和信息化、交通运输行业管理体制，以改善民生为重点加强与整合社会管理和公共服务部门。改革后，除国务院办公厅外，国务院组成部门为 27 个。这次国务院机构改革涉及调整变动的机构共 15 个，正部级机构减少 4 个。

2013 年国务院机构改革，转换政府职能。这一轮机构改革以职能转变为核心，稳步推进大部门制改革，实行铁路政企分开，整合加强卫生和计划生育、食品药品、新闻出版和广播电影电视、海洋、能源管理机构，组建国家卫生和计划生育委员会、国家食品药品监督管理总局、国家新闻出版广播电影电视总局，重新组建国家海洋局、国家能源局，撤销铁道部、卫生部、国家人口和计划生育委员会、国家食品药品监督管理局、国家广播电影电视总局、国家新闻出版总署、国家电力监管委员会等机构。这次改革，国务院正部级机构减少 4 个。改革后，除国务院办公厅外，国务院组成部门为 25 个。

2018 年党和国家机构改革，改革机构设置，优化职能配置。这一轮机构改革的主要目标是构建系统完备、科学规范、运行高效的党和国家机构职能体系，形成总揽全局、协调各方的党的领导体系，职责明确、依法行政的政府治理体系，中国特色、世界一流的武装力量体系，联系广泛、服务群众的群团工作体系，推动人大、政府、政协、监察机关、审判机关、检察机关、人民团体、企事业单位、社会组织等在党的统一领导下协调行动、增强合力，全面提高国家治理能力和治理水平。深化党中央机构改革，组建国家监察委员会、中央审计委员会、中央教育工作领导小组、中央和国家机关工作委员会、中央党校（国家行政学院）、中央党史和文献研究院等机构，不再保留国家宗教事务管理局、国务院侨务办公室，不再设立中央维护海洋权益工作领导小组、中央社会治安综合治理委员会及其办公室及中央维护稳定工作领导小组及其办公室。深化全国人大机构改革，组建全国人大社会建设委员会。深化国务院机构改革，组建自然资源部、生态环境部、农业农村部、文化和旅游部、国家卫生健康委员会、退役军人事务部、应急管理部、国家市场监督管理总局、中央广播电视总台、中国银行保险监督管理委员会、国家医疗保障局、国家粮食和物资储备局、国家移民管理局、国家林业和草原局。重新组建科学技术部、司法部、国家知识产权局。深化全国政协机构改革，组建全国政协农业和农村委员会。这次改革，就国务院而言，正部级机构减少了 8 个，副部级机构减少了 7 个，国务院组成部门为 26 个（不含国务院办公厅）。

总的来看，改革开放以来，历次机构改革都顺应了当时的需要，解决了一些突出问题，取得了积极成效。尽管历次改革的形式不同、任务不同、重点不同，但都是根据当时的形势任务作出的适当调整。从党和国家机构改革的历程可以看出，党政机构属于上层建筑，必须适应经济基础的要求。经济不断发展，社会不断进步，人民生活不断改善，上层建筑就要适应经济基础进行调整和改革变化。这是人类社会发展的一条普遍规律。党和国家机构改革是一个过程，不会一蹴而就，也不会一劳永逸。

第二节　农村工作领导体制和农业行政管理体制改革

改革开放以来，经过实践探索，在农业农村管理方面，中国已经逐步建立起了党委统一领导，党政齐抓共管，农业综合部门组织协调，相关部门各负其责的"三农"工作领导体制和工作机制。

一、农村工作领导体制的演变过程

（一）农村工作领导体制的演变过程

改革开放以来，中国农村工作领导体制变革大体经历了两个阶段：1978—1993 年，先后设立过国家农业委员会和中共中央书记处农村政策研究室两个农村工作综合部门，后中共中央书记处农村政策研究室改为中共中央农村政策研究室，并加挂国务院发展研究中心牌子，负责组织协调农村工作。1993—2018 年，成立中央农村工作领导小组，下设办公室，作为农村工作综合部门，负责组织协调农村工作。2018 年 3 月后，为加强和完善党对农村工作的领导，中央决定组建农业农村部，并将中央农村工作领导小组办公室设在农业农村部，负责组织协调农村工作。

（二）中央农村工作领导小组成员单位的演变

中央农村工作领导小组是中央领导农村工作的议事协调机构，成员由中央和国家机关有关单位组成。自 1993 年 3 月成立以来，根据经济社会发展需要和机构改革的要求先后做出了一些调整和变化。1998 年，由中央财经领导小组办公室、国家发展计划委员会、科技部、财政部、水利部、农业部、中国人民银行、全国供销合作总社、国家林业局等 9 个单位组成。2003 年，除国家发展计划委员会调整更名为国家发展改革委员会之外，其他成员单位没有变化。2006 年，在原有成员单位的基础上，增加中共中央组织部、中央宣传部、中央机构编制委员会办公室、中央农村工作领导小组办公室、国家教育部、民政部、劳动和社会保障部、国土资源部、交通部、卫生部等 10 个单位。2007 年，在原有成员单位的基础上，增加建设部为成员单位。2008 年，除劳动和社会保障部调整更名为人力资源和社会保障部、交通部调整更名为交通运输部、建设部调整更名为住房和城乡建设部之外，其他成员单位没有变化。2010 年，在已有成员单位的基础上，增加商务部为成员单位。2013 年，除卫生部与计生委调整合并更名为卫生计生委之外，其他成员单位没有变化。2018 年 3 月后，除中央财经领导小组办公室更名为中央财经委员会办公室、农业部调整更名为农业农村部、国土资源部调整更名为生态环境部、卫生和计划生育委员会调整更名为卫生健康委员会、国家林业局调整更名为国家林业和草原局、中央农村工作领导小组办公室设在农业农村部之外，其他成员单位没有变化。目前，中央农村工作领导小组成员由 21 个单位组成（图 7 - 1）。

（三）中央农村工作领导小组办公室主要职责

中央农村工作领导小组办公室主要职责是承担中央农村工作领导小组具体工作，组织开展"三农"重大问题的政策研究制定，协调督促有关方面落实中央农村工作领导小组决定事项、工作部署和总体要求等。完成党中央、国务院和中央农村工作领导小组交办的其他任务。中央农办设秘书局，负责处理中央农办日常事务。农业农村部的内设机构，根

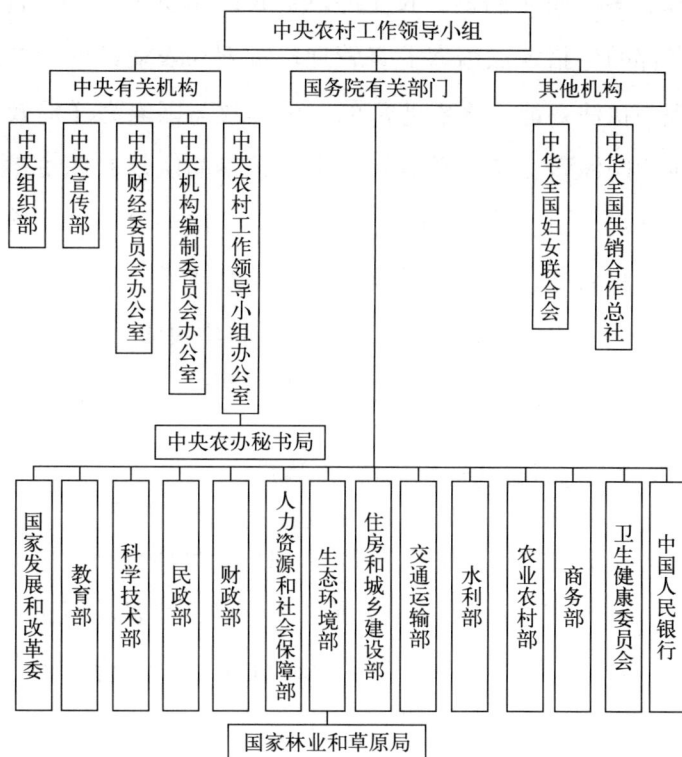

图 7-1　中国农业农村工作领导机构概况

据工作需要承担中央农办相关工作，接受中央农办的统筹协调。

二、农业行政管理体制的演变过程

（一）农业行政管理机构调整过程

改革开放以来，农业行政管理机构共经历了 5 次调整：一是 1979 年 2 月 23 日，第五届全国人大常委会决定撤销农林部，分设农业部和林业部。二是 1982 年 5 月 4 日，国务院机构改革将农业部、农垦部、国家水产总局合并设立农牧渔业部。三是 1988 年 4 月根据国务院机构改革方案，撤销农牧渔业部，成立农业部。四是 2013 年国务院机构改革中，涉

229

及到农业部的多项职能调整。农业部负责农产品质量安全监督管理。同时，将商务部的生猪定点屠宰监督管理职责划入农业部。为推进海上统一执法，提高执法效能，将农业部的中国渔政与国家海洋局及其中国海监、公安部边防海警、海关总署海上缉私警察的队伍和职责整合，重新组建国家海洋局，由国土资源部管理。五是 2018 年 3 月，中央组建农业农村部。将中央农办、农业部的职责，以及发改委、财政部、国土资源部、水利部的农业投资项目管理职责整合，将中央农办设在农业农村部，同时组建农业综合执法队伍，由农业农村部指导。

（二）农业农村行政管理机构单位设置

中央农办、农业农村部共设立 23 个司局，具体包括：中央农办秘书局、办公厅、人事司、法规司、政策与改革司、发展规划司、计划财务司、乡村产业发展司、农村社会事业促进司、农村合作经济指导司、市场与信息化司、国际合作司、科技教育司、农产品质量安全监管司、种植业管理司、畜牧兽医局、渔业渔政管理局、农垦局、种业管理司、农业机械化管理司、农田建设管理司、机关党委、离退休干部局（图 7 - 2）。

（三）农业农村行政管理机构主要职能

新组建的农业农村部是中国农业农村行政管理机构，既是国务院的组成部门，又是党中央的议事办事机构。主要职责如下：

统筹研究和组织实施"三农"工作发展战略、中长期规划、重大政策。组织起草农业农村有关法律法规草案，制定部门规章，指导农业综合执法。参与涉农的财税、价格、收储、金融保险、进出口等政策制定。

统筹推动发展农村社会事业、农村公共服务、农村文化、农村基础设施和乡村治理。牵头组织改善农村人居环境。指导农村精神文明和优

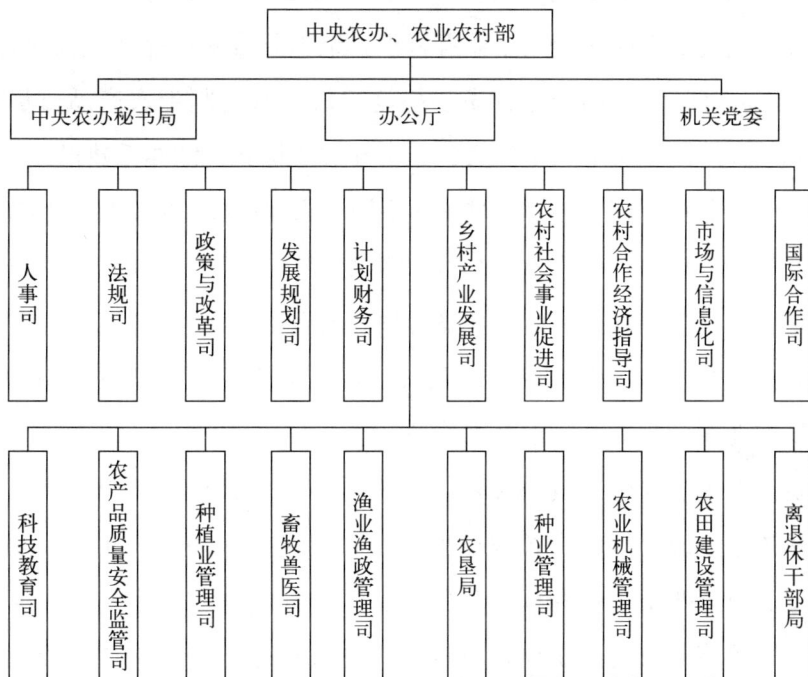

图 7-2　中国农业农村行政管理机构概况

秀农耕文化建设。指导农业行业安全生产工作。

制定深化农村经济体制改革和巩固完善农村基本经营制度的政策。负责农民承包地、农村宅基地改革和管理有关工作。负责农村集体产权制度改革，指导农村集体经济组织发展和集体资产管理工作。

指导农民合作经济组织、农业社会化服务体系、新型农业经营主体建设与发展。指导乡村特色产业、农产品加工业、休闲农业和乡镇企业发展工作。提出促进大宗农产品流通的建议，培育、保护农业品牌。发布农业农村经济信息，监测分析农业农村经济运行。

承担农业统计和农业农村信息化有关工作。负责种植业、畜牧业、渔业、农垦、农业机械化等农业各产业的监督管理。指导粮食等农产品生产。组织构建现代农业产业体系、生产体系、经营体系，指导农业标准化生产。

负责双多边渔业谈判和履约工作。负责远洋渔业管理和渔政渔港监督管理。负责农产品质量安全监督管理，组织开展农产品质量安全监测、追溯、风险评估。提出技术性贸易措施建议。参与制定农产品质量安全国家标准并会同有关部门组织实施。指导农业检验检测体系建设。

组织农业资源区划工作。指导农用地、渔业水域以及农业生物物种资源的保护与管理，负责水生野生动植物保护、耕地及永久基本农田质量保护工作。指导农产品产地环境管理和农业清洁生产，指导设施农业、生态循环农业、节本农业发展以及农村可再生能源综合开发利用、农业生物质产业发展。牵头管理外来物种。

负责有关农业生产资料和农业投入品的监督管理。组织农业生产资料市场体系建设，拟订有关农业生产资料国家标准并监督实施。制定兽药质量、兽药残留限量和残留检测方法国家标准并按规定发布。组织兽医医政、兽药药政药检工作，负责执业兽医和畜禽屠宰行业管理。负责农业防灾减灾、农作物重大病虫害防治工作。指导动植物防疫检疫体系建设，组织、监督国内动植物防疫检疫工作，发布疫情并组织扑灭。

负责农业投资管理。提出农业投融资体制机制改革建议。编制中央投资安排的农业投资项目建设规划，提出农业投资规模和方向、扶持农业农村发展财政项目的建议，按国务院规定权限审批农业投资项目，负责农业投资项目资金安排和监督管理。

推动农业科技体制改革和农业科技创新体系建设。指导农业产业技术体系和农技推广体系建设，组织开展农业领域的高新技术和应用技术研究、科技成果转化和技术推广。负责农业转基因生物安全监督管理和农业植物新品种保护。指导农业农村人才工作。拟定农业农村人才队伍建设规划并组织实施，指导农业教育和农业职业技能开发，指导新型职业农民培育、农业科技人才培养和农村实用人才培训工作。

牵头开展农业对外合作工作。承办政府间农业涉外事务，组织开展农业贸易促进和有关国际交流合作，参与对外援助政策、农业贸易规则拟订及谈判，具体执行有关农业援外项目，组织有关国际公约履约和协定执行。

第三节　农业农村领域的政府职能及其作用

政府在市场经济中有着不可替代的功能与作用，政府职能是指行政主体作为国家管理的执法机关，在依法对国家政治、经济和社会公共事务进行管理时应承担的职责和所具有的功能。实现政府职能主要包括行政手段、经济手段和法律手段。在市场经济条件下，政府的职能主要包括纠正市场失灵和超越市场、引导市场。具体到农业农村领域，政府的职能主要包括完善农产品市场价格形成机制，解决国家粮食安全、食物安全、资源安全、经营环境等领域存在的市场失灵，以及农村公共产品与公共服务供给不足等问题。改革开放40年来，无论是在计划经济体制向市场经济体制转型的过程中，还是在建立和完善社会主义市场经济体制的进程中，中国政府强力而有效的宏观调控都为农业农村经济发展提供了重要保障与有力支撑。中国农业农村事业的发展离不开政府的作用，政府主要通过编制实施规划、制定出台政策、完善宏观调控、健全法律保障等措施，加强对农业农村改革与发展的引导和支持，促进传统农业向现代农业转变，为推进农业农村现代化提供强大动力。

一、编制实施规划

（一）规划类型及编制方法

规划是国家加强和改善宏观调控的重要手段，也是政府履行经济调节、市场监管、社会管理和公共服务的职责。国家规划是由一个规划体系构成的。规划体系按层级分为国家规划、省级规划、市县级规划，分别由不同层级的政府来编制。按类型主要分两类，发展规划和空间规划。发展规划包括国民经济和社会发展总体规划、专项规划、区域规划等；空间规划包括主体功能区规划、市县空间发展规划、土地利用规划、城市规划等。总体规划是以国民经济和社会发展各领域为对象编制的规划，是根据中央部署编制的统领规划期内经济社会发展的行动纲领。总体规划对其他规划编制具有指导作用，国民经济和社会发展总体规划的编制，在中国具有宪法依据，宪法对总体规划编制有专门的法定条文。而专项规划是以国民经济和社会发展的某一特定领域为对象编制的规划，是总体规划在特定领域的延伸和细化。

通常规划编制程序主要包括前期调研、编制草案、听取意见、规划衔接、审议批准、公开发布等六个程序。中国的各类规划已经初步形成特定的编制方法和编制规划的实施细则，例如《国务院关于加强国民经济和社会发展规划编制工作的若干意见》《城市规划编制办法》等。规划的编制方法主要对规划编制组织、规划编制的协调衔接机制、规划编制的社会参与和论证制度、规划评估调整机制等作出规定。总的来看，国民经济和社会发展"五年规划"同农业农村领域的规划制度和规划方法是相同的。改革开放以来，中国政府制定规划的形成过程表明，从主题确定到调查研究，从文本起草到征求意见、审议通过，已经形成了一套比较完整的制度规范和工作程序。这里以《中华人民共和国国民经济和社会发展第十三个五年规划纲要》（以下简称《纲要》）制定为例，对规划编制的步骤和方法加以说明。

【专栏7-1】 规划编制过程和方法案例分析

"十三五"规划编制在"十二五"规划实施中期就开始了，历时3

年，共分为四个阶段。第一阶段为中期评估（2013年初至2013年12月），第二阶段为基本思路研究（2014年），第三阶段为党中央《建议》制定（2015年初到五中全会召开），第四阶段为《纲要》正式编制（2015年10月到2016年3月）。其间经历十一个步骤：中期评估、前期调研、形成《基本思路》、党中央《建议》起草、《建议》征求意见、审议通过中央《建议》、起草《纲要》（草案）、公众建言献策、衔接论证、广泛征求各方意见、审批与发布《纲要》。

1. 中期评估

第一步为前期调研和中期评估（2013年3月至2013年12月）。中国从"十五"计划编制开始引入中期评估，"十一五"正式确立中期评估制度，并引入了第三方评估。"十二五"规划评估由国家发展改革委组织，政府各部门和各地方开展内部评估，邀请高等院校和研究机构开展第三方独立评估，通过调查研究、发放问卷的方式广泛征求意见，并会同国家统计局及有关部门对单项指标监测评价报告及初步评价结果进行审核。在充分集思广益的基础上，由国家发改委集中各方意见，负责起草《"十二五"规划〈纲要〉实施情况中期评估报告》，提请国家"十二五"规划专家委员会论证后，连同论证意见，上报国务院审核，经国务院审核通过后，提交全国人大常委会审议。全国人大财经委通过实地调研，听取汇报，初步审查报告的形式，开展"十二五"中期评估预审查。2013年12月25日，十二届全国人大常委会第六次会议审议了"十二五"规划纲要实施中期评估报告，由国家发改委代表国务院报告。

2. 前期调研

第二步为前期调研（2013年年底至2014年年底）。在中期评估的基础上，2013年底，国家发改委直接委托有关机构开展"十三五"规划前期重大问题及基本思路研究。在 2013 年年底召开的中央经济工作会议上，习近平总书记强调，要着手启动"十三五"规划前期准备工作。2014 年 4 月 17 日，经国务院批准，全国"十三五"规划编制工作电视电话会议在京召开。2014 年 4 月 23 日国家发改委发布了 25 个前期研究的重大课题，通过公开招标方式组织社会力量开展研究，其中有 27 个单位的选题入选。与此同时，国家发改委开展基础调查、信息搜集、重点课题调研以及纳入规划重大项目的论证等前期工作。

3. 形成基本思路

第三步为形成"十三五"规划的《基本思路》（2014 年年底到 2015 年 3 月）。根据前期研究成果，各部门及地方同步开展各自的基本思路研究并上报国家发改委，由国家发改委起草基本思路意见稿，形成初稿后征求各方面意见。2014 年 9 月 2 日，李克强总理主持召开国务院组成部门和相关单位负责人会议，研究部署"十三五"规划编制工作。2014 年 9 月 20 日，国家发改委在杭州召开"十三五"规划基本思路研究座谈会征求九省区的意见。2014 年年底，"十三五"规划的基本思路初步形成，提交党中央和国务院。

4. 文件起草与深入调研

第四步为党中央《关于制定国民经济和社会发展第十三个五年规划的建议》起草（2015 年年初至 2015 年 10 月）（以下简称《建议》）。党中央《建议》由中央财经领导小组牵头成立起草小组编制，并直接在中央政治局常委会领导下开展工作，从"十三五"规划起草小组成员来源看，全国人大、全国政协、国务院相关部门负责人以及一些地方官员和学者参与了起草。在起草工作进行中开展了大量的调研，起草组、全国人大、全国政协等机构都开展了密集的调研。特别是党和国家领导人亲自开展调研，2015 年以来政治局常委共开展了 26 次调研，足迹遍布 19 个省份。

5.《建议》征求意见

第五步是形成《建议》征求意见稿，广泛征求各方意见。"十三五"规划征求意见总共进行了两轮，第一轮是 8 月初稿形成之后，向 120 多个单位、部分党内老同志、党的代表征求意见；第二轮是中共十八届五中全会审议期间，向党的代表、党外人士、政协委员征求意见。

6. 审议通过《建议》

第六步为审议通过中央《建议》。2015 年 7 月 20 日，中共中央政治局召开会议，决定当年 10 月在北京召开中国共产党第十八届中央委员会第五次全体会议，研究关于制定国民经济和社会发展第十三个五年规划的建议。十八届五中全会审议和通过《中共中央关于制定国民经济和社会发展第十三个五年规划的建议》，并正式对外公布。根据此前"十三五"规划《建议》的编制情况来看，这是一个集体决策的过程，总共召开了 4 次中央政治局常委会会议，2 次中央政治局会议，1 次中央全会讨论和审议《建议》的编制。"十三五"规划《建议》共有两轮集体决策。第一轮是 2015 年 6—7 月间，《建议》形成送审稿以后，进行审议指导，为随后的一定范围征求意见作准备；第二轮是 2015 年 9—10 月间，围绕筹备召开十八届五中全会，进行集体审议。

7. 起草《纲要》（草案）

第七步为起草"十三五"规划纲要（草案）。在党中央编制《建议》的同时，国家发改委同步编制"十三五"规划纲要框架。2015 年 5 月 5 日，国家发改委主任徐绍史主持召开全委"十三五"规划纲要编制工作领导小组和起草小组第一次全体会议，启动和部署"十三五"规划纲要编制工作；同时开展专题调研，例如国家发改委副主任胡祖才率队赴新疆、中国工程院开展专题调研。在党中央《建议》正式公布之后，形成"十三五"规划纲要草案编制的初稿。《纲要》草案编制一直持续到2016年"两会"之前，它也是一个集思广益的过程。

8. 公众建言献策

第八步是公众建言献策。在"十三五"规划编制期间依托国家信息中心设置了"十三五"规划建言献策办公室，公众可以通过网站留言、电子邮件、手机短信、来电、来函、来访等多种形式，多种渠道提出对"十三五"规划编制的建议。同时，国家发改委还请全国总工会、共青团、妇联、科协、贸促会、残联、工商联、企业家协会，共同协助开展"十三五"规划建言献策活动，并召开专场讨论会听取各党群机构代表的建议，100名左右的不同行业、不同系统的代表参加了座谈会，发改委领导和"十三五"规划起草组成员听取了他们的建议。

9. 衔接论证

第九步是衔接论证。《纲要》编制期间还需要和各部门、各地方进行规划指标、规划布局涉及的项目、规划实施手段进行衔接，以便不同类型和不同层级的规划相互配合，形成合力，避免相互打架。在《纲要》草案的基础上，组织规划专家委员会对《纲要》进行咨询、论证并提出咨询报告，该报告随着《纲要》一同提交全国人大进行审议。中国在编制"十五"规划时就有了专家审议会制度。"十一五"规划编制正式规定必须经过专家论证，成立了专家委员会。专家委员会的构成强调不同专业背景，学术型专家和实务型专家结合。"十三五"规划专家委员会延续了这一特征，55位专家涵盖了经济、科技、公共管理、法学、环保等不同领域的学科背景。同时，"十三五"首次将4名企业家纳入专家委员会。

10. 征求《纲要》意见

第十步为征求意见。2015年年底形成《纲要》征求意见稿，开始广泛征求各方面的意见。根据"十二五"规划编制的经验，征求意见开展了两轮：第一轮是在2015年12月上旬小范围征求意见，主要征求地方、部门以及专家的意见，以更好地编制《纲要》草案；第二轮是2016年1月中旬开始大范围的征求地方、部门、专家、人大、政协、党外人士以及企业和基层群众代表的意见，为2016年3月"两会"审议工作做准备。

11.《纲要》审批与发布

第十一步为审批与发布《纲要》（2016年3月）。集体议决过程为，先由国务院常务会议、政治局常委会听取汇报；全国人大财经委员会进行预审查，接着由国务院全体会议审议并提请全国人大审议，并经政治局常委会议批准，最后在2016年3月由全国人大十二届四次会议审议通过。2016年"两会"之后，新华社授权正式发布《纲要》。随后，全国各部门、各地区广泛开展学习贯彻《纲要》的活动。

（二）国民经济与社会发展五年规划涉农主要内容

改革开放以来，党中央和国务院通过研究制定规划来引领农业农村事业发展，主要包括国民经济和社会发展五年规划的涉农内容和农业农村领域行业发展专项规划等。中国政府共制定了9个国民经济和社会发展五年规划，均对农业农村工作进行了部署安排，具体内容详见表7-1。

表7-1　改革开放以来国民经济与社会发展五年规划涉农主要内容

规划名称	规划时期	涉农主要内容
《1976—1985年国民经济发展十年规划纲要》	1976—1985年	十年内，工农业生产总值平均增速达到8.7%，到1980年基本实现农业机械化。1979年4月5日，中共中央召开工作会议对"五五"计划指标作了较大幅度的调整，提出努力发展农业，逐步开展多种经营形式和开辟多种流通渠道，大力安置城镇青年就业，改善人民生活。

（续）

规划名称	规划时期	涉农主要内容
《国民经济和社会发展第六个五年计划纲要》	1980—1985 年	工农业生产总值计划年均增长 4%，在执行中争取达到 5%。在农业建设方面重点是加强防洪能力、商品粮基地、优良种子繁育推广体系、防护林体系等建设，继续开展全民植树运动，禁止在少数民族地区的牧区开荒，扩大人工草场面积，建设一批畜禽良种场、饲养场和饲料加工厂。扩大淡水养殖面积和海水养殖面积。
《国民经济和社会发展第七个五年计划纲要》	1986—1990 年	农业总产值平均每年增长 6%。采取有效的政策和措施，继续保持粮食的稳定增产。发展乡镇企业。提出六条振兴农村经济的政策措施。
《国民经济和社会发展十年规划和第八个五年计划（1991—2000 年）》	1991—2000 年	农业总产值平均每年增长 3.5%。坚持贯彻农业为基础方针，大力加强和发展农业，改变农业基础脆弱、后劲不足的局面。进一步发展林业、畜牧业、水产业。继续引导和促进农村乡镇企业健康发展。较大幅度增加对农业的投入，在农业基础设施建设方面办成 5 件大事。大力抓好科技、教育兴农。充分利用农村丰富的劳动力资源。
	1991—1995 年	继续深化农村改革，稳定和完善以家庭联产承包为主的责任制，积极发展多种形式的社会化服务体系，逐步壮大集体经济实力，健全统分结合的双层经营体制；有条件的地区可以因地制宜，实行不同形式的适度规模经营。继续抓好科技、教育兴农。逐步增加对农业投入。积极改革农产品产品流通体制。促进乡镇企业发展。
《国民经济和社会发展"九五"计划和2010 年远景目标》	1996—2000 年	把加强农业放在发展国民经济的首位。切实加强农业，全面发展和繁荣农村经济。稳定党在农村的基本政策，深化改革。增加对农业投入。依法保护耕地。加强水利建设。加快中低产田改造。加强林业建设。强化科技兴农。加快发展以化肥为重点的农用工业。全面发展农村经济。进一步加大扶贫工作力度。统筹规划城乡建设。重点改善农村医疗卫生条件。
《国民经济和社会发展第十个五年计划纲要》	2001—2005 年	促进农村经济全面发展要始终把农业放在发展国民经济的首位。稳定粮食生产能力。拓宽农民增收领域。调整农业和农村经济结构。加强农业和农村基础设施建设。深化农村改革。扶持贫困地区发展。

（续）

规划名称	规划时期	涉农主要内容
《国民经济和社会发展第十一个五年规划纲要》	2006—2010年	按照生产发展、生活宽裕、乡风文明、村容整洁、管理民主的要求，扎实稳步推进新农村建设。提高农业综合生产能力，推进农业结构调整，加强农业服务体系建设，完善农村流通体系，发展现代农业。挖掘农业增收潜力，增加非农产业收入，完善增收减负政策，增加农民收入。加强农村基础设施建设，加强农村环境保护，积极发展乡村卫生事业，发展农村社会保障，改善农村面貌。加快发展农村义务教育，加强农村劳动力技能培训，发展农村文化事业，培养新型农民。坚持"多予少取放活"方针，增加农业和农村投入。深化农村改革。
《国民经济和社会发展第十二个五年规划纲要》	2011—2015年	强农惠农，加快社会主义新农村建设。增强粮食安全保障能力，推进农业结构战略性调整，加快农业科技创新，健全农业社会化服务体系，加快发展现代农业。巩固提高家庭经营收入，努力增加工资性收入，大力增加转移性收入，拓宽农民增收渠道。提高乡镇村庄规划管理水平，加强农村基础设施建设，强化农村公共服务，推进农村环境综合整治，改善农村生产生活条件。坚持和完善农村基本经营制度，建立健全城乡发展一体化制度，增强县域经济发展活力，完善农村发展体制机制。稳步推进农业转移人口转为城镇居民，健全覆盖城乡居民的社会保障体系，加强城乡医疗服务体系建设。
《国民经济和社会发展第十三个五年规划纲要》	2016—2020年	推进农业现代化。提高粮食生产保障能力，加快农业结构调整，推进农村一二三产业融合发展，确保农产品质量安全，促进农业可持续发展，开展农业国际合作，增强农产品安全保障能力。发展适度规模经营，培育新型农业经营主体，健全农业社会化服务体系，构建现代农业经营体系。提升农业技术装备水平，推进农业信息化建设。持续增加农业投入，完善农产品价格和收储制度，创新农村金融服务，实施八项农业现代化重大工程。加快农业转移人口市民化。加快建设美丽宜居乡村，促进城乡公共资源均衡配置，推动城乡协调发展。强化政策保障，健全广泛参与机制，落实脱贫工作责任制，实施八项脱贫攻坚重点工程，完善脱贫攻坚支撑体系。

注：国民经济和社会发展第五个"五年计划"，即为"五五"计划并没有单独编制，而是安排在《1976—1985年国民经济发展十年规划纲要》十年规划之中，1977年年底中共中央政治局审议了该草案。"六五"计划的编制时间较长，最初是作为《1976—1985年国民经济发展十年规划纲要》草案的一部分，根据1975年《政府工作报告》中的提议着手编制的。1980年2月，国务院决定重新制定中长期计划，并召开长期计划座谈会，再次酝酿编制"六五"计划。

（三）农业农村发展专项规划及其主要内容

21世纪以来，根据国民经济和社会发展五年规划纲要有关农业和农村经济发展、粮食、林业、扶贫等的部署和要求，政府制定了农业农村、粮食、林业、扶贫等专项规划。从国民经济和社会发展第十个五年计划开始，农业部编制发布《全国农业和农村经济发展第十个五年计划（2001—2005）》《全国农业和农村经济发展第十一个五年规划（2006—2010年）》《全国农业和农村经济发展第十二个五年规划（2011—2015年）》，国务院编制了《全国现代农业发展规划（2011—2015年）》《全国农业现代化规划（2016—2020）》，党的十九大提出实施乡村振兴战略之后，中共中央、国务院印发了《乡村振兴战略规划（2018—2022年）》。

围绕实施乡村振兴战略规划、全国农业和农村经济发展规划、全国现代农业发展规划、全国农业现代化规划，各省、市县（区）党委政府分别制定本地区的涉农专项规划；全国种植业、畜牧业、饲料工业、农垦经济与社会发展、农业农村信息化发展、休闲农业、热作产业、农业机械化、农业国际合作、全国水产技术推广等行业也分别制定了行业发展规划。

针对扶贫开发工作，中国政府开展了有计划有组织的大规模开发式扶贫，先后出台了《国家八七扶贫攻坚计划》（国发〔1994〕30号）、《中国农村扶贫开发纲要（2001—2010年）》（国发〔2001〕23号）、《中国农村扶贫开发纲要（2011—2020年）》（中发〔2011〕10号）、《"十三五"脱贫攻坚规划》（国发〔2016〕64号）。

各省、市、县（区）行业主管部门也根据上级行业指导部门的规划要求，分别制定适合本地区特点的行业发展规划，从而构建起部门协同、上下联动的规划体系。

表7-2　改革开放以来编制的主要农业农村发展专项规划

规划名称	规划时期	发文单位
《国家八七扶贫攻坚计划》	1994—2000 年	国务院
《中国农村扶贫开发纲要（2001—2010 年）》	2001—2010 年	国务院
《中国农村扶贫开发纲要（2011—2020 年）》	2011—2020 年	国务院
《"十三五"脱贫攻坚规划》	2016—2020 年	国务院
《全国农业和农村经济发展第十个五年计划》	2001—2005 年	农业部
《全国农业和农村经济发展第十一个五年规划》	2006—2010 年	农业部
《全国农业和农村经济发展第十二个五年规划》	2011—2015 年	农业部
《全国现代农业发展规划（2011—2015 年）》	2011—2015 年	国务院
《全国农业现代化规划（2016—2020 年）》	2016—2020 年	国务院
《国家质量兴农战略规划（2018—2022 年）》	2018—2022 年	农业部等
《乡村振兴战略规划（2018—2022 年）》	2018—2022 年	中共中央 国务院

二、制定出台政策

（一）政策制定过程和做法

政策制定过程，是指从公共问题产生到政府提出解决方案的过程、经历的程序或阶段等。中国政府制定公共政策的过程主要包括四个阶段：确认政策问题、设置政策议程、规划政策方案、政策合法化。改革开放以来，已经形成具有中国特色的公共政策制定过程和方法，在政策形成过程中政策主体和政策客体的关系就是"从群众中来，到群众中去"的过程，也有学者把改革开放以来的政策制定过程和方法归纳为"摸着石头过河"的模式。

从政策制定和形成过程看主要体现以下几点：一是坚持实事求是，一切从实际出发。政策制定过程是从调查研究到决策实施的过程。二是从人民利益出发是制定政策的根本宗旨。各级党组织和各级政府部门在政策制定过程中，必须坚持从人民利益出发这个根本原则。三是坚持民主集中制的原则。中国共产党和人民政府机关在政策制定过程中始终坚持民主集中制的组织原则。四是坚持把握客观规律，深入调查研究。在政策制定过程中，通过广泛深入的调查研究，全面了解客观情况，如实把握客观规律，在调查研究的基础上制定政策。五是坚持从群众中来到群众中去。"从群众中来"，就是在工作中深入群众，集中群众的智慧和要求，反映群众的愿望和诉求，形成正确的决定；"到群众中去"，就是将集中起来的正确决定变为群众自觉的实际行动。六是因地制宜、循序渐进、"摸着石子过河"的政策制定模式。邓小平同志曾经指出：改革开放，胆子要大，但步子要稳，走一步看一步，看到不妥当的地方就赶快改。后来人们把邓小平同志的这一思想形象地概括为："摸着石头过河"。

（二）政策制定案例分析

政策制定的形成过程表明，从主题确定到调查研究，从文本起草到审议通过，已经形成了一套比较完整的政策制定规范和工作程序。这里以 2010 年中央一号文件和中共十七届三中全会决定为例，介绍中央文件和全会决定的形成过程。

1. 2010 年中央 1 号文件形成过程

（1）确定主题。2010 年新年伊始，新华社授权发布了《中共中央国务院关于加大统筹城乡发展力度进一步夯实农业农村发展基础的若干意见》。这是 21 世纪以来党中央、国务院下发的第七个中央 1 号文件，与前六个中央 1 号文件既一脉相承，又突出创新。从 2004 年到 2009 年，党中央、国务院连续发出了六个指导"三农"工作的中央 1 号文件，粮食连续六年实现增产，农民收入连续六年较快增长，农村体制机制创新取得新的突破，农民民生改善和农村社会和谐稳定。但是，农业和农村发展还面临着不少矛盾和问题：一方面，长期制约农业和农村发展的因素尚未根本消除，农业基础不牢，农业设施装备落后，农业劳动生产率低，城乡经济社会发展失衡，收入差距在拉大；另一方面，新的矛盾和问题不断显现，全球经济复苏进程缓慢曲折，农产品价格影响因素日益复杂，极端天气事件明显增多，农业和农村经济发展的不确定性显著增强。面对国际金融危机的严重冲击及"三农"工作出现的新形势，既要继续贯彻落实前六个中央1号文件的强农惠农政策措施，又要及早谋划2010年中央1号文件及其需要出台的政策措施。在这种背景下，加大统筹城乡发展力度，进一步夯实农业农村发展基础，越来越成为大家的共识，并将其确定为2010年中央1号文件的主题。

（2）调查研究。早在2009年1月23日，中央政治局举行第11次集体学习时，胡锦涛同志就再次强调：必须坚持把解决好农业、农村、农民问题作为全党工作的重中之重，坚定不移走中国特色农业现代化道路，加快推进社会主义新农村建设，更加扎实地做好农业、农村、农民工作。5月22日举行的中央政治局集体学习，胡锦涛同志又专门强调：要适应统筹城乡发展新形势的要求，抓住社会保障制度薄弱环节加以推进，开展新型农村社会养老保险（简称"新农保"）试点，制定实施适合农民工收入低、流动性强特点的参加养老保险办法。胡锦涛高度重视"三农"形式发展变化，分别到江西、北京、黑龙江、云南、新疆、山东、河北等地考察，深入基层农户、农业产业化龙头企业、农业院校、少数民族地区进行调研，讨论研究解决"三农"问题。分管农业农村工作的副总理分别在杭州、哈尔滨、北京召开三次座谈会，进一步听取大家的意见和建议。2009年8月和9月初，中央农村工作领导小组办公室分别召集近20个省区党委农村工作综合部门的负责人，在湖北和江苏一起开展调查研究，边调查边座谈。

（3）文件起草。2009年7月，中央就提出要求，及早筹备年底的中央农村工作会议，考虑起草2010年的中央1号文件。2009年10月13

245

日，党的十七届四中全会一结束，中央就批准成立文件起草组。时任中共中央政治局委员、国务院副总理、中央农村工作领导小组组长回良玉主持起草工作。来自中央和国家机关 23 个部门的 50 多人集中办公，开始了近 3 个月的文件起草工作。文件起草组人员认真学习领会胡锦涛同志和温家宝同志关于"三农"工作的重要指示精神，分析研判"三农"形势，初步拟定文件主题，讨论研究协作大纲。胡锦涛同志和温家宝同志在听取文件起草组汇报后，对 2010 年中央 1 号文件的主题、框架和内容给予明确指示。文件起草组在深入学习领会胡锦涛同志和温家宝同志指示精神的基础上，对文件内容进行了讨论、修改、再讨论、再修改，经过反复推敲、仔细打磨，文件起草组提交了文件送审稿。

（4）审议通过。2009 年 10 月 26 日，中央农村工作领导小组召开会议，对文件送审稿进行了审议，根据审议意见，文件起草组再次进行了修改。12 月 9 日，国务院常务会议对修改后的送审稿进行审议，提出了修改意见，根据审议意见，文件起草组连夜对送审稿进行了再次修改。12 月 10 日，中央政治局常委会议对送审稿进行了审议，提出了修改意见，胡锦涛同志明确要求，必须确保粮食生产不滑坡，农民收入不徘徊，农村发展好势头不逆转。12 月 27—28 日，中央召开农村工作会议，讨论《中共中央国务院关于加大统筹城乡发展力度进一步夯实农业农村发展基础的若干意见（讨论稿）》。12 月 29 日，根据会议代表提出的意见，文件起草组做了第四次修改，并将修改后的文件送审稿再次上报，经党中央、国务院审定同意后，于 12 月 31 日晚付印，2010 年元旦发出。

表 7-3 改革开放以来关于农业农村工作的 21 个中央 1 号文件

年份	文件名称	主要内容
1982 年	《全国农村会议纪要》	正式承认包产到户的合法性
1983 年	《当前农村经济政策的若干问题》	放活农村工商业

（续）

年份	文件名称	主要内容
1984 年	《中共中央关于一九八四年农村工作的通知》	发展农村商品生产
1985 年	《中共中央国务院关于进一步活跃农村经济的十项政策》	取消统购统销制度
1986 年	《中共中央 国务院关于一九八六年农村工作的部署》	深入进行农村经济改革,切实帮助贫困地区逐步改变面貌
2004 年	《中共中央国务院关于促进农民增加收入若干政策的意见》	促进农民增加收入
2005 年	《中共中央国务院关于进一步加强农村工作提高农业综合生产能力若干政策的意见》	提高农业综合生产能力
2006 年	《中共中央国务院关于推进社会主义新农村建设的若干意见》	推进社会主义新农村建设
2007 年	《中共中央国务院关于积极发展现代农业扎实推进社会主义新农村建设的若干意见》	积极发展现代农业
2008 年	《中共中央国务院关于切实加强农业基础建设进一步促进农业发展农民增收的若干意见》	切实加强农业基础建设
2009 年	《中共中央国务院关于 2009 年促进农业稳定发展农民持续增收的若干意见》	促进农业稳定发展、农民持续增收
2010 年	《中共中央国务院关于加大统筹城乡发展力度进一步夯实农业农村发展基础的若干意见》	加大统筹城乡发展力度
2011 年	《中共中央国务院关于加快水利改革发展的决定》	加快水利改革发展
2012 年	《中共中央国务院关于加快推进农业科技创新持续增强农产品供给保障能力的若干意见》	加快推进农业科技创新
2013 年	《中共中央国务院关于加快发展现代农业进一步增强农村发展活力的若干意见》	加快发展现代农业
2014 年	《中共中央国务院关于全面深化农村改革加快推进农业现代化的若干意见》	全面深化农村改革
2015 年	《中共中央国务院关于加大改革创新力度加快农业现代化建设的若干意见》	加快农业现代化建设

（续）

年份	文件名称	主要内容
2016 年	《中共中央国务院关于落实发展新理念加快农业现代化实现全面小康目标的若干意见》	加快实现全面小康目标
2017 年	《中共中央国务院关于深入推进农业供给侧结构性改革加快培育农业农村发展新动能的若干意见》	推进农业供给侧结构性改革
2018 年	《中共中央国务院关于实施乡村振兴战略的意见》	实施乡村振兴战略
2019 年	《中共中央国务院关于坚持农业农村优先发展做好三农工作的若干意见》	坚持农业农村优先发展

2. 中共十七届三中全会决定形成过程

（1）确定主题。2010 年 10 月 12 日，经过充分讨论、认真审议，党的十七届三中全会一致通过《中共中央关于推进农村改革发展若干重大问题的决定》。中央之所以决定党的十七届三中全会专题研究新形势下推进农村改革发展问题，据文件起草组负责人介绍，主要基于以下四点考虑：一是纪念改革开放 30 周年，认真总结农村改革的历史经验；二是贯彻落实党的十七大精神，从战略上谋划"三农"发展；三是顺应农村发生的深刻变化，研究破解"三农"难题的根本举措；四是实现经济社会又好又快发展，从全局出发强化农业基础。

（2）调查研究。2008 年 9 月 8—10 日，中共中央总书记胡锦涛同志先后来到河南省的焦作、郑州等地，深入田间地头、农科院所、龙头企业和农户家中，就推进农村改革发展问题进行调研。9 月 30 日，胡锦涛同志又专程前往安徽省小岗村，同基层干部群众共商新形势下推进农村改革发展大计。在调研工程中，胡锦涛同志强调，推进农村改革发展，关键是要在以下三个方面取得重大突破：一是大力加强制度建设，稳定和完善农村基本经营制度，推进农村经营方式转变，不断完善有利于农业农村发展的体制机制；二是要大力发展现代农业，加快转变农业发展方式，提高土地产出率、资源利用率、农业劳动生产率，增强农业抗风险能力、国际竞争能力、可持续发展能力，不断提高农业综合生产能力；三是要大力发展农村公共事业，统筹城乡公共资源分配，扩大公共财政覆盖农村范围，不断促进农村社会全面进步。2008 年 4 月上旬，文件起草组成立七个调研组，分赴内蒙古、黑龙江、安徽、湖北、四川等 12 个省区开展调查研究，共召开 51 次座谈会，听取 860 多名领导干部、专家学者和基层群众的意见和建议，形成了 7 份调研报告。与此同时，文件起草组还就推进农村改革发展若干重大问题，委托中央和国家机关 18 个部门开展专题调研，共收到 25 份专题调研报告。在 3 月下旬起草工作启动之初，中央在党内外一定范围就推进农村改革发展问题广泛征求意见。截至 4 月底，各地区各部门共向中央反馈意见 121 份，为决定稿起草提供了丰富素材。

（3）文件起草。中央政治局常务委员会决定：成立党的十七届三中全会文件起草组，在中央政治局常务委员会直接领导下开展文件起草工作。2008 年 3 月 25 日，文件起草组正式成立。起草组由时任中共中央政治局委员、国务院副总理回良玉同志，时任中共中央书记处书记、中央政策研究室主任王沪宁同志负责。来自党中央和国务院有关部门、安徽和吉林两个农业大省的负责同志，以及长期研究"三农"问题的专家学者，共 49 人齐聚北京，承担决定稿的起草重任。2008 年 3 月 25 日，在起草组第一次全体会议上，胡锦涛同志发表重要讲话，深刻阐述了推进农村改革发展的指导思想，提出了决定稿起草需要深入研究的 7 个重大问题，对文件起草工作提出了明确要求。6 个月时间里，胡锦涛同志先后 5 次主持中央政治局常委会议、3 次中央政治局会议，听取起草工作汇报，讨论审议决定稿，提出了许多指导性意见。中央政治局其他常委也十分关心决定稿的起草工作，并多次做出重要指示。文件起草组认真学习党的十一届三中全会以来党中央、国务院一系列重要文献和文件，特别是深入研读党的十七大报告和认真学习领会胡锦涛同志讲话和指示精神，并围绕具体议题进行深入讨论。5月初，起草组形成决定稿框架方案。经中央审定后，文件起草组着手决定稿起草工作。6个月时间里，文件起草组反复讨论主题，认真推敲框架，精心修改初稿，共召开9次全体会议、30次工作班子会议，正式修改41稿。2018年6月17日，历经30多次修改，起草组拿出决定初稿。

（4）审议通过。2008年6月26日和7月24日，胡锦涛同志先后两次主持召开中央政治局常委会议，对决定稿进行讨论和审议，多次做出重要指示。7月25日，胡锦涛同志又主持召开中央政治局会议，对决定稿进行讨论和审议。根据中央政治局常委会议和中央政治局会议精神，起草组又对决定稿反复修改，形成决定征求意见稿。8月7日，党中央印发决定征求意见稿，向各地区各部门和军队负责同志、党的十七大代表、部分老同志等广泛征求意见。中央统战部还向民主党派中央、全国工商联领导人和无党派人士征求意见。这次征求意见，共有3 000多人参加讨论，起草组共收到各方面的意见、建议2 193条，扣除重复性意见后共1 862条。8月21日，胡锦涛同志主持召开党外人士座谈会，就决定征求意见稿当面听取各党派中央、全国工商联领导人和无党派人士的意见和建议。起草组据此对决定征求意见稿做出487处修改。9月18日，胡锦涛同志再次主持召开中央政治局会议，再次审议决定稿，听取决定稿在党内外一定范围征求意见的情况报告，决定根据这次会议讨论的意见进行修改后将决定稿提请党的十七届三中全会审议。2008年10月9日，党的十七届三中全会召开，回良玉副总理就决定稿向全会做了说明。其中，安排5个半天时间对决定稿进行认真吸收。10月11日晚，胡锦涛同志主持召开中央政治局常委会议，听取全会分组审议情况汇报，对决定稿修改做出重要指示。根据中央政治局常委会议精神，起草组连夜对决定稿做了24处修改。12日上午，全会继续进行分组会议，对修改后的决定稿再次进行讨论，又提出了 26 条修改意见。起草组对这些意见逐条进行研究，报请中央政治局，吸收了其中 6 条意见，对决定稿做了最后一次修改。12 日下午，党的十七届三中全会举行全体会议，《中共中央关于推进农村改革发展若干重大问题的决定》获得全会一致通过。据起草组负责人介绍，《中共中央关于推进农村改革发展若干重大问题的决定》共分三大板块、六个部分：第 1 板块是总论，包括第 1、2 部分，阐述新形势下推进农村改革发展的重大意义、指导思想、目标任务、重大原则；第 2 板块是政策措施，包括第 3～5 部分，阐述推进农村改革发展的重大举措和工作部署；第 3 板块是政治保障，即第 6 部分，阐述加强和改善党对农村工作的领导。

表 7-4　改革开放以来关于农业农村工作的 4 个中央全会决定

会议名称	文件名称	主要内容
中共十一届四中全会 （1979 年 9 月 25—28 日）	《中共中央关于加快农业发展若干问题的决定》	制定了发展农业生产力的 25 项政策和措施，对推进农业现代化作出了部署和安排。
中共十三届八中全会 （1991 年 11 月 25—29 日）	《中共中央关于进一步加强农业和农村工作的决定》	部署了 20 世纪 90 年代农业农村的主要任务，提出了建设中国特色社会主义新农村的基本要求。
中共十五届三中全会 （1998 年 10 月 12—14 日）	《中共中央关于农业和农村工作若干重大问题的决定》	总结了农村改革二十年的基本经验，制定了农业和农村跨世纪发展的目标和政策。
中共十七届三中全会 （2008 年 10 月 9—12 日）	《中共中央关于推进农村改革发展若干重大问题的决定》	加快推进社会主义新农村建设，大力推进城乡统筹发展。

（三）主要涉农政策及内容

改革开放以来，中央针对不同时期农业农村发展的特点和要求，及时调整农业农村工作决策和部署。以农业农村工作为主题，先后召开了四次中央全会，先后制定了 21 个指导农业农村工作的中央 1 号文件。出台实施了一系列指导农业农村工作的政策措施，内容涵盖各个方面，形成了农业农村制度框架和政策体系。

三、完善宏观调控

改革开放以来，政府主要通过农产品价格支持政策、收储制度、进出口调控、市场监管等措施对农业农村发展进行宏观调控。

（一）完善农产品价格形成机制

国家在充分发挥市场机制作用的基础上，运用经济、行政、法律等手段加强了对市场的宏观调控，对重点农产品市场采取收购与价格支持政策，逐步构建粮棉油糖等大宗农产品价格支持与市场调控政策体系。

一是实行粮食最低收购价。2004 年开始实施小麦、稻谷粮食最低收购价政策，逐年提高最低收购价格，近年来价格有所下调。

二是实行临时收储政策。2008 年开始陆续对玉米、大豆、油菜籽、棉花实施临时收储政策，价格逐年提高；受市场因素影响，2013 年以来逐步取消了重要农产品的临时收储政策。

三是实行预案调控。对生猪等波动幅度大，生产周期长的鲜活农产品，通过锁定市场波动的上下限来避免价格大起大落。此外，对蔬菜等季节性强的农产品，探索通过保险、补贴等价格调节方式来稳定市场。

四是推进市场定价、价补分离改革。2014 年开始，国家分步骤地取消棉花、大豆、油菜籽和食糖的临时收储政策。2014 年，新疆棉花和东北及内蒙古大豆临时收储政策被对市场干预程度较低的目标价格政策所取代，在市场价格低于目标价格时按价差补贴生产者。2015 年取消了油菜籽和食糖的临时收储政策，价格形成回归实施临时收储政策前的市场机制。2017 年，取消在东北与内蒙古实施的大豆目标价格政策。2016 年开始玉米实施生产者补贴政策。2017 年大豆生产者补贴政策取代大豆目标价格政策。

当前，通过推进农产品价格形成机制改革，在保持政策架构基本稳定的前提下，中国政府探索出了"市场定价，价补分离"的农产品价格改革道路，不断调整改进"黄箱"政策，扩大"绿箱"政策适用范围，使得市场机制作用得以充分的发挥。

表 7－5　2004—2017 年主要农产品收购政策及政府干预价格

单位：元/吨

农产品	2004	2005	2006	2007	2008	2009	2010	2011	2012	2013	2014	2015	2016	2017
最低收购价														
早籼稻	1 400	1 400	1 400	1 400	1 540	1 800	1 860	2 040	2 400	2 640	2 700	2 700	2 660	2 600
粳　稻	1 500	1 500	1 500	1 500	1 640	1 900	2 100	2 560	2 800	3 000	3 100	3 100	3 100	3 000
中籼稻	—	1 440	1 440	1 440	1 580	1 840	1 940	2 140	2 500	2 700	2 760	2 760	2 760	2 720
晚籼稻	—	1 440	1 440	1 440	1 580	1 840	1 940	2 140	2 500	2 700	2 760	2 760	2 760	2 720
白小麦	—	—	1 440	1 440	1 540	1 740	1 800	1 900	2 040	2 240	2 360	2 360	2 360	2 360
红小麦	—	—	1 380	1 380	1 440	1 660	1 720	1 860	2 040	2 240	2 360	2 360	2 360	2 360
临时收储价格														
玉　米	—	—	—	—	1 500	1 500	1 700	1 980	2 120	2 240	2 240	2 000	1 674	已取消
大　豆	—	—	—	—	3 700	3 740	3 800	4 000	4 600	4 600	已取消	已取消	已取消	已取消
油菜籽	—	—	—	—	4 400	3 700	3 900	4 600	5 000	5 100	5 100	已取消	已取消	已取消
棉　花	—	—	—	—	—	—	—	19 800	20 400	20 400	已取消	已取消	已取消	已取消
目标价格														
大　豆	—	—	—	—	—	—	—	—	—	—	4 800	4 800	4 800	已取消
棉　花	—	—	—	—	—	—	—	—	—	—	19 800	19 100	18 600	18 600

资料来源：黄季焜：《农业供给侧结构性改革的关键问题：政府职能和市场作用》，《中国农村经济》，2018 年第 2 期。

（二）深化粮食等农产品储备制度改革

中国政府除了建立和完善专项粮食储备制度外，还对影响国计民生的棉花、食用植物油、糖、猪肉、蔬菜及化肥等重要商品也建立了储备制度，以加强市场调控，防止价格出现大涨大跌，把价格稳定在合理水平。

一是粮食储备制度。中国历来重视粮食储备问题，于 1990 年了出台了国家粮食专项储备制度，现已形成了国家、地方和农户组成的三级粮食储备体系。储备粮的购销和管理由国家和地方粮食和物资储备局负责，执行主体为中储粮总公司和地方储备粮公司。中央储备粮制度作为政府调控粮食流通的重要手段，主要通过吞吐和轮换两个途径来实现。吞吐的目的旨在当市场粮食丰收，价格大幅度下跌时，政府按规定的最低保护价收购，增加库存；而当市场粮食供不应求，价格上涨时，政府按最高限价积极抛售，平抑粮价。通过吞吐调节，把市场粮价稳定在合理的范围内，保护粮农和消费者的利益。轮换是指中央储备粮推陈储新，粮食存放一定时间后会形成陈化粮，为了保证储备粮的品质，需要定期按比例用新粮替换旧粮。

二是粮食风险基金机制。这项制度分为中央和地方粮食风险基金。该制度的主要功能是用经济手段稳定粮食市场、防止粮食价格大幅波动，保护生产者和消费者利益，促进粮食生产稳定增长和粮食流通制度改革。其中，中央粮食风险基金主要用于国家储备粮油、国家专项储备粮食的利息、费用支出和在特殊情况下需要动用中央储备粮调节粮食市场价格时所需的开支。地方粮食风险基金用于地方政府平抑粮食市场价格吞吐粮食发生的利息、费用和价差支出；对贫困地区吃返销粮的农民由于粮食价格提高而增加的开支的补助。

三是其他主要农产品储备制度。改革开放以来，为有效加强市场宏观调控，保障重要农产品安全能力，把农产品价格稳定在合理水平，维护农户和消费者利益。除了粮食外，中国政府已经建立了棉花、食用植物油、肉、糖等 29 种生活必需品储备制度，北京、内蒙古、新疆等北方

17 个省区市建立了冬春蔬菜储备制度，可保证 7 天的蔬菜消费量。

（三）完善农产品进出口调控

加入 WTO 后，中国农产品贸易政策发生了重大调整，大幅降低了农产品进口关税，且关税形式单一，实施税率与约束税率同一；关税配额量大；取消了数量配额、许可证等所有非关税措施；放弃了以进口数量和价格自动触发为特征的特殊保障机制（SSG）。在农产品进出口调控方面，主要的措施有关税、进口关税配额、进口检验检疫等技术性措施、自动进口许可证制度和贸易救济等。

一是农产品进口关税。中国政府通过关税调控市场的能力不足，农产品关税水平相比欧美等主要经济体较低。加入 WTO 后，农产品贸易进口关税大幅下降，由 2001 年平均关税 24.1％，下降到目前的平均关税 15.2％，中国实际上已成为世界上农产品市场开放度最高的国家。对大豆、大麦、高粱、木薯、DDGs 实行单一关税，关税只有 2％～5％，油籽植物油关税 9％，乳制品关税多为 10％。同时，关税形式单一，主要是从价税，非从价税比例极低，仅为 0.08％。仅对白羽肉鸡的 7 个税号产品实行从量税，其余全部是从价税。

二是对粮棉糖毛等少数农产品实行关税配额管理。关税配额制度是一种限制货物进口的措施，进口国对进口货物数量制定配额，对配额内进口的货物实施低关税或者免税，对于超过配额后所进口的货物则征收较高关税。中国仅对粮棉糖毛等少数农产品实行关税配额管理，但配额量大，三大主粮配额量超过全球配额量的 1/3，棉花超过全球的 90％，食糖超过全球的 30％，羊毛为全球配额量的 100％（表 7 - 6）。配额内关税为 1％～15％，配额外关税为 38％～65％。其中，小麦、大米（水稻）、玉米三大主粮的配额内不同税号产品的关税为 1％～10％，配额外进口关税为

65％；棉花^①配额内关税为 1％，配额外关税为 40％；食糖配额内关税为15％，配额外关税为 50％；羊毛和毛条配额内关税分别为 1％和 3％，配额外关税均为 38％。

表 7－6　中国农产品关税配额状况

单位：万吨,％

农产品	最惠国税率	配额内税率	配额量	配额量占全球
小麦	65	1～10	963.6	
玉米	20	1～10	720	36.1
稻米	65	1～9	532	
棉花	40	1	89.4	90.3
食糖	50	15	194.5	30.3
羊毛	38	1	28.7	100
毛条	38	3	8	/

资料来源：WTO 数据库。

　　三是实行自动许可管理制度。自动进口许可证制度即把进口许可证毫无数量限制地签发给进口商，凡是列入许可证项下的商品清单中的货物，进口商只要申请，就可进口。该政策的目的不是控制进口，也难以从根本上控制进口，其目的是便于政府统计进口，强化监测预警和进口动态的分析研判，给进口企业传递出应提高进口风险意识的相关信号。中国实施自动许可证制度的农产品主要包括：牛肉、猪肉及副产品、羊肉、肉鸡、鲜奶、奶粉、大豆、菜籽油、植物油、豆粕及烟草，2015 年9 月 1 日起，大麦、高粱、木薯、玉米酒糟也均纳入自动进口许可证管理。

　　四是贸易救济制度。贸易救济包括"两反一保"，即反倾销、反补贴

---

　　① 　为满足纺织业需要，2005 年开始发放棉花滑准税配额，税率滑动的范围理论上为 5％～40％，实际约为 8％～10％。

及保障措施。贸易救济是世界贸易组织（WTO）赋予各成员的权利，允许各成员在本地区产业因为进口而受到损害或损害威胁时采取限制进口的行为，是一种法律制度，核心是通过征收额外关税确保进口产品价格不低于地区内成本价，防止进口过度。"两反一保"实施条例多年，但在农产品贸易领域中，2009年中国对美国白羽肉鸡发起反倾销和反补贴的"双反"调查，是中国真正意义上的第一起农产品贸易救济案。截至目前立案的总共也只有5起，包括对欧盟马铃薯淀粉"双反"，对欧盟葡萄酒"双反"，对美国干玉米酒糟（DDGS）反倾销以及2016年对食糖发起保障措施。此外，中国取消了农产品出口补贴和单一许可证等非关税措施。出口促进方面，实行农产品出口退税及出口信用保险政策等。

（四）加强农产品质量安全监管

农产品质量安全关系到人民生命财产的安全，对加快转变农业发展方式，提高农业整体竞争力，对实现农业现代化，实现全面小康具有保驾护航的重要意义。改革开放以来，中国政府采取通过完善相关法律法规、加强农产品质量监管、加大产地安全及投入品管理、加快推进农业标准化认证体系建设等措施和手段，提高农产品质量安全水平。

中国政府初步建立了科学合理、职能清晰、权责一致的农产品安全监管制度。完善农产品质量安全监管法律体系，制定了《农产品质量安全法》，以及与之配套的《乳品质量安全监管管理条例》《饲料和饲料添加剂管理条例》等法律法规。建立了专门的农产品质量安全监管机构，2008年农业部组建了农产品质量安全监管局，加强综合协调，完善监管制度，优化监管方式，强化生产经营各个环节的监管，形成相互衔接、运转高效的食品安全监管格局。加强基层农产品质量安全监管公共服务和机构建设。针对大多数乡镇农产品质量安全监管工作"缺机构、缺人员、缺手段"的现状，逐步加强农业公共服务能力建设，加快健全乡镇或区域性农产品质量监管等公共服务机构。农业行政主管部门大力推进农产品标准化生产，加强标准制修订，从源头控制农产品质量安全。在农药整治、"瘦肉精"整治、生鲜乳整治、兽用抗生素整治及水产品整治等方面，从源头上开展治理，强化产地监测，推进检打联动，强化整治效果，并积极开展春季、夏季、秋季行动和种子打假护权行动，严厉打击制售假劣农资坑农害农行为。

四、健全法律保障

（一）法律制定的程序和方法

法律制定程序即立法程序，是指有法律制定权的国家机关在创制、认可、修改或者废止规范性法律文件的活动中所必须遵守的步骤和方法。狭义的立法程序是指国家最高权力机关创制、认可、修改或废止法律的程序。广义的立法程序包括一切具有立法权的国家机关创制、认可、修改或废止规范性法律文件的程序。为了规范立法活动，健全国家立法制度，提高立法质量，完善中国特色社会主义法律体系，发挥立法的引领和推动作用，保障和发展社会主义民主，全面推进依法治国，建设社会主义法治国家，中国政府制定了《中华人民共和国立法法》，对法律、行政法规、地方性法规、自治条例和单行条例等的立法权限、立法程序、法律解释、适用和备案等做了明确规定，根据《中华人民共和国人民代表大会议事规则》和《全国各级人民代表大会常务委员会议事规则》的有关规定及我国的立法实践，我国最高权力机关及其常设机关立法的基本程序包括：法律案的提出、法律草案的审议、法律草案的表决与通过、法律的公布等。

涉农领域的法制工作是政府法制工作的重要组成部分，依法治农是依法治国、依法行政在农业农村领域的具体体现。改革开放以来，中国政府不断加强农业农村领域法制建设工作，推进依法行政。市场经济在本质上是法治经济，法治是现代市场经济的重要特征，成熟的市场经济体制与健全的法制相匹配。实现市场在资源配置中的决定性作用，最为重要的一个前提就是市场主体的行为和利益要受到法律约束和保护。涉农领域更需要公平、公开、公正地配置各类资源，更加公平地实现利益分配和再分配。政府作用的充分发挥需要法律规范，政府宏观调控行为需要在法律框架内进行。

（二）法律形成过程案例分析

这里以 1998 年《土地管理法》的修订为例，介绍中国涉农法律的一般修订过程。

1. 确定主题

以 1986 年《中华人民共和国土地管理法》（简称《土地管理法》）的颁布为标志，中国开始了土地法制建设的历程。经过十年努力，一共颁布了 2 部法律、9 部行政法规、31 部部门规章、200 多部地方性法规和行政规章。随着经济社会的发展，中国土地法制建设的现状显示出了不适应时代发展的问题。在土地经济多元化条件下，如何管好土地、用好土地，需要开始新的探索。自 1995 年以来，党中央对土地管理特别是耕地保护工作十分重视。1997 年，中央财经领导小组布置了一个耕地质量保护的调研题目，国家土地管理局进行了一年的研究。中央政治局常委会在听取三次汇报后确定：一是中国必须建立世界上最严格的土地管理制度；二是冻结土地审批占用耕地一年，运用一年时间修改《土地管理法》，完善土地管理体制。

2. 调查研究

《土地管理法》的修订过程是一个十分细致的调查研究过程。在法律修订过程中，立法部门既总结了国内正反两方面的经验，又大胆借鉴了国外经验。例如，用途管制制度。总结国内经验教训，经验有珠海的"五统一"，教训有闲置土地大量存在、房地产市场失控等。《土地管理法（修订草案）》报送到全国人民代表大会常务委员会后，进行了一次立法制度改革，即将其公布，进行全民讨论，征求人民群众的意见。这样全国各地都进行了大讨论。党和国家领导人还专门到一些地方进行了调查研究，一些人民群众直接写信提意见和建议。截至1998年8月21日，写给全国人民代表大会常务委员会法制工作委员会的信有650多封。大部分人都赞同《土地管理法（修订草案）》的指导思想，但认为草案规定对基层政府的刚性约束不够，建议加大约束力度。

3. 法律修订

在保护耕地的指导思想下，相关部门着手进行法律修订工作。这次修订的基本原则是：一是用途管制原则；二是合理划分各级人民政府土地管理职权的原则；三是强化土地执法监察原则。法律修改有两种形式：一种是法律修正，这种形式往往只是修改几条；另一种是法律修订，这种形式一般是全面修改。《土地管理法》修订就是采取后一种形式，也就是全面修改。新旧《土地管理法》相比，可以发现只有两条保留了原法律的规定，其他所有条文都进行了修改。从改动的幅度看，这是中国历次法律修改幅度最大的。新《土地管理法》修订的主要内容有：一是切实保护耕地为核心内容；二是改变了分级限额审批制度，建立了用途管制制度；三是对各级政府的土地管理职责进行了明确划分；四是强化了对土地的执法监察；五是注重了对公民特别是农民土地财产权利的保护；六是强化了国家土地所有权的权益；七是明确了土地管理的基本国策。

4. 审议通过

1997年12月国务院召开常务会议，第一次审议了《土地管理法》。在中国的立法中，提交国务院审议的法律或者法规，一般都是能原则通过。但后来讨论，国务院领导认为草案不行，需重新修改。这样，有关部门又反复进行协调研究。1998 年 1 月，国务院召开常务会议，第二次进行了审议。全国人大常务委员会以前审议法律草案都实行两审制，从 1998 年《土地管理法》开始，进行了立法制度的改革，以后凡属于关系到人民群众切身利益的法律，都要进行三次审议。最后 8 月 29 日表决，出席会议的代表 141 人，赞成票 139 人，没有反对票，只有两张弃权票。《土地管理法》修订历时一年零三个月。

（三）涉农的主要法律及其内容

《中华人民共和国宪法》（下称《宪法》）规定了国家的根本制度和根本任务，是国家的根本法，具有最高的法律效力。改革开放以来，为了更好地维护农业农村经济运行，激发市场主体活力，保障农民利益，依据《宪法》，国家层面先后制定并实施了《中华人民共和国森林法》《中华人民共和国草原法》《中华人民共和国渔业法》《中华人民共和国土地管理法》《中华人民共和国水法》《中华人民共和国农业法》等 25 余部涉农法律法规，地方政府和分管部委也先后颁布实施了一系列农业农村经济市场化运行的法律法规，构建起了中国特色的涉农法律制度体系。

《中华人民共和国农业法》的制定目的是，为了巩固和加强农业在国民经济中的基础地位，深化农村改革，发展农业生产力，推进农业现代化，维护农民和农业生产经营组织的合法权益，增加农民收入，提高农民科学文化素质，促进农业和农村经济的持续、稳定、健康发展，实现全面建设小康社会的目标。1993 年 7 月 2 日第八届全国人民代表大会常务委员会第二次会议通过了《中华人民共和国农业法》，该法经过了两次修订，2002 年 12 月 28 日，中华人民共和国第九届全国人民代表大会常务委员会第 31 次会议，对《中华人民共和国农业法》进行了修订，自 2003 年 3 月 1 日起实施。2012 年 12 月 28 日，中华人民共和国第十一届全国人民代表大会常务委员会第三十次会议，对《中华人民共和国农业法》进行修订，自 2013 年 1 月 1 日起施行。新修订的农业法共分为 13 章 99 条，除总则和附则外，分别对农业生产经营体制、农业生产、农产品流通与加工、粮食安全、农业投入与支持保护、农业科技与农业教育、农业资源与农业资源保护、农民权益保护、农村经济发展、执法监督及法律责任等进行了规定。

《中华人民共和国农村土地承包法》的制定目的是，为稳定和完善以家庭承包经营为基础、统分结合的双层经营体制，赋予农民长期而有保障的土地使用权，维护农村土地承包当事人的合法权益，促进农业、农村经济发展和农村社会稳定。2018 年 12 月 29 日下午，十三届全国人大常委会第七次会议表决通过了关于修改农村土地承包法的决定。新农村土地承包法一个重要修改就是关于保护农村妇女的土地承包经营权。新农村土地承包法增加了两项规定：承包农户内家庭成员依法平等享有承包土地的各项权益；土地承包经营权证和林权证，应当将具有土地承包经营权的全部家庭成员列入。新修正的《中华人民共和国农村土地承包法》共包括五章 70 条。除总则和附则外，主要包括家庭承包、其他方式的承包及争议的解决和法律责任。

《中华人民共和国农民专业合作社法》的制定目的是，为规范农民专业合作社的组织和行为，鼓励、支持、引导农民专业合作社的发展，保护农民专业合作社及其成员的合法权益，推进农业农村现代化。该法 2006 年 10 月 31 日第十届全国人民代表大会常务委员会第二十四次会议通过，2017 年 12 月 27 日第十二届全国人民代表大会常务委员会第三十一次会议修订。包括十章 71 条。除总则和附则外，主要规定了农民专业合作社的设立和登记、成员、组织机构、财务管理、合作社的合并分立解散和清算、农民专业合作社联合社、扶持措施和法律责任等。

《中华人民共和国农业技术推广法》的制定目的是，为了加强农业技术推广工作，促进农业科研成果和实用技术尽快应用于农业生产，增强科技支撑保障能力，促进农业和农村可持续发展，实现农业现代化。该法在 1993 年 7 月 2 日第八届全国人民代表大会常务委员会第二次会议通过，根据 2012 年 8 月 31 日第十一届全国人民代表大会常务委员会第二十八次会议《关于修改〈中华人民共和国农业技术推广法〉的决定》修正。共六章 39 条。除总则和附则外，主要规定了农业技术推广体系、农业技术的推广与应用、农业技术推广的保障措施、法律责任等。

表 7-7　改革开放以来实施的重要农业农村法律法规

法律法规名称	制定及修改时间	发布机构
《中华人民共和国地方各级人民代表大会和地方各级人民政府组织法》	1979 年制定，1982 年第一次修正，1986 年第二次修正，1995 年第三次修正，2004 年第四次修正，2015 年第五次修正	全国人民代表大会
《中华人民共和国森林法》	1984 年制定，1998 年第一次修正	全国人大常委会
《中华人民共和国草原法》	1985 年制定，2002 年修订，2009 年第一次修正，2013 年第二次修正	全国人大常委会
《中华人民共和国渔业法》	1986 年制定，2000 年第一次修正，2004 年第二次修正，2009 年第三次修正，2013 年第四次修正	全国人大常委会
《中华人民共和国土地管理法》	1986 年制定，1988 年第一次修正，2004 年第二次修正	全国人大常委会
《中华人民共和国水法》	1988 年制定，2002 年第一次修订，2009 年第二次修订，2016 年第三次修订	全国人大常委会
《中华人民共和国水土保持法》	1991 年制定，2010 年第一次修订	全国人大常委会
《中华人民共和国进出境动植物检疫法》	1991 年制定，2009 年第一次修正	全国人大常委会
《中华人民共和国农业法》	1993 年制定，2002 年第一次修订，2012 年第一次修正	全国人大常委会

（续）

法律法规名称	制定及修改时间	发布机构
《中华人民共和国农业技术推广法》	1993 年制定，2012 年第一次修正	全国人大常委会
《中华人民共和国村民委员会自治法》	1998 年制定，2010 年第一次修订	全国人大常委会
《基本农田保护条例》	1994 年制定，1998 年修正，2011 年第一次修订	国务院
《中华人民共和国种子法》	2000 年制定，2004 年第一次修正，2013 年第二次修正，2015 年第一次修订	全国人大常委会
《中华人民共和国农村土地承包法》	2002 年制定，2009 年第一次修正	全国人大常委会
《粮食流通管理条例》	2004 年制定，2013 年第一次修订，2016 年第二次修订	国务院
《中华人民共和国农业机械化促进法》	2004 年制定	全国人大常委会
《中华人民共和国畜牧法》	2005 年制定，2015 年第一次修正	全国人大常委会
《中华人民共和国农产品质量安全法》	2006 年制定	全国人大常委会
《中华人民共和国农民专业合作社法》	2006 年制定，2017 年第一次修订	全国人大常委会
《中华人民共和国食品安全法》	2009 年制定，2015 年第一次修订	全国人大常委会
《农业转基因生物安全管理条例》	2001 年制定，2011 年第一次修订	国务院
《中国共产党农村基层组织工作条例》	1999 年制定，2018 年修订	中国共产党中央委员会
《农药管理条例》	1997 年制定，2011 年第一次修订，2017 年第二次修订	国务院

（续）

法律法规名称	制定及修改时间	发布机构
《退耕还林条例》	2002 年制定，2016 年第一次修订	
《中华人民共和国耕地占用税法》	1987 年国务院制定《中华人民共和国耕地占用税暂行条例》，2007 年第一次修订，2018 年制定	全国人大常委会
《农业保险条例》	2012 年制定，2016 年第一次修订	国务院

当前，以农业法为核心的农业法律体系已经形成，农业领域共制定现行有效法律 15 部、行政法规 28 部，农业技术推广法、农民专业合作社法、种子法、畜牧法、渔业法等农业领域法律日益完善，农业农村经济管理总体实现有法可依。

第四节　农业农村管理体制改革与政府职能转变的经验及启示

改革开放以来，中国已经实施了 5 次党中央部门机构改革、8 次国务院机构改革。在农业农村管理体制改革和政府职能转换中，积累了诸多经验及其启示。

一是农业农村管理体制改革要与农业农村发展要求相适应。40 年来，"三农"事业取得了巨大成就，粮食生产保持稳定，农民收入水平日益提升，2018 年粮食总产量 6 579 亿千克，农民人均可支配收入达到 1.46 万元。农业现代化迈出了新的步伐，农业科技进步贡献率达到 58.3%，主要农作物耕种收综合机械化率超过 67%。总的来看，相比过去中国农业生产力和综合竞争能力总体呈现日益提升态势。从上层建筑一定要适应生产关系，生产关系一定要适应生产力的要求来讲，生产关系在适应生产力不断发展的过程中，要求属于上层建筑的机构设置、职能配置和编

制结构进行不断的调控和完善。从农村工作领导体制及其机构职能演变
的过程看，每次农村工作领导机构的设置和职能的调整，都反映了当时
经济社会发展阶段的需要和机构改革总体部署的要求。既加强和改善了
党对农村工作的领导，又体现了中国的国情和特色要求。对我们深化党
和国家机构改革、完善农村工作机构职能体系提供了经验和启示。

二是农业农村管理体制改革要突出问题导向和目标导向。伴随着
"三农"领域改革开放的持续深入，在不同时期出现了不同的问题，在农
业农村经济从计划经济转向市场经济的过程中，如何确立农业生产责任
制，如何改善农业商品流通，如何放活乡镇企业，等等。在健全和完善
农村社会主义市场经济体制过程中，如何确保国家粮食安全，如何推进
农业农村产业结构调整，如何做好扶贫攻坚，在改革的过程中出现了这
样和那样的问题。需要政府直面"三农"事业发展过程中的困难问题，
建立新的体制机制，形成新的认知维度和新的工作方式。农业农村的发
展为经济社会大局提供了有力支撑，起到了"压舱石"作用。行政体制
改革和完善政府职能是一篇大文章，要循序渐进，坚持优化协同高效的
基本原则，既立足实现第一个百年奋斗目标，抓重点、补短板、强弱项、
防风险，从党和国家机构职能上为决胜全面建成小康社会提供保障；又
要着眼于实现第二个百年奋斗目标，注重解决事关长远的体制机制问题，
打基础、立支柱、定框架，为实现更加完善的中国特色社会主义制度创
造有利条件。每次机构改革都同不同时期发展目标和主要矛盾的变化相
适应，即通过科学设置机构、合理配置智能、统筹使用编制、完善体制
机制，提升管理效能。

三是正确处理顶层设计和基层探索之间的关系，体现科学民主精神
和公开透明原则。从农村工作文件起草和农村政策制定过程看，文件起
草工作由不同机构、不同层次、不同方面的人员参与，具有广泛的代表
性；农村政策制定过程包括主题确定、调查研究、文件起草、审议通过

等主要环节，形成了一套比较完整的制度规范和工作程序。文件起草和政策制定过程体现的公开透明原则、科学民主精神值得发扬光大，对我们科学制定农村政策、完善落实有关措施提供了经验和启示。文件组成员和有关方面通过开展调查研究，发现当时农业农村发展中存在的突出问题，分析问题形成的主要原因，发现基层好的做法和经验，总结基层的探索和实践，形成农村工作政策法规文件。在文件制定和政策形成过程中，中央的顶层设计是以基层的探索实践为基础的，基层的探索实践又为中央的顶层设计提供了来源，整个过程体现了顶层设计与基层探索相互作用、相互促进的关系，为我们科学制定和完善落实农村政策提供了经验和启示。全面深化农村改革，既要做好顶层设计，加强规划指导，更要充分发挥亿万农民的主体作用和首创精神，尊重农民的选择和创造。

四是围绕建设中国特色的党政关系，不断健全和完善党对农村工作领导的体制机制。历次"三农"行政体制改革，一直将解决党在长期执政条件下的国家治理体系建设作为重要抓手。党管农村工作是我们党在长期的革命与建设中形成的优良传统。改革开放 40 年来，这一优良传统伴随着改革开放的进程，不断得到发扬光大，使农业农村经济沿着社会主义市场经济这条康庄大道一路披荆斩棘，不断开创农业农村经济发展的新天地和新局面。党的坚强而有力的领导，对 40 年农业农村经济发展起到了当之无愧的掌舵者与领航者的作用。党的十一届三中全会明确提出的在经济上充分关心农民的物质利益和在政治上切实保障农民的民主权利，奠定了改革开放 40 年来党管农村工作的主基调。这样的主基调，不仅充分体现了我们党全心全意为人民服务的宗旨，而且意味着我们党重又高高举起了实事求是的伟大旗帜。解决好中国的"三农"问题关键在于党的领导，弘扬党管农村工作的优良传统是我们破解"三农"改革发展难题的传家宝。中国特色社会主义最本质的特征是中国共产党的领导，将坚持社会主义与发展市场经济有机结合起来是我们党的伟大创造。

党管农村工作不仅体现在维护亿万农民的根本利益是我们做好"三农"工作的出发点与落脚点的基本要求上，而且体现在从党的宗旨出发制定的一系列促进农业农村改革发展的方针政策上。

五是坚持社会主义市场经济改革方向，充分发挥市场配置资源的决定性作用和更好地发挥政府的作用。中国实行的是社会主义市场经济，在"三农"领域，要充分发挥市场配置资源的决定性作用，防止各种垄断和随意干预市场的行政行为，深化"放管服"改革，各国经验表明，农业领域存在较强的外部性，存在较多市场失灵，在某些方面也有不适合或者不完全适合市场机制的地方，因此还要更好地发挥政府的作用。在历次机构改革中，我们能始终坚持市场经济改革方向，运用好政策工具，破除制约"三农"事业发展的体制机制问题，较好地发挥了宏观调控、市场监管、社会管理、公共服务、法律保障等方面的职能。改革开放40年来，在党的领导下，出台了4个指导农村工作的中央全会决定，实施了20个指导农村工作的中央1号文件，主题是坚持不懈地推进农业农村市场化改革，主要内容包括创新完善农村基本经营制度、放开市场盘活农村资源要素、培育农业农村市场经济主体、完善调控促进农村经济发展，政府在改革过程中发挥了积极的作用。全面深化农村改革，要发挥政府在规划引导、政策支持、市场监管、法治保障等方面的积极作用，更要充分发挥市场在资源配置中的决定性作用。这既是40年农村工作领导体制决策机制改革的基本经验，也是今后我们必须遵循的一项基本原则。

第八章

更好地发挥政府作用

"百业农为先，农兴百业兴"。经过长期努力，中国特色社会主义进入了新时代，中国社会主要矛盾已经转化为人民日益增长的美好生活需要和不平衡不充分的发展之间的矛盾。农业农村在取得较好成绩的同时，还面临诸多突出矛盾和问题，亟须提升治理体系和治理能力的现代化水平，破除制约农业农村领域资源要素效率提升的体制机制障碍，优化农业农村部门机构设置、完善机构职能体系、提高政府工作效率，加快推进农业农村现代化。

第一节　深化党政机构改革和政府
职能转换的重要意义

坚持和加强党的全面领导、加强党的长期执政能力建设，需要通过深化党和国家机构改革，坚持完善党的领导体制机制，把党的领导贯穿到党和国家机关全面正确履行职责的各领域各环节，确保党始终总揽全局、协调各方。新的历史方位、新的发展阶段，迫切需要深化"三农"管理体制改革和完善政府"三农"职能。当前，中国社会中最大的发展不平衡，是城乡发展不平衡；最大的发展不充分，是农村发展不充分。在新的发展阶段，人民群众不仅对物质文化生活提出了更高要求，而且在民主、法治、公平、正义、安全、环境等方面的要求日益增长。需要通过深化改革，使机构设置和职能配置适应社会主要矛盾变化要求，推动解决发展不平衡不充分问题，为新时代党和国家各项事业发展提供体制机制保障。深化农业农村领导体制和管理体制改革，是推进国家治理体系和治理能力的现代化必然要求，是实施乡村振兴战略的必要保障，是处理好政府与市场关系的现实需要，是加快农业农村现代化的必然选择。

一、让政府与市场形成发展合力

处理好政府和市场关系是中国经济体制改革的一条主线，是任何国家发展市场经济都绕不开的根本性问题，也是各国长期以来都在致力有效破解的世界性难题。在计划经济时期，市场的作用得不到发挥。改革开放后，中国逐渐探索计划和市场有机结合的道路，建立和完善相应的体制机制。党的十四大提出建立社会主义市场经济体制作为中国经济体制改革的目标，提出使市场在国家宏观调控下对资源配置起基础性作用，这一理论突破极大的解放了生产力，对中国改革开放和经济社会发展发挥了极为重要的作用。党的十四大以来的 20 多年，对政府和市场关系，我们党一直在根据实践拓展和认识深化寻找新的科学定位。党的十八届三中全会提出使市场在资源配置中起决定性作用和更好发挥政府作用，实现了我们党在理论和实践上的又一次重大突破。党的十九大进一步回答了如何加快完善社会主义市场经济体制、什么是经济体制改革的重点等重大问题，为我们在"两个一百年"奋斗目标的历史交汇期进一步理顺政府和市场的关系指明了方向。正是在对政府和市场关系的持续探索中，中国的经济体制改革不断深化，"三农"领域仍存在诸多制约市场发挥作用的体制机制障碍，还存在诸多政府该管的事没有管好管到位、该放的权尚未放足放到位、该提供的服务尚未提供到位等突出问题，亟须通过深化"三农"领域管理体制改革，加快推进农业供给侧结构性改革，深化政府"放管服"改革，亟须围绕发育经营主体，发展民营经济，创造良好造营商环境，亟须调整产业政策，激发市场活力，提升"三农"领域资源配置效率。

二、推进国家治理体系和治理能力现代化

"三农"管理体制和职能体系改革是中国特色社会主义制度的重要组成部分，是中国共产党治国理政的重要保障。提高党在农业农村的执政能力和领导水平，广泛调动各方面积极性、主动性、创造性，有效治理国家和社会，推动党和国家事业发展，必须适应新时代中国特色社会主义发展要求，深化三农管理体制改革，完善政府"三农"职能。党中央历来高度重视"三农"行政管理体制建设和改革。新中国成立后，在中国共产党领导下，中国确立了社会主义基本制度，逐步建立起具有中国特色，符合当时社会发展实际的"三农"行政管理体制，为治国理政、推进社会主义建设发挥了基础作用。改革开放以来，适应党和国家工作中心转移、社会主义市场经济发展和各方面工作不断深入的需要，积极推进党和国家机构改革，各方面机构职能不断优化、逐步规范，实现了从计划经济条件下的机构职能体系向社会主义市场经济条件下的机构职能体系的重大转变，推动了改革开放和社会主义现代化建设。党的十八大以来，以习近平同志为核心的党中央明确提出，全面深化改革的总目

标是完善和发展中国特色社会主义制度、推进国家治理体系和治理能力现代化。我们适应统筹推进"五位一体"总体布局、协调推进"四个全面"战略布局的要求，加强党的领导，坚持问题导向，突出重点领域，深化党和国家机构改革，在一些重要领域和关键环节取得重大进展，为党和国家事业取得历史性成就、发生历史性变革提供了有力保障。当前，面对新时代新任务提出的新要求，"三农"行政机构设置和职能配置与统筹推进"五位一体"总体布局、协调推进"四个全面"战略布局的要求还不适应，同实现国家治理体系和治理能力现代化的要求还不适应。

三、加快推进农业农村现代化

党的十八大以来，党中央坚持把解决好农业、农村、农民问题作为全党工作重中之重。中国已经进入全面建成小康社会的决胜阶段，"三农"问题更加突出地摆在面前，农业当前还是现代化建设的短腿，农村还是全面建成小康社会的短板。十九大报告指出农业农村农民问题是关系国计民生的根本性问题，必须始终把解决好"三农"问题作为全党的重中之重。"小康不小康，关键看老乡""没有农村的小康，特别是没有贫困地区的小康，就没有全面建成小康社会"。在迈向社会主义现代化的进程中，农业农村不能掉队；在同心共筑中国梦的进程中，不能没有数亿农民的梦想构筑。"中国要强，农业必须强；中国要美，农村必须美；中国要富，农民必须富"。在推进农业农村现代化的过程中，由于各部门之间的职能交叉重复，散落在不同部门的"三农"党政力量和资源尚未得到整合优化，涉农资金投入多头、分散、"撒胡椒面"的现象仍然存在。涉农资金使用效率低下，不仅影响农民生产积极性，有的甚至增加了权力寻租空间，滋生相关腐败，影响到农业安全、农村稳定。在农村基层党组织建设中，一方面取得了明显成效，同时某些村党组织存在软弱涣散问题。领导班子凝聚力、战斗力、创造力不强，思想观念的更新程度滞后，工作缺乏积极性和主动性；受传统思想、宗族观念和既得利益思想的影响，有些村干部难选难配问题比较突出；个别干部法制意识淡薄，在任期内滥用权力，为政不廉，降低了基层党组织和乡村干部在群众中的威信；农村党员队伍年龄偏大、文化偏低的现象没有得到根本改变，这样的干部队伍结构很难适应新形势下农村的发展。必须深化党和国家机构改革和政府职能转换，只有不断健全党对"三农"全面领导的体制机制，将党的领导、党中央的精神，体现到农业农村的各项工作任务中去，才能制定出更加科学的政策支持体系，不断提升农业农村发展的质量效益和竞争力。只有不断完善和加强农业农村职能，优化农业农村部门的职责和任务，优化工作管理体制，强化推进"三农"各项工作的手段和力量，调动各部门各方面的积极性，才能更好地全面深化农村改革，激发农业农村发展动力，形成推进农业农村现代化的强大工作合力。

第二节　深化党政机构改革和政府职能转换面临的挑战和问题

行政管理体制改革和完善政府调控体系是一个逐步深化的过程，不可能一蹴而就，还面临着很多挑战和自身还存在诸多问题，需要蹄疾步稳的深化改革，不断研究新情况、解决新问题。

一、深化党政机构改革和政府职能转换面临的挑战

改革开放 40 年来，中国行政体制改革在取得巨大成就、积累宝贵经验的同时，面对新时代新任务提出的新要求，与"五位一体""四个全面"两大布局的要求还不适应，与实现国家治理现代化的要求还不适应，仍面临诸多挑战。

一是一些领域党的机构设置和职能配置还不够健全有力、科学完备，保障党的全面领导、推进全面从严治党的体制机制有待进一步完善，党在部分领域的作用还没有充分有效发挥出来。

二是一些领域党政机构重叠、职责交叉、权责脱节问题比较突出，部分政府机构设置和职责划分不够科学，职责缺位和效能不高问题凸显，政府职能转变还不到位。

三是一些领域中央和地方机构职能上下一般粗，权责划分不尽合理，部分区域和领域人财物与职能职责配比不尽科学，难以保证中央和地方"两个积极性"的充分发挥。

四是基层机构设置和权力配置有待完善，部分区域尤其是发展较快的区域，这方面的问题还比较突出，组织群众、服务群众的意识和能力需要进一步提升。

五是事业单位定位不准、职能不清、效率不高等问题依然存在，部分事业单位的投入与产出明显不成比例，亟待精准定位、厘清权责界面，加快提升效率效能水平。

六是一些领域权力运行制约和监督机制不够完善，履职缺位、越位、错位、不到位并存，滥用职权、以权谋私等问题仍然不同程度的存在。

七是机构编制科学化、规范化、法定化相对滞后，不能及时有效满足经济社会发展和改革开放的需要。同时，机构编制管理方式还不够科学完善，有待加快改进。

八是政府与市场的职能边界仍不清晰，政企不分、政资不分、政社不分的现象依然不同程度地存在，需要尽快明确政府与市场，以及政企、政资、政社边界。

九是行政管理体制改革与行政法制建设不相适应。从世界各国解决机构编制膨胀的主要手段来看，一个是财政手段，另一个是法律手段，但主要是法律手段，而且财政手段最终也是要通过法律才能起到硬约束作用。除宪法的概括性规定外，目前中国既没有上升为法律的统一行政组织和编制法，也缺乏各个部门的行政组织和编制法，更没有推进改革的相关法律。现有的个别法规和政策性文件，如国务院组织法、地方各级人民代表大会和各级地方人民政府组织法等，对组织机构、职能、编制、权限、中央与地方的关系、财政保障机制等也没有明确的规定，缺乏详细的责任条款。弹性过大的条文表述和国家法律、法规与地方法规之间的不协调，也增加了实施中的矛盾。

二、深化党政机构改革和政府职能转换存在的问题

一是关于改革衔接问题。党的十九届三中全审议通过了《中共中央关于深化党和国家机构改革的决定》《深化党和国家机构改革方案》，中共中央办公厅、国务院办公厅厅印发了《农业农村部职能配置、内设机构和人员编制规定》，"三农"行政主管部门转隶组建工作顺利实施。但在具体机构设置，部委之间、部门之间的责权利有效衔接问题仍普遍存在，干部队伍对新接手的职能管理能力亟待提升，如农村人居环境改善、农业投资管理、农业宅基地管理等职能。

二是关于机构设置问题。农业是一个专业性和行业特点很突出的部门，农村是一个传统而又复杂的生态系统，在现有的行政体制设置下，农业农村很多职能还没划归到农业农村行政主管部门，导致其无法承担宽泛的职能序列要求，使得一些农业行政管理职能难以得到有效执行。

三是关于职能配置问题。现代农业是全产业链的大农业，其特点是商品化、标准化、产业化和一体化，这需要现代的管理方式和管理理念，从全产业链的视角确保供应链的有效衔接。但是目前农业行政主管部门仅是管理生产，管理农业的部门与管理和农业密切相关的平行产业的部门分设，造成一体化农业产业链被人为碎片化，农产品从种植到销售，涉及多个部委，农业调控手段分散，造成农业管理体制不顺，部门信息

不对称问题突出，衔接不畅，各个管理部门之间对问题相互推诿，对利益竞相管理。造成了行政管理效率下降，管理方式不能适应市场需要，农业资源不能得到有效配置。多部门管理下的多部门监督最容易产生管理缝隙与监督漏洞。甚至，有些部门利益还渗透于政策和法律的制定之中，使政策法律出台扯皮多，时间长，出台后没有一个具体部门督促实施，达不到应有的效果。

四是关于事权与财权相统一问题。中央财政集中了相当大的财政收入却没有承担对等的公共服务职能，农业公共品主要由地方政府尤其是面临着财政缺口的县乡政府提供。中国在1994年进行了分税制改革，虽然根据税种明确划分了地方税，并充实了地方税种，在一定程度上扩大了地方的税收收入，但是总体而言，县乡政府主体税种不足、零星税种庞杂以及税收收入可持续性增长的不确定性大等却是不争的事实。在分税制下，各级地方政府为了保障各自的财政收入，满足其支出的需要，不得不采取层层下压的策略，尽可能多地从下级财政抽取资金，这样势必造成了作为最基层一级财政的乡镇预算内财政可支配收入的减少。同时，中国的分税制改革也并不彻底，表现为现行分税制只是解决了中央和地方财政收入的划分，而与财政支出密切相关的事权并未得到合理划分。

五是关于农民利益保护问题。用公共选择理论来分析中国公共政策的制定与执行过程，可以看出，在农业投资与管理政策的制定过程中，在财政农业投资与管理政策制定过程中，作为财政支农政策主要受益者的农民，因其人数众多而陷入"集体行动的困境"之中，难以形成对决策层产生较大压力的游说团体，被排除在政策目标决策程序之外。财政支农政策制定的决策者缺乏相应的"三农"公共产品偏好的信息。财政支农政策制定过程的这一特质，往往使政府所确定的财政支农支出结构偏离社会的需求结构，导致政策失灵。

此外，行政管理资源配置失衡与教条主义的目标模式，也是产生农业投资支出结构不合理的重要因素。正如李焕彰所指出的，在现行的政治体制和行政体制下，对地方政府业绩的考核主要采用经济增长速度等指标。由于农业比较利益偏低，地方政府更偏好于将财政资源投向非农产业和城镇。尽管说中央政府可以采用奖励、惩罚等选择性激励措施，但具有信息优势的地方政府在与中央政府的博弈中占据着主导地位，因而有可能削减或挪用财政支农支出，其财政支农支出行动常常表现为：更偏好于投资见效快、易出政绩的项目，而不是期限长、具有战略意义的项目；热衷于提供看得见、摸得着的"硬性"公共产品，而不愿提供农业技术推广等"软性"公共产品。这一状况必然导致财政支农支出结构不合理。

第三节　如何更好地发挥政府作用

要更好的发挥政府作用，政府必须有所为有所不为。为此，一是要通过构建新型政商关系，破除制约市场在资源配置中起决定性作用、更好地发挥政府作用的体制机制弊端。二是通过持续深化政府"放管服"改革，进一步推进简政放权，优化公平竞争的市场环境。三是要积极推进农业农村法治建设，提升法治保障水平，确保农业农村经济社会健康有序发展。四是要全面实行负面清单制度，深入推进改革开放，不断增强农业农村经济活力和竞争力。

一、深化政府放管服改革

深化放管服改革，是改善营商环境，实现"使市场在资源配置中起决定性作用和更好发挥政府作用"的一项重大改革工程。为此：一是要坚持党的全面领导，深化农业农村管理体制改革。健全党对农业农村工作全面领导的体制机制，将党的全面领导、党中央精神体现到农业农村各项工作任务中去，贯彻落实到农业农村发展实践中去，发挥好中央农办统筹协调、推动督办等职能。围绕"三农"职能开展政府职能整合与归并：紧紧围绕"三农"工作统筹协调、决策参谋职能，进行机构整合，调整优化政府机构职能，合理配置宏观管理部门职能，用好督查这个手段，加强对地方农业农村工作的督促指导；紧紧围绕统筹实施乡村振兴战略，进行职能机构调整，抓好顶层设计，加强综合研判和调查研究，抓好责任分工落实，建立工作台账和任务清单，把重点任务按职责分工明确给有关部门，划定时间表、路线图，围绕重点任务开展跟踪评估和专项督查。二是以清单管理推动减权、规范用权。深化简政放权，全面建立和实施清单管理制度。加快制定工商登记前置审批事项清单和企业设立后的经营许可清单，清理调整农业行业涉农证照，深入推进农业行业职业资格许可和认定事项取消工作。削减行政审批事项，简化优化办事流程，做实"最多跑一次""一次办好"等便民服务，当好为企业服务的"店小二"。大力发展"互联网＋农业农村政务服务"，增强政务服务透明度。三是降低企业成本负担，健全市场监管长效机制。依法依规清理和规范涉农企业收费，完善收费目录清单制度，切实减少涉农企业收费。努力降低涉农企业融资、物流、用能、用地等成本，继续推进农村网络提速降费。加大审计、督查力度，坚决取消各类不合理收费，防止重复收费。精简评估事项，加大农业农村领域"红顶中介""灰中介""黑中介"治理力度，坚决杜绝中介机构违法违规收费。创新监管理念和方式，建立"双随机、一公开"市场监管长效机制。推进部门联合监管和"互联网＋监管"，抓紧制定各政府部门间数据信息共享实施方案，实现数据信息互联互通和充分共享。规范农业执法行为，强化农产品质量安全领域监管，加大对监管不力、徇私枉法的惩罚力度。持续加大对重要农机、种子、化肥、农药等领域制假售假打击力度，严厉打击破坏农业生产和影响农村安定团结的违法犯罪行为。四是优化服务，提升政府服务水平。简化涉农企业开办和注销程序。改革涉农企业名称登记制度，持续推进登记注册便利化，优化开户许可流程，推进数据实时共享交换，全面推行企业简易注销登记改革。开展"企业评议政府部门"工作，建立考核机制，开展社会评价，进一步推动政府部门转变作风、改善服务、提高效能。大力推行"互联网＋政务服务"，加快建设全国统一政务服务平台，加快实体政务大厅与网上服务平台的融合发展，实行"一号申请、一窗受理、一网通办"。进一步减证和推进"证照分离"。优化企业纳税制度，精简企业在申请办理使用水电气暖过程中关联度不高的前置审批事项，建立融资对接服务联系机制，建立完善信贷风险缓释机制，降低企业获得信贷难度成本。大幅放宽市场准入，深化农业投资项目审批制度改革。

二、实行市场准入负面清单

我国社会主义市场经济体制改革已经到了深水区，融入全球化势不可挡，构建开放型经济新体制和现代化经济新体系已经提上日程。作为市场经济体制核心和改革重要一环的负面清单制度改革与创新已经到了时不我待的阶段，加快负面清单制度改革与创新步伐，既是国际、国内两个方面大势的客观要求，也是深入推进改革开放发展的需要。从国家政策法规看，目前绝大部分领域并不限制民间资本和外资进入，中国政府也制定了市场准入负面清单制度，但各方面反映的问题还不少。不同所有制主体在资质许可、政府采购、科技项目、标准制定等方面待遇还不公平，民营企业往往无法公平享受财税、金融、土地、人才等政策。

一是要认识全面实行负面清单制度的重大现实意义。各级政府要按照党中央、国务院有关推进市场准入负面清单制度改革的要求，把认识和思想统一到中央改革开放决策部署上来。要充分认识到负面清单制度改革在新时代改革开放中的核心地位和重大现实意义，认识到它在构建现代化治理体系和现代化开放型经济新体系中的关键作用。二是建立市场准入负面清单动态调整机制。完善涉及农业领域许可事项办理流程。在《市场准入负面清单（2018 年版）》的基础上，抓紧清理修改不符合新发展理念、不利于农业高质量发展的市场准入规定，推进农业市场准入限制进一步放宽，不断缩减清单事项，加快构建市场开发公平、规范有序，企业自主决策、平等竞争，政府权责清晰监管有力的市场准入管理新机制。建立信息公开机制，加强对农业领域负面清单设立依据、办理流程等相关信息的宣传。三是协调推进负面清单制度改革与行政、法律、经济体制等配套改革。法律已经明文禁止或有约束的领域，行政管理部门不必列入负面清单加以禁止或限制，而应该交由法律管辖。确实需要法律与行政共同管理的类项，才有必要列入负面清单制度之中。加快推进与负面清单相关的政策、法规等各类配套改革，加强制度创新的系统性、整体性和协同性。

三、构建新型政商关系

新型政商关系，新就新在"亲""清"这两字上。"亲"就是亲近，强调双方真诚交流；"清"就是清白，要求彼此光明磊落。对领导干部而言，要对企业家"亲"上加"清"，进一步增强工作责任感，积极作为、靠前服务。构建亲清新型政商关系，总的来讲就是政府要把该放的权放到位，该营造的环境营造好，该制定的规则制定好，该提供的各种服务真正提供好，让企业家在"三农"领域有用武之地；就是要更好地发挥政府作用，使领导干部更多从管理者转向服务者，为涉农企业服务，为推动经济社会发展服务。为此，一是完善政商联系沟通机制。畅通政商沟通渠道，建立党委、政府、农业主管部门与企业、商（协）会定期联系制度，研究解决涉农企业发展中的重大问题。落实领导干部联系企业制度，各级领导干部要定期到所联系涉农企业走访调研，了解生产经营情况，解决实际问题。二是依法保护企业和企业家合法权益。全面推行涉企行政执法公示制度、执法全过程记录制度、重大执法决定法制审核制度，促进行政执法公开透明、合法规范。依法打击侵害涉农企业合法权益和企业经营者人身、财产权利的各种违法犯罪行为，保证企业依法平等使用生产要素、公平参与市场竞争、同等受到法律保护。进一步破解涉企案件执行难问题。强化对涉及企业及其经营者诉讼活动的法律监督。三是规范党政机关服务行为。在依规依纪依法，守住底线、不踩红线、不碰高压线的前提下，积极与涉农企业和企业家接触交往，主动热情搞好服务。健全完善政商交往中的容错纠错机制，营造支持改革、宽容失败、鼓励担当的良好氛围。四是倡导诚信守法守廉理念，强化监督执纪。加强党建工作，建立健全国有涉农企业基层党组织，推动非公有制涉农企业党的组织覆盖和党的工作覆盖。建立失廉惩戒机制。对不履行或不正确履行职责，服务涉农企业"推拖绕"，搞形式主义、官僚主义，以及不廉洁用权、搞权钱交易等违规违纪违法行为，要坚持"零容忍"，依规依纪依法严肃问责或查处。

四、改善农村经营环境

良好的经营环境是各类市场主体健康发展的基础，农村经营环境的改善能激发市场主体投身乡村的积极性和主动性。一是要持续深化农村土地制度改革，增强农村经营活力。新时代深化农村改革主线仍是处理好农民和土地的关系。在保持农村土地承包关系稳定并长久不变的前提下，落实好第二轮土地承包到期后再延长 30 年的政策，完善承包地"三权"分置的配套政策和法律法规。在总结农村土地三项改革试点（农村集体经营性建设用地入市改革试点，农村宅基地改革试点，征地制度改革试点）经验基础上，完善配套制度，全面推开农村土地征收和集体经营性建设用地入市改革，加快建立城乡统一的建设用地市场。二是深化农村集体产权制度改革，增强农村经营动力。农村集体产权制度改革对于增强集体经济实力、增加农民财产性收入、完善乡村治理具有重要意义。要在全面开展农村集体资产清产核资基础上，扩大集体经营性资产股份合作制改革试点，探索集体经济有效实现形式，构建归属清晰、权能完整、流转顺畅、保护严格的集体产权制度。三是完善农村基础设施条件和公共服务，改善农村经营水平。扎实推进农村人居环境整治，重点推进农村生活垃圾、污水治理和厕所革命。全面启动村庄基础设施建设工程，重点补齐农村饮水、道路、电力等基础设施短板，逐步建立全域覆盖、普惠共享，城乡一体的基础设施服务网络。全面提升农村教育、医疗卫生、社会保障、养老、文化教育等公共服务水平，在制度接轨的基础上提高农村社会保障标准。四是推动乡村人才振兴，提升农村经营软实力。培养懂农业、爱农村、爱农民的农业农村工作队伍。培养农村青年创新创业人才。突出抓好家庭农场和农民合作社两类新型经营主体，从小农户中逐步培育一大批规模适度的家庭农场，以产业发展和市场经营为纽带，进一步提升农民合作社，支持合作社发展农产品加工流通，赋予双层经营体制新的内涵，不断提高农业经营效率。组织动员各类专业人才、新乡贤关注、支持和投身乡村，为农村经营环境提供智力支撑。

五、提升农村法治保障水平

农业农村法治建设是促进农业农村现代化的重要保障。一是积极推进农业农村立法。科学拟定农业农村立法规划和计划，稳步有序推进农业农村立法工作。紧密结合乡村振兴战略需要，积极推进农业农村支持保护立法，将行之有效的强农惠农政策及时上升为法律法规，加快在乡村振兴、土地管理、提升农产品质量安全水平、保护农业生态环境等方面加强立法与修法。推动地方农业立法工作，支持地方先行先试，出台反映本地区特点，回应农民需要，体现改革创新的法规规章，为国家立法积累经验。二是提高农业农村立法质量。严格遵守宪法，充分体现市场在资源配置中的决定性作用和更好发挥政府作用的要求，切实保护农民及农业经营主体合法权益。立法草案要体现全面具体、明确清晰，增强针对性和可操作性，通过讨论会、座谈会、听证会、公开征求意见等多种方式广泛征求意见。完善规章和规则性文件定期清理制度。三是加快构建权责统一、权威高效的农业行政执法体制。依法开展村民自治实践，探索村党组织领导的村民自治有效实现形式，完善多元共治的农村社区治理结构。加快组建农业综合执法队伍，推动综合执法机构统一行使农业部门行政执法职能。理顺执法机构和行业管理机构的关系，综合执法机构主要承担执法检查、行政处罚等职能，行业管理机构主要承担规划制定、行业指导、行业审批、日常管理等职能。加强农业农村执法规范化建设，推进执法人员专职化。健全农业执法信息共享和执法联动机制，加大农业执法力度。四是深入开展农业农村法治宣传教育。提高各级干部、群众法治观念和意识。加大农业农村普法宣传，采取通俗易懂、喜闻乐见的方式深入开展普法教育，拓宽普法宣传渠道，扩大农业农村普法宣传的受众面和影响力。

表8-1 市场准入负面清单（2018年版）农林牧渔类

一、禁止准入类	
禁止措施	设立依据
严禁占用永久基本农田挖塘造湖、植树造林、建绿色通道、堆放固体废弃物及其他毁坏基本农田种植条件和破坏基本农田的行为	《中华人民共和国土地管理法》《中华人民共和国基本农田保护条例》《中共中央 国务院关于加强耕地保护和改进占补平衡的意见》（中发〔2017〕4号）《国土资源部关于强化管控落实最严格耕地保护制度的通知》（国土资发〔2014〕18号）《国土资源部关于全面实行永久基本农田特殊保护的通知》（国土资规〔2018〕1号）

（续）

禁止措施	设立依据
禁止占用耕地建窑、建坟或者擅自在耕地上建房、挖沙、采石、采矿、取土等	《中华人民共和国土地管理法》
禁止在二十五度以上陡坡地开垦种植农作	《中华人民共和国水土保持法》
禁止开垦草原等活动；禁止在生态脆弱区的草原上采挖植物和从事破坏草原植被的其他活动	《中华人民共和国草原法》
禁止围湖造田（地）和违规围垦河道	《中华人民共和国水法》《中华人民共和国防洪法》《中华人民共和国河道管理条例》
禁止使用带有危险性病、虫的种子、苗木和其他繁殖材料育苗或造林，禁止试验、推广带有检疫性有害生物的种子、苗木和其他繁殖材料	《森林病虫害防治条例》《植物检疫条例》
禁止毁林开垦和毁林采石、采砂、采土以及其他毁林行为	《中华人民共和国森林法》《中华人民共和国森林法实施条例》
禁止将有毒、有害废物用作肥料或用于造田	《中华人民共和国清洁生产促进法》
禁止将剧毒、高毒农药用于蔬菜、瓜果、茶叶、菌类、中草药材等国家规定的农作物和水生植物的病虫害防治	《中华人民共和国食品安全法》《农药管理条例》
禁止将重金属污染物或者其他有毒有害物质用作回填或者充填材料，受重金属污染物或者其他有毒有害物质污染的土地复垦后，达不到国家有关标准的，不得用于种植食用农作物	《土地复垦条例》
禁止使用炸鱼、毒鱼、电鱼等破坏渔业资源的方法进行捕捞	《中华人民共和国渔业法》
禁止对重要的渔业苗种基地和养殖场所进行围垦	《中华人民共和国渔业法》
禁止制造、销售、使用禁用的渔具；禁止在禁渔区或禁渔期内销售非法捕捞的渔获物	《中华人民共和国渔业法》
禁止在湖泊保护范围内圈圩养殖（江苏）	《江苏省湖泊保护条例》

（续）

二、许可准入类		
禁止或许可事项	禁止或许可准入措施描述	地方性许可措施
未获得许可或资质，不得从事特定植物种植加工或种子、种苗的生产、经营、检测和进出口	农作物种子、草种、食用菌菌种、林木种子生产、经营、进出口许可。农作物种子、草种、食用菌菌种、林木种子质量检验机构资格认定。收购珍贵及限制收购的林木种子、采集或采伐国家重点保护的天然种质资源审批。向境外提供种质资源，或者与境外机构、个人开展合作研究利用种质资源的审批。向外国人转让农业、林业植物新品种申请权或品种权审批。大麻种植、加工及种子经营许可。	林木种苗生产经营许可（内蒙古）
未获得许可，不得调运农林植物及其产品，不得从国外引进动物、动物产品、农业、林木种子、苗木及其他繁殖材料	从国外引进动物、动物产品、农业、林木种子、苗木及其他繁殖材料检疫审批。农业、林业植物及其产品调运检疫及植物检疫证书签发。	
未获得许可，不得从事农林转基因生物的研究、生产、加工和进口	农业转基因生物入境许可。农业转基因生物生产与加工许可。从事农业转基因生物研究、试验应报告或经过批准。开展林木转基因工程活动审批。	
未获得许可，不得从事林木经营或在林区开展生产经营活动	林木采伐和木材运输许可。森林资源资产评估项目核准。★国家级森林公园建设和经营管理的主体发生变动的，应当依法向国家林业局申请办理国家级森林公园被许可人变更手续。	利用森林资源或在生态公益林区内开展旅游和其他经营活动需通过审批（各有关地区）。木材储运、交易、中转场所设立审批（云南）。设立森林资源损失鉴定机构资质认定（北京）。采集、出售、收购、加工省级重点珍稀林木审批（各有关地区）。省级以下森林公园设立审批、经营权流转核准；设立湿地公园审批（各有关地区）。

（续）

禁止或许可事项	禁止或许可准入措施描述	地方性许可措施
未获得许可，不得从事种畜禽等动物遗传材料的生产经营	种畜禽、畜禽冷冻精液、胚胎或者其他遗传材料的生产经营许可或审批。 跨省引进乳用动物、种用动物及其精液、胚胎、种蛋检疫审批。 水产苗种、转基因水产苗种生产经营许可，重要水产苗种进出口许可。 从境外引进畜禽、蜂、蚕遗传资源，向境外输出或在境内与境外机构、个人合作研究利用列入保护名录的畜禽、蜂、蚕遗传资源审批。	
未获得许可，不得从事特定渔业养殖、捕捞及相关生产经营活动	渔业捕捞活动许可，渔船和企业到公海或他国管辖海域从事渔业生产许可，养殖、科研等特殊需要在禁渔期、禁渔区作业或捕捞名贵水生动物审批。 使用船网工具进行捕捞需通过控制指标审批。 使用全民所有的水域、滩涂从事养殖生产许可。 捕捞有重要经济价值的水生动物苗种或者禁捕的怀卵亲体审批。 建造人工鱼礁审批。	
未获得许可，不得从事动物诊疗、进出境检疫及引种试种等业务	动物诊疗许可。松材线虫病疫木加工板材定点加工企业审批。	
未获得许可，不得从事农药的试验、生产和经营	农药登记许可；农药生产许可；农药经营（卫生用农药除外）许可。 农药登记试验单位认定和新农药登记试验审批。	
未获得许可或检疫，不得从事动物饲养、屠宰和经营	设立动物饲养场（养殖小区）和隔离场所，设立动物屠宰加工场所、生猪、定点屠宰厂（场）以及动物和动物产品无害化处理场所审批。屠宰、出售或者运输动物，以及出售或者运输动物产品检疫。饲料、饲料添加剂（含新饲料、新饲料添加剂）生产许可	

注：标★的为设立依据效力层级不足允许暂时保留的禁止或许可措施

表 8 – 2　外商投资准入特别管理措施负面清单（2018 年版）农林牧渔类

领域	特别管理措施
种业	1. 小麦、玉米新品种选育和种子生产须由中方控股。 2. 禁止投资中国稀有和特有的珍贵优良品种的研发、养殖、种植以及相关繁殖材料的生产（包括种植业、畜牧业、水产业的优良基因）。 3. 禁止投资农作物、种畜禽、水产苗种转基因品种选育及其转基因种子（苗）生产。
渔业	4. 禁止投资中国管辖海域及内陆水域水产品捕捞。

参 考 文 献

包乌兰托亚，郑丹，2018. 中国与荷兰农业合作发展的现实基础与路径选择 [J]. 安徽农业科学（21）.

蔡昉，王美艳，2016. 从穷人经济到规模经济——发展阶段变化对中国农业提出的挑战 [J]. 经济研究（5）.

蔡佳颖，2018. 中泰农业合作研究 [D]. 南宁：广西大学.

蔡立雄，2008. 经济市场化与中国农村制度变迁 [D]. 西安：西北大学.

蔡亚庆，陈瑞剑，仇焕广，2011. 农业对外经济合作国际经验及其对中国农业"走出去"的启示 [J]. 世界农业（11）.

曹文芳，2018. 美国对非洲农业援助的发展历程、特点及经验 [J]. 世界农业（7）.

曾学文，等，2010. 中国市场化指数的测度与评价：1978—2008 [J]. 中国延安干部学院学报（7）.

陈维波，等，2007. 农业市场化的制约因素及推进策略 [J]. 现代农业科技（8）.

程国强，2014. 中国有望成全球农产品交易中心 [J]. 农经（12）.

仇焕广，陈瑞剑，廖绍攀，等，2013. 中国农业企业"走出去"的现状、问题与对策 [J]. 农业经济问题（11）.

崔日明，俞佳根，2015. 基于空间视角的中国对外直接投资与产业结构升级水平研究 [J]. 福建论坛（人文社会科学版）（2）.

达莎，2016. 中国对乌克兰直接投资对双边贸易的影响研究 [D]. 北京：中央民族大学.

戴翔，张义侬，2013. 发达国家农村合作金融模式及在中国的适用性 [J]. 世界农业（8）.

戴晓春，2004. 我国农业市场化的特征分析 [J]. 中国农村经济（4）.

邓平平，2018. 对外贸易、贸易结构与产业结构优化 [J]. 工业技术经济（8）.

杜飞进，2014. 论政府与市场 [J]. 哈尔滨工业大学学报（社会科学版）（3）.

方旖旎，2015. 后危机时代中国企业境外农业投资研究 [J]. 农业经济问题（10）.

房裕，2015. 中国对外直接投资对国内产业升级的影响及对策建议 [J]. 甘肃社会科学（3）.

冯海龙，刘俊英，2004. 中国农村经济市场化的几点思考 [J]. 经济问题探索（9）.

高芳，2013. 全球农业市场化背景下中国农业的现状、机遇和挑战 [J]. 世界农业（9）.

宫汝凯，李洪亚，2016. 技术进步、经济结构转型与中国对外直接投资：基于 2003—2012 年的证据 [J]. 南开经济研究（6）.

顾海兵，2009. 30 年来中国经济市场化程度的实证考量 [J]. 经济述评（1）.

韩振国，王伊欢，2016. 意见领袖、社会网络与援非农业技术示范中心的技术传播分析——以援坦桑尼亚农业技术示范中心为例 [J]. 复旦国际关系评论（2）.

韩振国，徐秀丽，贾子钰，2018. "一带一路"倡议下中国对外农业合作空间格局的探索 [J]. 经济问题探索（7）.

何安华，陈洁，2014. 日本保障粮食供给的战略及政策措施 [J]. 现代日本经济（5）.

何传启，2002. 中国现代化报告 2012——农业现代化研究 [M]. 北京：北京大学出版社.

洪民荣，2003. 市场结构：农业市场化中的理论问题与政策 [J]. 当代经济研究（3）.

侯旭，2009. 对外贸易与产业结构的相关性分析 [D]. 宁波：宁波大学.

胡小琳，2014. 改革转型期中国政府与市场关系的再思考 [J]. 中国市场（42）.

黄杰，刘成，冯中朝，2018. 中国对"一带一路"沿线国家农产品出口增长二元边际及其影响因素分析 [J]. 中国农业大学学报（12）.

姜晔，杨光，何君，2015. 浅析中国农业企业软实力"走出去"[J]. 农村经济与科技（4）.

李辉尚，2013. 我国农业市场化的制约因素与策略选择 [J]. 中国食物与营养（19）.

李艳君，2016. 中国农业对外合作：现状、问题与对策 [J]. 中国经贸导刊（30）.

刘汉武，2016. 援非农业技术示范中心推动农业"走出去"的思考——以援津巴韦布农业技术示范中心为例 [J]. 世界农业（10）.

刘淑，2015. 贸易开放与中国农业产业结构的研究 [D]. 福州：福州大学.

刘望，2013. 国际贸易与中国产业结构调整 [D]. 湘潭：湘潭大学.

卢进勇，宋琳，2017. 供给侧结构性改革背景下中国"走出去"战略新思考 [J]. 国际贸易（2）.

栾申洲，2018. 对外贸易、外商直接投资与产业结构优化 [J]. 工业技术经济（2）.

马力宏，等，2013. 变化中的政府与市场关系及其影响 [J]. 理论探索（5）.

秦晓娟，孔祥利，2015. 对政府与市场关系的再认识——从《资本论》视角 [J]. 理论导刊（12）.

舒尔茨，2010. 改造传统农业 [M]. 北京：商务印书馆.

宋洪远，等，2012. 扩大农业对外投资加快实施"走出去"战略 [J]. 农业经济问题（7）.

宋洪远，张红奎，2014. 中国企业对外农业投资的特征、障碍和对策 [J]. 农业经济问题（9）.

宋洪远，2016. 中国"三农"重要政策执行情况及实施机制研究 [M]. 北京：科学出版社.

宋洪远，2018. 大国根基：中国农村改革 40 年 [M]. 广州：广东经济出版社.

宋洪远，2018. 转型的动力：中国农业供给侧结构性改革 [M]. 广州：广东经济出版社.

谭砚文，2011. 资源约束、贸易失衡与中国农业"走出去"战略 [J]. 广东社会科学（6）.

唐大章，2003. 农业市场化改革的思考［J］. 现代经济探讨（1）.

万宝瑞，2015. 确保中国农业三大安全的建议［J］. 黑龙江粮食（4）.

王镭，张洁，2014. 国外金融支持农业"走出去"的经验分析与借鉴［J］. 中国农业信息（5）.

王为农，2012. 中国农业"走出去"的战略思考［J］. 宏观经济管理（6）.

王征，2016. 我国农业现代化进程中的障碍分析［J］. 中国农业信息（4）.

魏登峰，2016. "一带一路"战略下中国农业如何"走出去"——中国企业家博鳌论坛"全球视野下的农业对外合作"分论坛观点梳理［J］. 农村工作通讯（13）.

吴敬琏，等，2018. 中国经济新时代：构建现代化经济体系［M］. 北京：中信出版集团.

习近平，2001. 农村市场化建设与中国加入 WTO［J］. 清华大学学报（哲学社会科学版）（4）.

谢杰，2011. 出口商品结构变化对经济增长的门限效应：浙江与全国的对比研究［J］. 浙商研究（创刊号）.

徐波，朱红缨，2018. "一带一路"背景下的中白经贸合作：现状与展望［J］. 浙江树人大学学报（人文社会科学）（6）.

徐曼，2015. 新常态下正确处理政府与市场的关系［J］. 马克思主义学刊（6）.

许经勇，2008. 我国农业市场化改革的回顾与思考［J］. 财经问题研究（7）.

杨易，陈瑞剑，2012. 对外农业投资合作资金支持政策现状、问题与政策建议［J］. 世界农业（7）.

杨易，马志刚，王琦，等，2012. 中国农业对外投资合作的现状分析［J］. 世界农业（12）.

仰叶齐，2018. 中国农业对外合作交流的供给侧改革［J］. 农经（3）.

尹成杰，2010. 农业跨国公司与农业国际化的双重影响［J］. 农业经济问题（3）.

余杨，2004. 中国对外直接投资与产业转移的研究［D］. 杭州：浙江工业大学.

俞佳根，2016. 中国对外直接投资的产业结构升级效应研究 [D]. 沈阳：辽宁大学.

袁恩桢，2014. 从市场的基础性作用到决定性作用的演变 [J]. 毛泽东邓小平理论研究 (1).

袁晓江，2013. 处理好政府与市场的关系 [J]. 特区实践与理论 (6).

翟雪玲，韩一军，2006. 制约中国农业"走出去"的不利因素及未来发展战略 [J]. 调研世界 (11).

张晨，2001. 农村信用社体制改革的思考 [J]. 探索与争鸣 (7).

张建华，何宇，陈珍珍，2018. 国际贸易冲击与产业结构变迁：基于经济稳定视角 [J]. 经济评论 (4).

张蛟龙，2018. 金砖国家粮食安全合作评析 [J]. 国际安全研究 (6).

张明，2015. 经济"新常态"下政府与市场的关系探究 [J]. 河北青年干部学院学报 (6).

张远鹏，李玉杰，2014. 对外直接投资对中国产业升级的影响研究 [J]. 世界经济与政治论坛 (16).

张月，2016. 中国农业"走出去"的现状、问题及对策研究 [J]. 农村工作通讯 (2).

张志彬，王琼，2014. 粮食安全框架下国际农业资源利用的路径、模式与政策选择 [J]. 农村经济 (12).

张志勇，2011. 试论政府与市场相结合的中国发展模式 [J]. 内蒙古大学学报 (哲学社会科学版) (7).

赵忠臣，2015. 新常态下对俄农业合作开发方向探寻——以东宁为例 [J]. 黑龙江金融 (5).

周新庄，2005. 我国农业市场化问题研究 [D]. 北京：中共中央党校.

朱月季，周德翼，汪普庆，2015. 援非农业技术示范中心运行的现状、问题及对策——以中国—莫桑比亚农业技术示范中心为例 [J]. 世界农业 (9).

邹璟琦，肖克，2018. 对外援助悖论视角下的中国对缅甸援助问题分析及对策研究 [J]. 广西大学学报 (哲学社会科学版) (3).